Minerva Shobo Librairie

中国における 医療保障改革

皆保険実現後のリスクと提言

久保 英也

［編著］

ミネルヴァ書房

はしがき

　2020年オリンピックの東京招致に成功した日本も，1964年の東京オリンピックのころは戦後の混乱から経済がテイクオフする時期であった。豊かさにひた走る中で都市と農村との格差問題や公害問題等が社会をにぎわしていた。中国，とりわけ農村部を訪問するとあのころの光景がよみがえる。減速感が伝えられる中国経済であるが，経済規模や成長ペースからみて世界経済の牽引役としての役割を果たしていることは間違いない。そして，その裏には日本も含むテイクオフしたすべての国がそうであるように，社会格差と環境負荷というマイナス面をともなう。中国が真の経済大国に至るまでに，この問題にどのように取り組むのかをみる最適な事象が，国民の最優先事項の1つである「公的医療保険制度の改革」である。

　日本ではあたり前の国民皆保険，国民皆年金という社会保障制度をゼロから新しく作り上げるに際し，①大きな地域間経済・社会格差の存在，②13.6億人という巨大な総人口と生産年齢人口のピークアウト，③高齢化社会の到来までの限られた時間，という制約条件をクリアーする必要がある。中国において公的医療保険制度の創設が試行錯誤の連続となることは想像に難くない。

　公的医療保険制度がない社会は日本では想像しにくいが，人生のリスクに対しセーフティーネットがないことを意味する。人口の7割を占める農村部では，いまだに「病気で貧困になり，病気で貧困に戻る」と言われる厳しい現実がある。この状態で自由競争が進み，国民は成長に向かって一斉に走り出している。現行の公的医療保険制度も病院経営などで市場化を進め過ぎ，失敗した部分も多い。

　所得の再配分になるはずの社会保障制度が経済格差をそのまま反映し，むしろ格差を助長するような現状は早急に見直す必要がある。中国政府も賛否両論

が激しく対立していたこれまでの市場化による医療制度改革の失敗を認め，改めて新医療制度改革では医療衛生事業をきわめて公益性の高い制度と位置付けている。そして，国民皆保険という基本医療衛生制度を公共財として全国民に提供することを基本理念に置いている。そうであれば，現状を冷静に見つめ，新しい知恵を出し合う時期が到来していることになる。

中国の公的医療保険制度は，都市部の就業者を対象とした都市労働者基本医療保険制度，その家族など都市部の非就職者を対象とした都市住民基本医療保険制度，そして農村住民向けの新型農村合作医療保険制度という3つの医療保険制度により構成されている。

本書では，保障水準が非常に低く格差の大きな制度ではあるものの，名目上皆保険が実現した中国の医療保険制度について，真の国民皆保険になるように主に供給サイドから諸提案をしていきたい。

＊　＊　＊

本書は，全9章からなる。第1章は，「中国医療改革の現状と問題点」であり，中国の医療保障システムの全体像や現在の医療システムの課題等を包括的に洗い出す。また，改革の方向を短期的な対応と中長期的な対応に分けて方向性を示している。第2章は「中日公的医療保険の長期展望と中国に残された改革時間——中国医療保険制度の国民負担長期シミュレーション」として，1人っ子政策や都市部での女性の高学歴化にともない中国で高齢化が加速する影響を論じる。当然のことながら，日本で社会保障負担が急増している事態が高齢化と公的医療保障の充実とともに中国で進む可能性がある。高齢化社会を迎える前に制度設計と財源確保の目途を付ける必要がある。この時期に目途をつけるため日本の国民医療費の将来推計モデルを中国にも適用し，将来の医療費の推計を試みている。

第3章から第5章は医療の供給サイドの課題を分析し改革案を提案している。第3章は，「中国の医療提供システムの変化と病院経営」として，実際の遼寧省公立病院における医療政策改革を調査し，日本の病院改革も参考に中国にお

ける合理的で有効な医療機関管理制度のあり方を提案している。第4章では，「中国と日本における医療保険支払制度」を取り上げた。中国の診療報酬制度と日本の診療保障制度を比較研究する中で，中国の支払制度改革への示唆を示している。第5章では「勤務条件に対する日本の医師の選好――日本と中国における医師の地域偏在の解消に向けて」を取り上げ，医療資源の地域ごとの偏りを明示し，効率的な再配置の手法を提案する。

第6章から第8章では中国医療保障の改善提案を打ち出した。第6章の「大連市都市基本医療保険基金の持続可能な発展」は大連市都市住民基本医療保険の財政の現状と将来を予測する中で，基金の収支均衡に向けた対応を考える。また，第7章は「大連市新型農村合作医療制度の実証分析」と題し，大連市農村部の医療保障制度の実態と農民の評価に肉薄する中で，新型農村合作医療保険制度の在り方を提案する。第8章は「中国の医療保障システムにおける民間医療保険」とし，公的医療と民間医療の組合せによる医療サービスの提供に関して，民間医療をどの程度，どの分野に持ち込むべきかを考察する。

そして，終章ではこれまでの分析を踏まえ，短期と中長期に分け，政策提言を具体的に行う。

　　　　　＊　＊　＊

本書の刊行に至るまでには実に多くの方の善意に浴した。とりわけ共同研究に理解を示していただいた中国側の李維安東北財経大学元学長，馬国強副学長，刑天才金融学院学院長，日本側の佐和隆光滋賀大学学長，北村裕明理事・副学長がいなければこのような共同研究の進展はなかったと思われる。また，共同研究を実質的に進めていただいたリスク研究センター客員研究員の李蓮花氏や劉暁梅東北財経大学公共管理学院教授にこの場を借りて深謝したい。

さらに，強力に事務サポートをいただいた滋賀大学リスク研究センタースタッフである山本清子氏と高木一葉氏，そして，現在中国の青島市で高校生の日本語教育の教鞭をとる北川美菜氏にもお礼を申し上げたい。

そしてこの本の出版に際し，丹羽宇一郎伊藤忠商事株式会社元会長並びに文

部科学省からご支援を賜ったことに感謝の意を記したい。
　なお，出版をお引き受けいただいた株式会社ミネルヴァ書房の杉田啓三社長並びに多くのご配慮と的確なアドバイスをいただいた同社編集部の堀川健太郎様には深甚な謝意を表したい。

　　2014年3月　琵琶湖の畔にて

滋賀大学大学院経済学研究科教授
滋賀大学経済学部附属リスク研究センター長
東アジア保険プロジェクトリーダー
久 保 英 也

中国における医療保障改革
――皆保険実現後のリスクと提言――

【目次】

はしがき

第**1**章　中国医療改革の現状と問題点・・・・・・・・・・・・・・・・・・・・・李　蓮花・張　瑩　1
　　1　はじめに　1
　　2　中国の医療システムの全体像　2
　　3　改革開放以降の医療改革の経緯と成果　10
　　4　中国医療システムの主な問題点と改革課題　19

第**2**章　中日公的医療保険の長期展望と中国に残された改革時間
　　　　――中国医療保険制度の国民負担長期シミュレーション・・・・・・・・・・・久保英也　31
　　1　はじめに　31
　　2　中国の社会構造の変化　32
　　3　中国の国民医療費の今後　37
　　4　日本の国民医療保険料のシミュレーション　39
　　5　中国の国民医療保険料のシミュレーション　43
　　6　中国の国民医療費の将来像　48

第Ⅰ部　供給側の改革

第**3**章　中国の医療提供システムの変化と病院経営・・・・・・・・・・・・・・張　瑩　53
　　1　はじめに　53
　　2　中国における医療政策の変遷および医療機関への影響　55
　　3　医療改革が遼寧省公立病院の経営行動に与えた影響　67
　　4　日本の医療・病院政策と中国の医療・病院政策　71
　　5　中国における合理的かつ有効な医療機関管理制度のあり方　75

第4章　中国と日本における医療保険支払制度
　　　　　……………………………………………劉　暁梅・陳　仰東・丁　佳琦 81

　1　はじめに 81
　2　中国の基本医療保険の支払制度 82
　3　日本の社会医療保険の支払制度 98
　4　中国への示唆 106
　5　日本のDPCの貢献 109

第5章　勤務条件に対する日本の医師の選好 ………………佐野洋史 111
　　　　──日本と中国における医師の地域偏在の解消に向けて

　1　はじめに──日本と中国における医師の地域偏在 111
　2　分析方法──コンジョイント分析 113
　3　推定結果──勤務条件に対する病院勤務医と研修医の選好 116
　4　考察──医師の地域偏在の解消策 121

第Ⅱ部　医療保障制度の改革

第6章　大連市都市基本医療保険基金の持続可能な発展
　　　　　…………………………………………………………叢　春霞・満　媛 131

　1　はじめに 131
　2　大連市都市基本医療保険基金の収支概要 131
　3　大連市都市基本医療保険基金の収支への影響要因 135
　4　大連市都市基本医療保険基金における収支の実証分析 142
　5　大連市都市基本医療保険基金の収支均衡のための対策 149

第7章　大連市新型農村合作医療制度の実証分析 …………夏　敬　159
 1　はじめに　159
 2　現地調査から明確になった新農合の評価　161
 3　新農合の改善に向けて　187

第8章　中国の医療保障システムにおける民間医療保険…李　蓮花　205
 1　はじめに　205
 2　医療保障における民間保険——国際比較と各国の事例　207
 3　中国における民間医療保険——政策と実態　217
 4　中国における民間医療保険の位置　230

終　章　皆保険後の中国医療改革の課題 ………久保英也・李　蓮花　237
 1　本書の知見　237
 2　中国の医療改革の今後の課題　242
 3　日本の経験が貢献できる中国の医療制度改革　249

索引

第1章

中国医療改革の現状と問題点

李　蓮花・張　瑩

1　はじめに

　病気、およびそれにともなう医療費の負担や所得の喪失は、現代社会で人々の生活を脅かす主要なリスクの1つである。とりわけ、疾病が急性病から慢性病、さらに生活習慣病へと変化し、医学の進歩とともに平均寿命が延びる中、病気・医療と付き合う機会と期間はそれ以前に比べ大幅に増えている。そのため、一国の医療システムのあり方と医療サービスの質はそこで暮らす人々の健康状態だけでなく幸福感にも大きく影響する。さらに、医療は「命」という人間にとって最も基本的な問題と直接かかわるために、1つの社会の価値観や公平性をも反映している。たとえば、アメリカは世界で最も先進的な医療技術を有する国であるが、何の医療保障もない無保険者が人口の約15％にも達し、大きな医療格差とその対策が長年政治的争点となってきたことは周知の通りである。それに対し、日本は約半世紀前の1961年にすでに国民皆保険を実現し、医療における高い平等性と高いサービスの質、そして相対的に低いコストにより世界の注目を浴びてきた。[1]

　中国の医療は、改革開放30年のあいだ文字通り「劇的」な変化をたどってきた。国民医療費（中国語では「衛生総費用」）に占める個人負担の割合をみると、1978年には20.4％であったが、20年後の2001年には60.0％にまで激増した（後出の図1－4を参照）。また、同期間中に国内総生産（GDP）は約4,500億元から9兆

9,000億元へと約22倍に増えたのに対し，国民医療費は140億元から4,590億元と32倍にも増加した。すなわち，GDPを上回るスピードで増えた医療費は，そのほとんどが個人負担の増加という形で補われ，家計への大きな圧力となった。1990年代末以降は，医療は住宅，教育と並び庶民の生活を圧迫する「3つの山」と喩えられ，国民の不満が最も高い社会問題の1つとなった。そこで，2000年代半ばから医療改革が社会政策の中でも最重要課題として進められ，少なくとも制度面では表面的には「皆保険」を達成するなど一定の成果を上げてきた。しかし一方で，公立病院経営や薬品流通システムなどの供給サイドの改革は大きく立ち遅れ，皆保険後の課題として残されている。

本章では，次章以降の分析の背景となる中国の医療システムの全体像，改革開放以来の医療改革の諸段階，その成果と現在の問題点などを整理し，本書の問題意識と目的を明らかにする。

2　中国の医療システムの全体像

医療システムの分類

各国の医療システムは，公的な医療保障制度が存在するか否か，政府が直接医療サービスを提供するか否かで大きく異なる。大きくは，①医療費の財源が公的制度中心か民間中心か，②医療提供システムが公的医療機関中心か民間医療機関中心かによって，4つのタイプに分けられる。さらに，公的医療保障の財源が税か保険料かによって細分化すると，**表1-1**のように6つのタイプに分類することができる。

Aはイギリスや北欧，南欧など，公営医療の方法で医療を提供するタイプで，財源としては税方式を採用する国が多い（現金給付の場合，社会保険方式の国もある）。アジアの香港やシンガポールの二次医療，さらにはタイの30バーツ制度もこのタイプに入る。Bは，税方式を採用しながら医療の提供は民間医療機関を主とするタイプで，カナダやオーストラリア，香港・シンガポールなどの一次医療（開業医など）が該当する。一方で，ドイツ，フランスなど大陸

第1章　中国医療改革の現状と問題点

表1-1　各国の医療システムの分類

医療費の財源		医療サービスの供給	
		公的医療機関	民間医療機関
公的保障	税	A (イギリス，北欧，南欧，香港・シンガポールの二次医療)	B (カナダ，オーストラリア，香港・シンガポールの一次医療)
	社会保険	C (中国〈制度上〉)	D (ドイツ，フランス，日本，韓国，台湾 中国〈実質〉)
私的保障		E (一部の途上国)	F (アメリカ，一部の途上国)

出所：筆者作成。

　ヨーロッパの国々や日本，韓国，台湾など東アジアの多くの国は「社会保険方式＋民間医療機関」のDのタイプを採用している。中国は，財源調達方式では主に社会保険方式であるが，病院はほとんど公立病院なので制度上はCに属する。ただ，実態としては病院の財政に占める公的補助はきわめて少なく，政府が経営責任を負わないという意味で実質的にはDのタイプに近い。医療の提供は公的であるものの，主たる財源は私的であるEのタイプは理論的には考えにくいが，多くの途上国ではそれに似た状態が存在する（公的医療機関の運営費は税金）。Fは医療の供給も保障も私的であり，典型例はアメリカである。ただ，アメリカの場合，私的保障といってもすべて患者負担ではなく，労使双方の負担による民間医療保険が中心で，保険加入者の直接的な個人負担は高くないことには留意がいる。この点はまったく保障が欠けている途上国や皆保険前の中国の状況と異なり，市場を通じたリスクの分散（社会化）がなされている状況である。

　この分類からは，アメリカやイギリスなどの国に比べ，日本の医療システムが中国に近く，両国を比較することに有為性が高いことがわかる。加えて，日本は発展途上国の先駆として急速な近代化とともに都市化のなかで普遍的な医療保障システムを構築し，医療費を抑えつつ世界トップレベルの医療サービス

を国民に提供してきた点で，中国の医療改革にとって他のどの国よりも高い参照価値をもつ。もちろん，具体的な制度の中身は日中間で大きく異なっているが，より広い世界的な視点からみれば共通点が多いことから，本書では日中比較の視点（明示的ではない場合も含めて）から中国の医療システムを分析し，改善のための政策提案を行おうと考えている。

中国の医療システムの全体像

中国で「医療改革」といった場合，その範囲は医療保険制度や病院改革を超えて，非常に広範な内容を含んでいる。関連する制度や関係主体が多いのも中国の医療改革が難航する理由の1つである。ここでは，本書の議論をより正確に理解するために，中国の医療システムの全体像およびその特徴を簡単に紹介する。

中国では医療システムのことを「医薬衛生体制」と呼ぶ。1990年代以降，「医薬衛生体制の改革」といった場合は医療保険，医療機関，薬品流通など3つの分野の改革を意味することが多かったが，(5)2003年のSARS事件以後は公衆衛生も医療改革の重要な一部として位置づけられるようになった。2007年からの新医療改革では「一座大厦，四梁八柱」（医療は4つの梁と8つの柱によって構成される建物）と喩えられている。「4つの梁」とは医療保障システム，医療提供システム，薬品供給システムおよび公衆衛生システムを指し，「8つの柱」とは医療管理，制度運営，財源調達，管理監督，情報技術，人的資源，価格決定および立法に関する制度やメカニズムを指す（図1-1）。2009年以降医療改革の指導的文書となっている「医薬衛生体制改革の深化に関する国務院の意見」（2009年）もこの捉え方を継承し，「医薬衛生体制」は4つのサブシステムから構成される複合的な制度・システムであるという見解を示している。

医療保障システム

医療保障システムは，病気やけがの時に適切な医療サービスが受けられるように保障する諸制度を指す。広義の医療保障システムには医療機関や支払制度

第1章　中国医療改革の現状と問題点

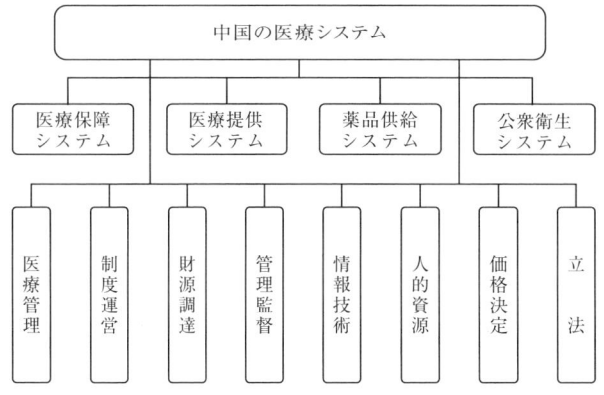

図1-1　中国の医療システムの全体像
出所：筆者作成。

なども含まれるが，中国では主として患者側の治療時の経済的支援を提供するシステム，具体的には社会保険，医療救助（公的扶助），民間医療保険を通じた医療費の社会化を意味する。

「皆保険」（中国語では「全民医保」）はこの医療保障システムがすべての国民をカバーすることを意味する。医療保障の普遍化は2000年代の医療改革の重点であり，胡錦濤政権の社会保障政策における最大の功績とも言える。

1990年代以降の社会保障改革の目標は「多層的な社会保障システムの構築」であり，医療保障においていくつかの制度による「多層的」なシステムが目指された。現在，中国の医療保障システムは次の4層構造となっている（図1-2）。最も基幹的な保障制度は都市と農村の3つの公的医療保険制度——都市部の労働者基本医療保険制度と都市住民基本医療保険制度，農村部の新型農村合作医療制度——である。それぞれ1998年，2007年，2003年より本格的に導入され，2011年末時点の加入者数は2.37億人，1.95億人，8.32億人であり，国民の95％以上をカバーしていることになる。この3つの制度は社会保険方式を採用しているが，都市住民基本医療保険と新型農村合作医療制度には多額の政府補助が設けられており，なかでも新型農村合作医療制度は必要財源の6～8割を政府の財政補助に依存している。また，これら社会保険に加入できない低所

5

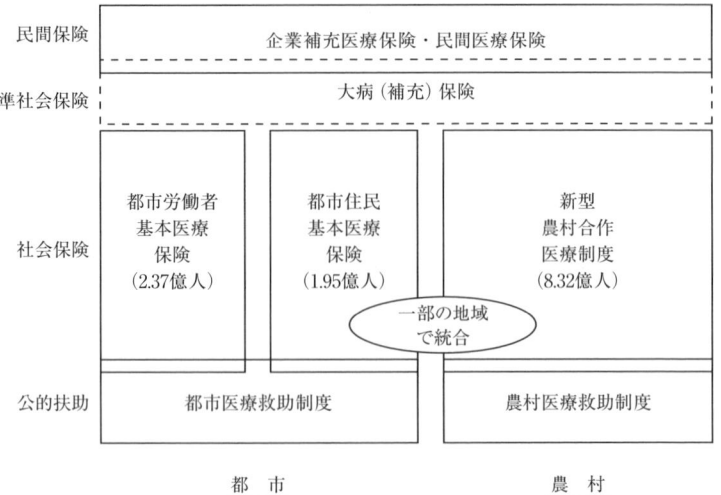

図1-2 中国の医療保障システム

出所：筆者作成。

得者あるいは医療費により貧困に陥った人には公的扶助である医療救助制度がある。なお，中国の基本医療保険制度にはいずれも給付の上限が設けられており，それを超える高額医療費を支援するために大病保険（制度名は地域によって異なる）を実施するところが多い。多くの場合，基本保険加入者は自動的に強制加入となっているが，制度の運営に関しては社会保険管理機関が民間保険会社から重大疾病医療保険を購入することも多く，その意味では民間医療保険と部分的に重なっている。(7) そして，一部の経済的余力のある企業または個人は，企業補充医療保険または様々な個人医療保険を購入し，さらに医療保障を充実させることができる仕組みとなっている。

医療提供システム

各国の医療提供システムはメインが公的医療機関か民間医療機関かによって大別できるが，二次医療と言われる入院は主に公的な病院が担い，初級医療（プライマリー・ケア）は個人開業医が担うところが多い。中国でも近年，個人または株式会社の医療機関が徐々に増えているが，それらはほとんど公的医療

保障制度の給付対象外となっている外国人や高所得層などを顧客とすることが多く，医療提供システムの圧倒的な部分は公立の医療機関が担っている。ただ，前述のように，「公立」といっても政府からの補助金は収入の1割以下で（基層医療機関の場合は約2割）あり，「業務収入」（医療サービスの提供による収入と薬剤の販売利益）が医療機関の主な収入源となっている。

　都市と農村の二元社会を基本とする中国では，医療提供システムも都市と農村で二分化され，それぞれ3つの等級に分かれている。1級は最も身近で基礎的な医療機関（基層的医療機関）で，3級は総合的な大病院である。総合病院の内部はさらに甲乙丙に細分化され，「三級甲等病院」といえば，大都市で最も総合的な中核病院である。医療機関は大きく「病院」と上述した「基層医療機関」に区分される。病院は20床以上のベッド数をもつ医療機関とされ，都市の総合病院・中医病院（漢方医学を中心とする病院），各種専門病院，および農村の県立病院がある。それに対し，「基層医療機関」は都市部のコミュニティ病院（社区医院，社区衛生サービスセンター）と農村部の郷鎮衛生院，村衛生室を指し，近年その役割の強化が求められている（図1-3）。

薬品供給システム
　中国では医療費に占める薬剤費の比重が高く，如何にして病院の「以薬養医」（病院の経営が薬剤に依存している）体質を変えるかが，近年の医療改革の大きな課題となっている。したがって，薬品の供給・流通システムも医療システムの重要な一部に位置づけられ，いままでも数多くの政策や諸措置が採られてきた。詳しい分析は第3章に譲ることにし，ここでは薬品供給システムの概要を簡単に紹介する。

　薬品が工場で生産され患者が服用するまでには，製造・流通・処方などいくつかの過程を経る。中国の場合，改革開放前には薬の製造も流通も政府の計画に基づいて行われ，かつその価格は低く抑えられていた。1980年代以降，医療機関の独立採算制に先駆けて製薬企業の経営に市場メカニズムが導入された。ただ，すべての薬品価格が自由化されたのではなく，従来の医薬品価格は低く

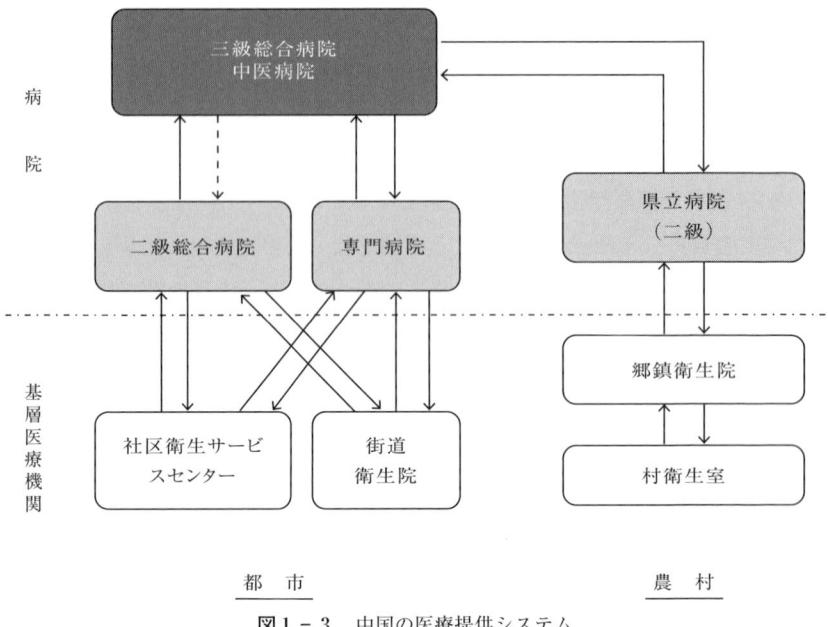

図1−3　中国の医療提供システム

出所：筆者作成。

据え置かれたため，製薬企業は新薬や輸入薬の開発・販売により利益を上げようとした。そこに80年代半ばから病院が独立採算制となり，15％の薬価マージンを上乗せすることが認められると，製薬・流通会社と病院のあいだで可能な限り高価な薬を使用し，その利益を分け合う利益共同体的な関係が徐々に形成されてきた。それにより，過剰処方，高額処方が日常化し，庶民の多くは病院に行かず薬局などから薬を買って飲むことを選好するようになった。

　新医療改革では，製薬・流通業界と医療機関・医師との癒着関係を切り離し，「以薬養医」体制を見直すと同時に，農村にも低価格で高品質の薬を提供するために，「国家基本薬品目録制度」の導入を決定した。この制度は，政府が「基本薬品」と選定した薬品に関しては各医療機関がそれぞれ流通会社から仕入れるのではなく，省（日本の都道府県に相当）レベルで統一的に購入・配送するという，いわば「計画主義的」な制度である。ただ，購入先および配送会社

は入札を通して選ばれ，政府と契約を結ぶことになっている。国家基本薬品制度は2009年から正式に実施され，2012年度の基本薬品リストには西洋医学の薬品が292種類，中医医学（漢方）の薬品が184種類，少数民族医学の薬品が21種類，合わせて497種類が選定された。社区病院や県立病院以下の基層医療機関の場合には，処方薬は原則としてこれらの基本薬品を使うよう求められている。

一方，都市の大病院に対しては国家基本薬品目録制度の縛りは弱く，それ以外の新薬・輸入薬なども数多く使用されている。一方で，国家基本薬品目録とは別に，「基本医療保険薬品目録」が2000年に導入され，その後労災保険，出産保険の実施とともに，現在は「国家基本医療保険，労災保険および出産保険基本薬品目録」という名称で運用され，その範囲は上述の「国家基本薬品目録」よりはるかに広い。

公衆衛生システム

最後に，本書の分析対象ではないが，国民の健康を守るうえで公衆衛生，具体的には感染症の予防と統制，救急医療，精神保健，母子や子どもの保健，血液供給，予防接種なども不可欠である。

1940年代以前の中国ではペスト，コレラ，マラリアなどの感染症が度々大流行し，人々の健康を脅かす最大の脅威であった（飯島 2009）。これらの感染症を撲滅するために，1950年代から「愛国衛生運動」という大衆動員型の保健キャンペーンを大々的に展開した。農村の基層医療システムの整備とあいまって，公衆衛生は大きく改善された。上記の伝染病はほとんど姿を消し，その結果，国民の平均寿命は大きく伸びた。しかし，80年代以降，医療の「管理なき市場化」にともない，これらの公共サービスを担うインフラが著しく弱体化し，一部では幼児死亡率の上昇や伝染病の復活する事態となっている。公衆衛生システムの衰退が極端な形で顕在化したのが，2003年のSARSの流行である。その後，政府は公衆衛生に対する財政投入を増やし，医療改革でも医療システムの重要な柱として位置づけた。

中国の医療システムの特徴

　ここで，現段階の中国の医療保障システムの特徴をまとめると次の通りである。

① 医療機関は非営利の公立病院がメインであるが，その経営は医療サービスの提供と薬剤からの収入に頼っている。医師の賃金は基本給＋業績給となっている。
② 公的医療保険の加入者は所在地域の指定医療機関のなかで自由に受診することができる。すなわち，一定の範囲内ではフリーアクセスで，ゲートキーパー制はない。ただ，医療機関の等級によって医療保険の給付率が異なり，また地域外の医療機関で受診した場合はすべて自己負担の上昇もしくは医療保険の給付率の引き下げ対象となる。
③ 一連の治療過程のなかで，保険適用範囲内の診療・薬と保険外診療・薬を同時に提供できる（混合診療）。
④ 医療保障制度は基本的に市または県（地区級市の下級行政単位）を単位とし，制度間および地域間で保険料や医療サービス給付水準などにおいて大きな格差が存在する。また，地域間・制度間の財政調整システムはないが，政府の財政補助によって過不足を補っている。
⑤ 所管省庁は，都市の基本医療保険制度が「人力資源・社会保障部」，新型農村合作医療および医療機構・薬品の管理は「衛生部」，医療扶助は「民政部」がそれぞれ管轄し，縦割り行政による利害の対立も医療改革を難航させる原因の1つとなっている。

3　改革開放以降の医療改革の経緯と成果

　1970年代末以降の30数年間，中国社会は「第二の革命」ともいえる劇的な変化を経験したが，医療制度はその中でも特に変化の激しい分野の1つであった。表1－2の通り，この30年間の中国医療改革は，それぞれの時期における価値

表1-2　中国の医療改革の時期区分

時期区分	時期	改革	備考
計画経済段階	1950～70年代末	・都市：労働者保険と公費医療 ・農村：農村合作医療	・都市—農村二元社会 ・都市部：本人負担ほぼなし ・農村：住民間の助け合い
市場化段階	1970年代末～ 2000年代初め	・農村合作医療の崩壊 ・病院の経営請負制の実施 ・都市部医療保険の改革 　→98年　被用者基本医療保険の導入	・薬価15％マージン ・政府補助の減少 ・患者負担：2割から6割へ
皆保険化段階	2003～11年 （胡錦濤政権期）	・2003年　新型農村合作医療制度の実施 ・2007年　都市住民基本医療保険の導入 ・2009年　「新医改革方案」	・「看病難・看病貴」問題への不満 ・2005年　WHO・国務院発展研究センターの報告 ・2007～08年　医療大論争
ポスト皆保険化段階	2012年～	・医療費の支払方式改革 ・公立病院改革 ・政府補助の更なる強化，給付水準の引き上げ，住民大病保険	

出所：筆者作成。

観や改革の方向性を端的に現しており，その意味で医療システムの変遷を通して中国の経済・社会構造の変化を捉えることも可能である。ここでは次の4つの時期に分けて中国の医療改革の経緯を整理し，現段階の改革の背景と将来の位置づけを考える。

計画経済段階——1950～1970年代末

　この段階は，医療システムが社会主義計画経済システムのなかに組み込まれ，強い管理（指令性）志向と（都市と農村の内部の）平等性を意識した時期であった。

　医療保障に関しては，都市と農村制度を分断し，都市部の企業労働者には労働保険（「労保医療」）が，公務員や教育・文化・医療など事業団体の職員（「幹部」という）には公費医療制度がそれぞれ1951年と1952年に実施された。これらの制度は，計画経済システムの基礎組織である「単位」（職場）を通じて，

無料もしくはほぼ無料の形で都市住民に提供された。一方，人口の大半を占める農村では1950年代半ば以降の農業合作化（農業の集団経営）を基盤に「農村合作医療」という中国独特の制度が作られ，文化大革命期に全国に広がった。2003年以降の新型農村合作医療に比べ，同制度は基本的に農村住民のあいだの助け合いの制度であり，制度運営や財政において国家が直接的な責任をもつことはなかった。また，医療サービスの提供は多くの場合，「はだしの医師」（「赤脚医生」）と呼ばれる，正規の医学教育を受けなかった農民出身のスタッフが担っていた。1970年代末になると農村合作医療制度の普及率は90％以上に達し，WHOなど国際機構から「途上国の保健システムのモデル」として高く評価された（World Bank 1997；王虎峰 2009；飯島・澤田 2010）。

　一方，医療の提供に関してはこの時期に前出図1－2で示した現在の医療提供システムの形が基本的に作られた。すなわち，都市では市・区・街道，農村では県・郷・村といったそれぞれ3つの等級からなる医療提供システムが構築された。とりわけ，農村における体系的な医療提供システムの構築は皆無に近かったため，農村の医療インフラの整備と公衆衛生の大幅な改善がこの時期の医療保健政策の最も重要な成果であった。このような農村基層医療の改善は，1950年代以降の「愛国衛生運動」や1965年の毛沢東による「6.26指示」（「医療衛生事業の重点を農村に置こう」）などに見られるように，「大衆動員を通じた戦時体制的な医療・衛生事業の全国的整備」といった性格ももっていた（飯島・澤田 2010：80）。80年代以降との対比で重要なのは，この時期の（郷鎮以上の）医療機関は「事業単位」として国家の行政人事システムの中に完全に組み込まれていたことである。医師や職員の給料を含めすべての経費は政府の予算によって支払われ，国有企業などと同じく医療機関自らが経営責任を負うことはなかった。

　このように，この時期の医療システムは，市場メカニズムを徹底的に排除し，医療は重要な公共財として，都市と農村に分断されてはいたものの住民にきわめて平等に配分されていた。この医療システムの変化により，長いあいだ「東亜病夫」と言われた中国民衆の劣悪な健康状況は著しく改善された。たとえば，

平均寿命は1950〜55年の44.6歳から1975〜80年の66.3歳へと20歳以上も伸び，乳児死亡率も同12.1％から4.2％まで低下した。[8]

市場化段階——1970年代末〜2002年

1978年末に始まった改革開放の動きはそれまでの状況を一変させた。まず，改革初期における農村の生産請負制の実施によって農村合作医療制度は制度の経済的基盤を失い，わずか数年のあいだに全国で瓦解した。同制度の加入率は1975年の90％前後から，1980年には68.8％へ，1986年には5.5％へと激減し，それ以降約20年間にわたり，8億人以上の農民はまったく公的保障がないまま医療の市場化の荒波に晒されることになる。80年代半ば以降，改革の中心が都市にシフトするにつれ，都市の医療保障も国有企業の経営悪化と請負・株式化改革の下で縮小の一途をたどった。市場化にともなう医療費の高騰が企業の経営を圧迫し，従来の医療費を従業員に分配し，それ以上はすべて個人負担とするやり方なども現れた。

また，それまで典型的な「事業単位」として政府予算によって運営されていた病院は，80年代半ば以降の政府予算の削減と経営請負制の導入によって，自ら収入を確保しなければならない「準市場主体」へと急速に変貌した。様々な方法で収入を増やし利益を追求することが病院責任者と医師の行動を支配する主なインセンティブとなり，過剰処方，過剰検査や薬品流通会社との癒着などの歪んだ構造が徐々に形成されていった。1992年ごろに「インフラ建設は政府，通常の収入は自分で」という政策が明確化すると，[9]病院の利益追求の姿勢はさらに強まり，90年代には医療の商品化，市場化傾向はピークに達した。

医療保障では，1993年以降改革の目標が「社会主義市場経済」の建設に定められ，それまで断片的に行われた社会保障制度の改革が，最重要課題の1つとして浮上した。90年代後半には「外科手術的」と言われた国有企業改革に合わせて，都市部の年金，医療，失業，最低生活保障制度が相次いで大担に改革され，[10]その一環として1998年に「都市労働者基本医療保険」が導入された。ただ，医療保障をはじめ，この時期の社会保障改革の基本的な性格は従来の社会保障

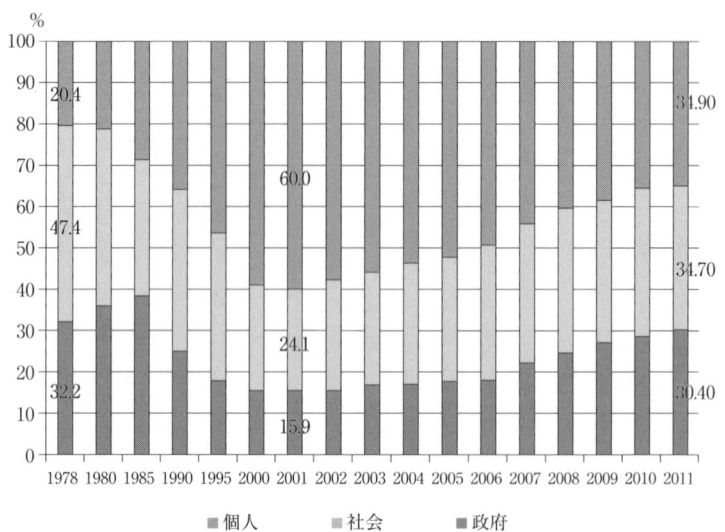

図1-4　1980年代以降の中国の総医療費の財源構成
出所：『中国統計年鑑2012年』より。

制度の再構築であり，以前から社会的保護を受けていなかった農民や自営業者，障害者などの多くはここでも改革の埒外であった（李 2003）。

　市場化にともなう医療保障の縮小と医療の商品化の結果，図1-4の通り，80～90年代を通して総医療費における公的支出（政府予算＋社会支出）の割合は急速に減少し，代わりに個人負担の割合が1978年の20.4％から2001年の60.0％へと激増した。しかも，こうした個人負担割合の増加は，医療費の増加率が所得増加率を上回る状況のなかで起こった。病気とそれによる医療費の負担は，多くの人にとって貧困もしくは突然の家計破綻をもたらす家計の最大のリスクとなった。また，利益主義から患者と医師の関係も悪化し，医療は国民の不満が最も高い社会問題の上位に常にランクされることとなった。

皆保険化段階——2003～2011年

　中国における計画経済から市場経済への体制移行という巨大プロジェクトは，2001年の念願のWTO加盟をもって1つの区切りがつけられたとみるこ

とができる．その後，中国経済は「ポスト体制移行期」に入るが，社会保障の面においてはそれまで改革の主な対象であった都市部労働者から人口の多数を占める農民層が主な対象となってきた．

2002年には江沢民体制から胡錦濤体制へ中国史上初めて平和的な権力移譲が行われた．胡錦濤政権は20年間の規制緩和と市場一辺倒主義によって生じた様々な問題への対応を迫られたが，医療はその中の最重要問題の1つであった．医療における公的責任の不在，公衆衛生システムの崩壊を国内外に知らしめ，医療を政策課題に一気に押し上げたのが，胡錦濤—温家宝政権発足後まもなく勃発したSARS事件（2003年）である．そして，2005年7月には中国国務院発展研究センターとWHOによる「中国医療衛生体制改革に対する評価と提案」という研究プロジェクトの報告書が公表された．そこでは中国の医療改革は全体的に失敗（原文では「不成功」）であるとし，大きな社会反響を呼んだ[11]．同報告書は，中国の医療システムの変化の全体的方向を「商業化」「市場化」と判断し，それが医療の公平性と資源投入のマクロ効率性の著しい低下を招いたと厳しく指摘した．また，90年代の社会保障改革で中国の独創的な制度革新として宣伝された「個人医療口座」の正当性についても疑問を呈した[12]．医療の行き過ぎた市場化と脆弱な保障システムに対する国内外の批判を受け，2006年に呉儀副首相をリーダーとし，11の省庁にまたがる医療改革専門タスクフォース——「医療改革協調小組」——が設置され，医療システムの抜本的な見直し（新医改と呼ばれている）が始まった．

この「新医改」の本格化より少し早い2003年から，まったく保障制度のない農民を対象に全国の304の県で「新型農村合作医療制度」（以下，新農合と略す）の試行が始まった．2005年ごろから「三農問題」[13]の深刻化と都市部の経済成長を背景に，同制度への政府補助が大幅に強化された．2003年に1人あたり30元（被保険者10元，中央政府と地方政府それぞれ10元）であった財源支援は，2006年には50元（10＋20＋20），2009年には100元（20＋40＋40），そして2012年には250元（50＋100＋100）へと幾何学的に増加した．政府による強力な支援とトップダウン式の政策実行により，原則的に「任意加入」であるにもかかわらず，新農合

の加入者数は2005年の1.79億人から2009年には8.33億人にまで急増し，97％以上の農村住民をカバーするようになった(『中国衛生統計年鑑2011』)。さらに，2007年には都市の被用者以外の住民（失業者，障害者，学生など）を対象とした新しい制度——「都市住民基本医療保険制度」が創設され，すべての国民がなんらかの公的医療保険制度に加入できる皆保険体制ができあがった。加えて，保険料の支払い能力のない人や，多額の医療費のために生活困難に陥った人のための医療救助制度も2003年から農村，2005年から都市部で導入され，「三険一助」（3つの公的医療保険と1つの医療救助）からなる「全民医療保障」が制度上実現された。経済の高成長と税収増を背景に医療に対する政府の財政投入も飛躍的に増加した。2000年に709.5億元であった政府の医療支出は2009年には4,686.6億元と6倍以上に増え，財政支出に占める割合も2002年の4.12％を底にU字回復し，2009年には6.18％となった（『中国衛生統計年鑑2011』)。

　また，この時期は医療の供給側の改革をめぐる議論が本格化した時期でもあった。医療保障における政府責任を強化し，「全民医保」（皆保険）の実現に異議はなかったが，医療機関の歪んだ利益構造やインセンティブをどのように改革するかについては意見が大きく分かれた。上述の報告書の発刊後，公立病院を管轄する衛生部を中心に，病院の「公益性」の回復と営利性の抑制を骨子とする改案草案がまとめられた。これに対し各方面から賛否両論が巻き起こり，2007年から08年にかけて各種利益団体と世論を巻き込んだ「医療大論争」が起こった。問題の根源を行き過ぎた市場化と医療システムの「公益性」の弱化にあるとみる側は，医療を市場の支配下から再び政府の支配下に取り戻すことを主張し，公立病院に対する財政投入の増加，基層医療の回復，薬品差額の撤廃などを通じた「公益性」の回復を主張した。それに対し改革派は計画経済時代への逆戻りであると批判し，市場メカニズムと普遍的な医療保障は矛盾しない，むしろ医療機関を行政から切り離したうえで（中国語では「政事分開，管弁分開」)，政府の規制・監督・調整機能を強化し，効率と公平のバランスを追求すべきだと主張した（顧 2012)。こうした基本認識の違いから派生して公的医療保険の守備範囲（保大病 vs. 保小病）や財政支援のあり方（「補需方」vs.「補

供方」）についても意見が錯綜し，中国の医療改革の複雑さ，難しさを改めて政府と国民に印象付けた。

　2009年4月，約3年にわたる論争を経て，国務院の「医薬衛生体制改革の深化に関する意見」（いわゆる「新医改方案」）がようやく発表された。そこでは，図1-1で示した医療システムの全体像が示されると同時に，以下のような主な原則が確認された。(a)基本医療制度を公共サービスとしてすべての国民に提供する。(b)薬品の購入・流通に対する政府介入を強化し，基本薬品目録制度と統一購入・統一配送制度システムを通じて「以薬養医」の現状を変える。(c)基層医療を充実させ，政府の財政支援を基層医療に集中させる。こうした新医療改革の方針は「保基本・強基層・建機制」（基本医療サービスの保障，基層医療機関の強化，新しいメカニズムの構築）として要約された。

　「新医改方案」と同時に2009年から2011年までの3年間の重点改革課題も決定され，①基本医療保障制度の整備，②国家基本薬品制度の導入，③基層医療サービスシステムの改善，④公衆衛生サービスの均等化，⑤公立病院改革の試行が挙げられた。既述のように，この中の①の基本医療保障制度の整備に関しては，政府の財政支援の強化とともに比較的順調に制度の整備・普及が進み，無保険者の数は劇的に減少した。また，2009年8月には国家基本薬品制度が正式に導入され（当時は307品目），この分野で大きな一歩を踏み出した[15]。基層医療機関への傾斜的支援，公衆衛生インフラの強化などの面においても，完全ではないものの一定の成果を上げたと評価できる。問題は⑤である。医療提供システムの根幹をなす公立病院の改革に関しては「新医改方案」のなかでも明確な改革の方向性が示されておらず，「試行」や「模索」といった曖昧な文言に止まり，本格的な改革は2012年以後に持ち越された。

ポスト皆保険化段階——2012年以降

　2012年以後，中国の医療改革は「ポスト皆保険化」の段階に入った。もちろん，皆保険体制がすでに完全なものになったわけではない。社会保険の給付範囲や保障水準はきわめて低いし，個人医療口座の存続に関しても議論が分かれ

ている。今後，都市化にともなう都市と農村の住民保険の統合，社会保険のプール範囲の拡大（県レベルから市，省レベルへ）なども進むと思われる（鄭功成編 2011）。しかし，この10年のあいだに形成された医療保障システムの基本的な骨組み（社会保険方式，職域保険＋住民保険，税を通した脆弱層への傾斜的補助など）に大きな変化が生じるとは考えにくい。新しい制度の創設，財政投入の強化，適用範囲の拡大といった外延的に拡張する制度改革の段階は基本的に終わったと言える。ポスト皆保険化段階の医療改革の重点は「制度の拡張」から新しい利益調整メカニズムの確立へと移行した。これは前段階のプラスサム改革に比べ遙かに複雑かつ困難で，多くの混乱と抵抗が予測される。中国の言い方を借りれば，医療改革は「浅水区」から「深水区」へ入った。

2012年3月，中国政府は2012年から2015年までの医療改革案を発表した[16]。同文書はこの期間が中国の医薬衛生体制改革の「攻堅段階」（難しい問題に取り掛かる段階）であり，また基本医療衛生制度の構築における「関鍵時期」（成敗を決める時期）であるという認識を示したうえで，具体的に次のような改革課題を挙げた（一部のみ抜粋）。

〈医療保障システム〉
・基本医療保障水準の引き上げ（新農合の場合は1人あたり財源調達額を2015年まで360元に）
・外来医療費の給付対象化（住民保険の場合）
・医療保険支払制度の改革
・重大疾病時の医療費保障制度の確立

〈基本薬品と基層医療〉
・基本薬品目録と統一購入制度の改善
・基層医療機関で働く一般医（「全科医生」）の教育強化
・基層医療機関への財政支援と傾斜的政策の強化
・農村医師の収入保障および国家資格化

〈公立病院改革〉
・農村医療システムの中心である県級公立病院の抜本的な改革
・病院収入構造の薬剤依存からの脱皮（薬価差益の廃止，技術料の引き上げ）
・「現代病院管理制度」の導入（病院の公立法人化，医師の正規報酬の引き上げ）

　2003年から2011年までの皆保険化政策によって，医療は「病院 vs. 患者」の直接対立構図における私的経済的な対立から，「病院-社会保険機構（政府）-患者」の三元構造下における社会経済的対立に変化してきた。今後，公的保障制度の保障水準の改善にともない，政府（社会保険機構）による「第三者支払」がこれまでの患者直接負担に代わって医療費の主流となっていく。皆保険以前には医療保険未加入者が大多数を占め，保険外診療が多かったこともあり，医療機関と医師に与えられた裁量権が大きく，それが行き過ぎた商業化と医療費の高騰の原因でもあった。社会保険が支配的な位置を占める新しい制度環境において，医療機関に対し如何に適切なインセンティブを与え効率を最大化するのか，世界に前例のない13億人の医療保障制度を如何に持続可能なものにするのか，市場メカニズムを生かしながら農村や地域医療に過少配分となった人材と資源をどのようにリバランスするのか。ポスト皆保険化時代に残されたこれらの問題は，2020年までに基本的な医療保障の実現を目指す中国にとって「全民医保」の達成以上に重要な課題である。そして，これから約10年の医療改革が今後の中国医療システム全体のあり方と医療改革の最終的な成否を左右するといっても過言ではない。

4　中国医療システムの主な問題点と改革課題

　中国の医療システムの現在の問題と改革課題を点検するにあたり，まず医療システムの評価指標について簡単に触れ，その後にこれらの指標から中国の現状を確認してみよう。

医療システムの評価指標

　冒頭で述べたように，各国の医療システムは非常に多様であり，その目標も1つだけではない。国際比較研究では，①効率性（efficiency），②医療の質（quality），③コスト抑制度（cost containment），④公平性（equity），⑤医療サービス選択の自由度（choice）の5つを医療システム（health care system）の評価指標として採用することが多いが（Scott 2001：9-16），ここではこれらの指標を次の3点にまとめて考察する。

　第1に，医療の公平性（equity）に関するもので，誰でも，必要なときに，必要な医療サービスを受けられるかの指標である。医療は人間の命・健康と直接かかわるため，公平性または平等性は核心的な指標とも言える。誰でも必要なときに必要な医療を受けられるためには，(a)医療へのアクセスを経済的に保障する制度づくりが必要であり（経済的アクセスビリティの保障），かつ(b)医療資源が地理的に利用可能な範囲に存在する必要がある。

　第2に，医療システムの効率性（efficiency）——費用対効果——に関するものである。健康に対するニーズは無限であるが，使用可能な資源は限られている。そのため，公的医療システムとしては限られた資源を如何に有効に利用し最大限の効果を引き出すかが厳しく問われる。効率的な医療システムは，(a)医療サービスの供給側と需要側に費用節約の適度のインセンティブが働き，資源の浪費をできるだけ防ぐことができる。(b)医療機関間の機能分化（初期医療や二次医療など）が適切に行われ，患者のニーズにあったタイムリーな医療サービスを提供できる。(c)それぞれの経済・社会的条件にあった合理的な財源調達・費用分担システムを通じて，医療保障制度の持続可能性が保たれている。

　第3に，医療の質（quality）に関するものである。急性病に代わり慢性病ないし生活習慣病が主な疾病となった現代社会においては病気と付き合う期間が長くなり，健康や医療の質は生活の質（QOL）を決めるうえで最も重要な要因の1つである。したがって，公平性，効率性と並んでどのような質の医療を提供するかも医療システムを評価するうえで欠かせない指標である。良質な医療を保障する医療システムは，(a)患者が自らの情報と判断基準に基づき一定の範

囲内で医療提供者を選択でき，病状や治療法について十分な説明を受けられるなど，選択主体として尊重される。(b)提供された医療サービスが適切で科学的に十分な証拠（エビデンス）に基づいている。(c)医療サービスの内容について第三者による適切な監督・評価システムが存在する。なお，日進月歩の医学技術にシステムとしてどこまで対応しているかも，医療の質を考えるうえでは不可欠な要素である。

中国の医療システムの現状と問題点

以上の3つの視点から中国医療システムの現状と課題を整理してみよう。

公平性

前述のように，公平性の欠如は2000年代初めの中国の医療システムが抱える最大の問題であった。たとえば，2000年のWHOによる医療財源の調達と分配の公平性に関する評価で中国は191ヶ国のなかで188位にランクづけられていた（葛・貢 2007：6）。13億の人口のなかで公的な医療保障制度によってカバーされていたのは都市部の2億人程度で，大多数の国民は病気と医療費のリスクに完全にさらされていた。その結果，急速な経済成長と人口増にもかかわらず，病院へのアクセスは逆に減少する。図1-5を見ると，入院は大きく減少していないが，患者の意思である程度調整が可能な外来の場合，1990年代にアクセス数が著しく減少したことがわかる。図1-6では，1980年代初めに農村合作医療制度が崩壊してから農村の医療機関の利用者数が低下の一途をたどってきた様子が観察される。こうしたアクセスの絶対量の減少の背後には経済的理由により治療を断念する人の増加があることは言うまでもない。総診療人数の回復は2000年代以降，とりわけ新型農村合作医療の普及が本格化した2003年ごろからで，それ以降急激な患者数の増加がみられる。長い間，抑圧されていた医療ニーズが顕在化し，アクセス保障という面では公平性はかなり改善されてきたと評価できる。

しかし，公的医療保障制度の保障水準は依然低く，経済的な心配をすること

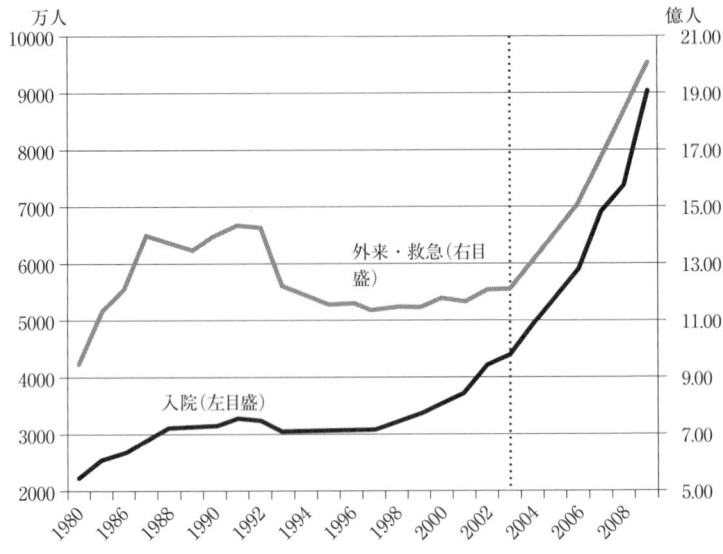

図1-5　1980年代以降の病院の診療人数の推移
出所：『2009年社会統計数拠』（http://www.stats.gov.cn/tjsj/qtsj/shtjnj/2009/）。

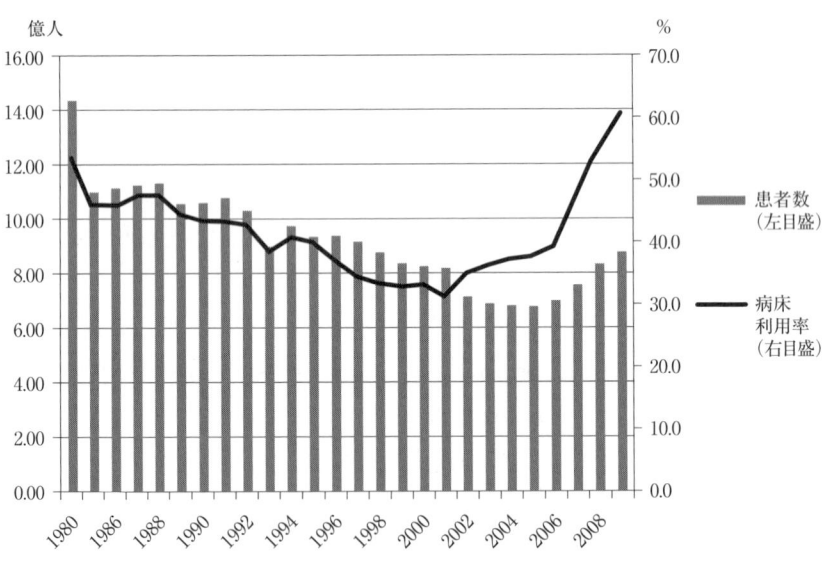

図1-6　中国の農村郷鎮衛生院の患者数と病床利用率の推移
出所：『2009年社会統計数拠』（http://www.stats.gov.cn/tjsj/qtsj/shtjnj/2009/）。

第1章　中国医療改革の現状と問題点

表1－3　制度別の給付率と患者負担（2008年）

制度区分		1回あたりの医療費（元）	給付額(元)	自己負担（元）	給付率(%)	家庭1人あたり年収（元）	自己負担／1人あたり平均年収(%)
都市被用者	外来	350					
	入院	10,783	6,988	4,067	63.2	12,776	31.8
都市住民	外来	242					
	入院	6,947	3,425	3,522	49.3	9,215	38.2
新農合	外来	163					
	入院	3,417	909	2,503	26.6	4,473	56.0

出所：衛生部統計信息中心（2009）『2008中国衛生服務調査研究――第四次家庭健康訊問調査分析報告』54-65頁。

無しに，必要な治療を受けられる水準には程遠い。2008年の全国調査によると，新農合の医療費全体に対する保険による給付の割合は入院の場合で，26.6％にすぎず，自己負担額は農民の1人あたり年収の半分を上回る。また，都市部でも入院時の自己負担額は年収の3割を超えている（表1－3）。

したがって，給付水準の引き上げを通じて病気（特に重大疾病）による家計破綻のリスクを実質的に緩和することが，ポスト皆保険化段階の重要課題の1つである。実際，給付水準を引き上げるために各制度に設けられている給付の下限と上限の引き上げが各地で行われている。2012年8月30日には「大病保険新政」といわれる政策が発表され，都市労働者に比べ給付率の低かった都市住民保険や新農合においても重大疾病時の給付率を50％以上にすることが目標とされた。[19]

地理的なアクセスの改善も大きな課題である。「看病難」（治療を受けるのが困難）問題の原因の1つは，（医療保障の不足と並んで）急激な市場化と経済的要因による基層医療の衰退である。図1－6を見ると，農村の郷鎮衛生院の患者数は1980年の延べ14.38億人から2005年の6.79億人へと半減した。[20] さらに，地方政府による財政的支援も少なかったため，人的・物的資源は著しく都市に偏り，地域医療は衰退していった。その結果，多くの農村住民は数十キロも離れた県の病院やさらに遠い大都市にまで行かないと適切な治療を受けられない事態と

なった。したがって,地域医療とりわけ農村の基層的な医療機関を充実させることが,医療の公平性の改善には必要不可欠である。実際,2009年の新医療改革方案では「保基本,強基層」というスローガンのもとで基層医療の充実が重要課題として取り上げられ,農村医療機関に対する政府補助も強化された。さらに,新農合の普及および基層医療機関の給付率の優遇もあり,2000年代半ば以降,郷鎮衛生院を中心に瀕死状態にあった農村の基層医療機関に一部復活の兆しが見られる。

効率性

皆保険化とともに医療への資源投入が急速に増える中,如何にシステムの効率性を改善し,投入額に見合った効果を上げるかが問われはじめた。前述の2000年のWHOランキングでは,医療のマクロ的効率性に関しても,中国は191ヶ国中で144位と低い順位であった(葛・貢 2007:6)。図1－7はここ10年間の中国の総医療費と都市・農村の1人あたりの医療費の推移である。2006年に約1兆元であった総医療費はわずか4年後の2010年には2兆元に達し,2011年には2兆5億元に迫っている。皆保険化にともなう医療費の膨張が如何に急激であったかが読み取れる。

医療資源の分布や医療機関間の分業が合理的であるならば,こうした投入増は医療サービスへのアクセスやサービスの質の改善につながる。しかし,従来のように都市の大規模公立病院に偏った分布,医師と病院の歪んだ収益メカニズムのもとでは,投入増は無駄の増加や効率性の低下(たとえば,不必要な入院,大病院のキャパシティ・オーバーによる質の低下など)を招きかねない。したがって,医療資源の分布の改善と医療提供者の行為に対する規制・誘導を通じてシステムの効率性を改善することは,ポスト皆保険化期の改革の重点である。

なかでも喫緊の課題は,第三者支払を特徴とする社会保険方式のもとで,如何に患者側と供給側の双方に費用節約のインセンティブをもたせるかである。患者側のインセンティブは通常自己負担額によって左右される。しかし現在は公的保険制度からの給付率が依然低く,さらに中国特有の「個人医療口座」

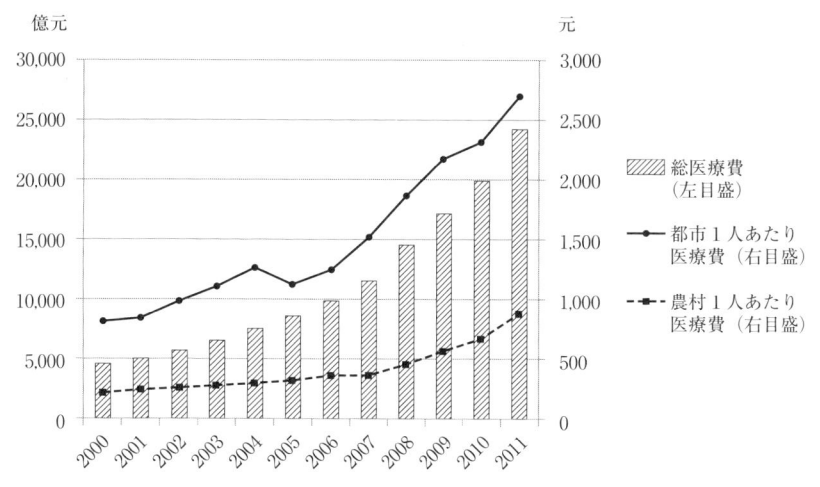

第1章　中国医療改革の現状と問題点

図1-7　中国の総医療費と都市・農村の1人あたり医療費の推移
出所：『中国衛生統計年鑑2012年』より。

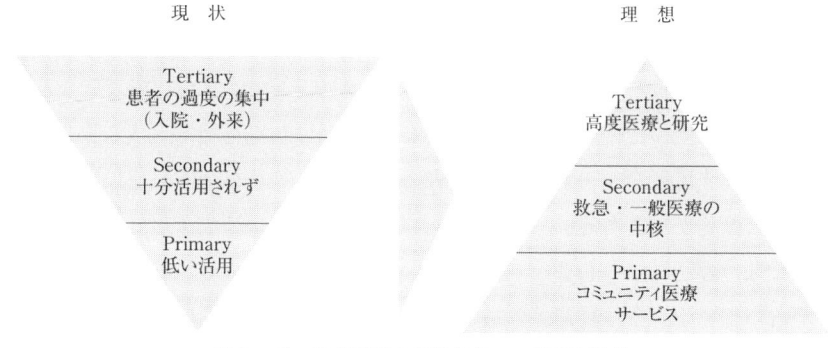

図1-8　医療機関の機能分化——理想と現状
出所：筆者が複数の書籍を参考に作成。

（農村では「家族口座」）や社会保険による給付の下限・上限も存在するため，一部の例外を除き患者側の費用節約インセンティブは十分にある（むしろ過剰抑制の側面さえある）。周知のように，情報の非対称性が著しい医療分野においては医療費の鍵を握るのは主として供給側である。特に出来高払方式を採用し，審査・監督システムが十分でない場合は過剰医療が発生しやすく（供給者誘発需要），そのために現在多くの国が様々な形の包括払方式を模索しているので

ある。第4章で分析しているように，保険者から医療機関への医療費支払制度が中国でも改革の目玉となっている。

　基層医療機関の弱体化によるアクセスの困難は，公平性の問題であると同時に効率性の問題でもある。現在の医療提供システムは図1－8の左のような逆三角形になっている。すなわち一次，二次医療機関が十分な役割を果たしていないために，患者が大学病院や都市の大病院に過度に集中し，資源の浪費とアクセスの困難を引き起こしている。理想は右のピラミッド状の分業システムである。すなわち，大学病院や専門病院は主として高度医療や医学研究，その他の病院は一般的な入院および検査などを担い，日常的な軽い病気や慢性病などの外来はコミュニティの初級医療機関＝基層医療機関（都市の社区病院や農村の郷鎮衛生院，村衛生室）がそれぞれ担うことが，資源利用の効率性からも患者の利便性からも望ましい。このような逆転を実現するためには，上述した基層医療への投資を増やすだけでなく，診療報酬制度や患者負担割合，医師の給与体系・基層医療人材の育成制度，最適配置（第5章で分析）などの総合的な対策が必要である。日本の地域医療計画などは中国にとっても大いに参考になる。

　医療保険制度の持続可能性に関しては，とりわけ政府補助に大きく依存している2つの住民保険——都市住民基本医療保険と新型農村合作医療保険——の長期的な財務安定性が危惧される。これら2つの制度は社会保険方式を採用しているものの，財源のおよそ6割から8割を中央政府と地方政府による財政補助が占めている。今は経済の成長とともに税収も高い伸び率を示しているため大きな問題とはなっていないが，今後成長率が鈍化し，さらに高齢化が急速に進んだ時に，これらの制度が安定的に運営できるのかは疑問である。制度の拡張を優先するためきわめて低い水準に設定している住民保険の保険料を，外来の給付化や保障水準の引き上げにあわせて，ある程度引き上げる必要がある。一方，比較的収入が安定しかつ若年者が多い都市労働者基本医療保険も給付水準の引き上げや退職者の増加などにともない単年度赤字に転じるところが出始めている。都市の退職者の場合，現在個人の保険料負担がないが，中国では退職年齢が低いことから，また他の制度との公平性の観点からも見直しが必要で

ある。大連市の都市部医療保険基金の財政を扱う第6章でこの点を詳しく分析している。

医療の質

医療の質に関しては，総じて都市と農村のあいだで大きな格差が存在し，医療サービスの内容に対する十分な審査・監督体制が欠如している。

患者による医療機関の選択は，皆保険前の自由診療においては全国どの病院にもフリーアクセスが可能であったが，皆保険後は様々な制限が設けられた。中国の各種医療保険制度は現在ほとんど市または県単位で運営されており，給付の範囲や給付率も各地で異なる。地域外の医療機関で受診した場合は給付の対象外になったり，給付率が著しく低かったりすることが多い。また，農村では医療費抑制策として基層医療機関ほど高い給付率が設けられ，薬に関しても安価な基本薬品がほとんどである。これらの制度は費用節減の効果は期待できる一方で，都市と農村の医療サービスの格差の固定化ないし拡大をもたらす可能性もある。

入院の待機期間の問題は中国ではほとんど問題になっていない。医療の質と関連して最大の課題は提供される医療サービスの内容に対する審査・監督である。自由診療の範囲が広く，かつ支払方式が事後的な出来高払いであった時には，医師に与えられた裁量権が非常に大きく，それが過剰処方や過剰検査の温床となった。公的医療保険の普及により多くの診療行為が社会保険の対象になったが，各医療保険管理機構が医療費の審査業務を行っているため，レセプトの内容をチェックできる体制が十分整っていない。近年，医療分野で頻発する医療紛争や医師と患者間の対立の激化は，不十分な情報開示と医療の質に対する患者側の不満の表れでもある。したがって，人間的な信頼関係に基づいた医療サービスを提供できる制度づくりも，これからの医療改革を考える際は重要である。

注

⑴　日本の皆保険50年の評価についてはランセット誌の特集「国民皆保険達成から50年」(2011年) を参照されたい (http : //www.jcie.or.jp/japan/csc/ghhs/lancetjapan/)。また,「統制とバランス」という視点から日本を医療システムを分析したものとしては池上・キャンベル (1996) が詳しい。

⑵　『中国統計年鑑2012年』より。

⑶　新型農村合作医療や都市住民基本医療保険では地域によって政府の財政補助 (税) が半分以上を占めるところもあるが, 公的医療保障の受給要件として保険料拠出が求められるため (つまり排除の原理が働く), 社会保険方式に分類する。この点は日本の国民健康保険や介護保険も同じである。

⑷　OECD Health Data によると, 2010年におけるアメリカの総保健支出に占める家計負担 (out of pocket) の割合は12.3％で, これは日本の16.3％, スウェーデンの17.8％より低い水準である。

⑸　「衛生改革と発展に関する共産党中央および国務院の決定」1997年。

⑹　なお, 都市住民のおよそ４％を占める公務員や大学教員などには保険料拠出のない従来の「公費医療制度」や「医療費補助制度」が維持されているところも多いが, 順次労働者基本医療保険に統合される予定である。

⑺　都市部労働者の場合, 社会保険管理機構が大病保険も管理するところも多いが, 2012年８月に決定された都市と農村の住民大病保険では, 社会保険管理機構が保険会社から保障商品を購入するよう求められた。

⑻　国連開発計画のHPより (http : //esa.un.org/unpd/wpp/unpp/panel_indicators.htm)。

⑼　1992年９月の国務院による「衛生改革の深化に関する幾つかの意見」に基づき, 衛生部は「建設靠国家, 吃飯靠自己」(建設は国, 日常経営は自ら) の方針を明らかにした。

⑽　1990年代の社会保障制度改革の全容については, 田多編 (2004) を参照されたい。

⑾　この共同研究の主な内容については葛・貢 (2007) を参照。

⑿　この報告書の後, 国営の新華社は「医療改革は問題が多く, 成功とは言い難い」という内容の衛生部高強部長の報告の全文を配信した。政府が医療改革の失敗を公式に認めたことになる。

⒀　三農問題とは農業, 農村, 農民と関連する諸問題を指す。80年代前半に改革を引っ張る存在であった農村は90年代以降急速な経済成長から取り残され, 農業の生産性の停滞, 農村の疲弊, 農民の所得の相対的低下と重い負担に悩まされ, 農村の振興と格差の是正が重大な政策課題となった。

⑭　この論争の概要については関・朱（2008）の第7章を参照。
⑮　2009年8月18日に，9つの省庁の連名で「国家基本薬品制度の構築に関する実施意見」，「国家基本薬品目録管理方法（暫定）」，および「2009年版国家基本薬品目録（基層医療衛生機構配備使用部分）」を発表した。
⑯　国務院「"十二五"」期間中の医薬衛生体制改革の深化に関する計画および実施方案」（2012年3月14日）。
⑰　他に「4 E」（equity, efficiency, empowerment, effectiveness）や「5 C」（coverage, cost control, cost sharing, coordinated care, choice）を採用することも多い。
⑱　システムとしての質については乳幼児の死亡率，1000人あたりの医師や看護師の人数，医療スタッフの教育水準，先進医療設備の配備率などの指標，個別医療機関の医療の質については特定疾病の死亡率や再入院率，平均在院日数，リハビリテーション実施率などの指標で測られる。
⑲　具体的には，被保険者からの保険料は従来のままにしたうえで，保険料のなかの15％を資金に民間保険会社から「大病保険」商品を購入する方法が採られている。
⑳　都市化や農民の出稼ぎなど農村住民の減少も一因であるが，2005年以降診療人数が増えたことからそれがすべての原因ではないことがわかる。
㉑　2008年のNHKスペシャル「13億人の大行列」で取り上げられた，安徽省の農村の男の子が網膜剝離のため北京の同仁病院まで治療に行く例はまさにその典型例である。

参考文献

日本語文献

飯島渉（2009）『感染症の中国史——公衆衛生と東アジア』中央公論新社。
飯島渉・澤田ゆかり（2010）『高まる生活リスク——社会保障と医療』岩波書店。
池上直己・J.C.キャンベル（1996）『日本の医療——統制とバランスの感覚』中公新書。
関志雄・朱建栄編（2008）『中国の経済大論争』勁草書房。
田多英範編（2004）『現代中国の社会保障制度』流通経済大学出版会。
田中滋・二木立編（2006）『保健・医療提供制度』勁草書房。
田中滋・二木立編（2007）『医療制度改革の国際比較』勁草書房。
広井良典（1994）『医療の経済学』日本経済新聞社。
ランセット誌（2011）『国民皆保険達成から50年』（http://www.jcie.or.jp/japan/csc/ghhs/lancetjapan/）。
李蓮花（2003）「中国の医療保険制度改革——経済体制改革との関連を中心に」アジ

ア経済研究所『アジア経済』44(4)：2-19。

中国語文献
葛延風・貢森（2007）『中国医改——問題・根源・出路』中国発展出版社。
顧　昕（2012）「医改三年——医保改革突飛猛進　医院改革前途不明」『中国社会保障』2012年第1期。
王虎峰（2009）「衛生医療改革探索『中国模式』」鄒東濤編『中国道路与中国模式（1949～2009）』社会科学文献出版社。
王国軍（2011）『中国社会保障制度一体化研究』科学出版社。
鄭功成編（2011）『中国社会保障与改革与発展戦略（医療保障巻）』人民出版社。

英語文献
Scott, Claudia (2001) *Public and Private Roles in Health Care System*, Open University Press.
World Bank (1997) *China 2020, Issues and Options for China : Financing Health Care*, World Bank.
WHO (2010) *The World Health Report : Financing for Universal Coverage*, World Health Organization.

第2章

中日公的医療保険の長期展望と中国に残された改革時間
――中国医療保険制度の国民負担長期シミュレーション――

久保英也

1 はじめに

　世界第2のGDP規模をもつ中国は経済成長優先の路線を変えていないが，その陰で社会の大きな格差が生まれ，その不満を和らげるためにも社会保障の普及に力を入れている。国民の最大の不満の1つが医療分野であり，国民皆保険を樹立したうえで，医療保障の質の引上げに取り組んでいる。前章でみたように，制度上の課題は数多くある。たとえば，導入が遅れていた農村の公的医療保障である新型農村合作医療制度の普及率は95％を越え，政治主導で皆保険化が一気に進んだが，①新型農村合作医療制度の低い給付水準，とりわけ外来給付の低さ，そして②大きな患者負担と小さな政府財源の投入，③医療の供給サイド（公立病院，薬剤，保険事務等）の非効率といった課題解決に向けた取り組みが進んでいる。

　もう少し長期的にみれば，現在日本が直面する高齢化にともなう医療費支出の急増は，1人っ子政策をとってきた中国にも他人事ではなく，やがて直面する課題である。この高齢者医療費の急増期の到来までに，国民の満足度の高い医療保険制度の整備と高齢化に備えた制度対応を済ませておく必要がある。

　本章では，その改革に残された時間を測るため，中国の医療保険財源の必要額を長期的にシミュレーションする。シミュレーションの目的は，以下の2つである。

①中国の医療保険制度改革は高齢化など社会構造の大きな変化以前に完了することが望ましいが,その時間の余裕度を中国の国民医療費（患者,政府を併せた合計医療費）を長期シミュレーションすることにより検証する。

②日本の公的医療保険制度の運営や改革から得られた教訓を中国の医療保険制度作りに反映させるため,モデルの計算方式をできるだけ同じくした日本の国民医療費モデルも作成し,日本との対比の中で将来の中国の国民医療費水準を検証できるようにする。

すなわち,中国医療保険改革に時間軸を与え,現実的な改革のあり方を考える条件を作ることが本章の目的である。

2　中国の社会構造の変化

中国の高齢化と人口構成の変化

中国では,改革開放政策が始動した1979年に経済をテイクオフさせる重要政策として,「1人っ子政策」（正式名称は計画生育政策）という人口政策が取られた。少数民族対応等の例外規定はあるものの夫婦の子どもは1人と決められ,この政策効果によって歪な少子化が進行している。

生産年齢人口（15歳から64歳人口）が2013年～2015年にピークアウトし,今後の人口構成に大きな影響を与える可能性がある。そこで,国連の人口統計を用いて,中国の2050年までの年齢別人口構成を見たのが,**図2－1**である。生産年齢人口について総人口は2030年ごろをピークに減少に転じ,2050年には45歳以上人口が全人口の約半分を占めるようになる。2012年の日本の65歳人口比率は24.1％であるが,中国は2011年の同9.1％から2040年から2050年ごろには現在の日本の高齢化水準に到達する（この10年の差は,国連の人口推計に使用されている出生率が1.8に対し,中国国家統計局が2012年夏に公表した数字が1.18と相当低いことによる）。

高齢化の進展は高齢者医療費の増大と国家目標となっている皆年金制度にともなう年金の支払い増を招来し,長期的に社会保障費の急増が予想される。

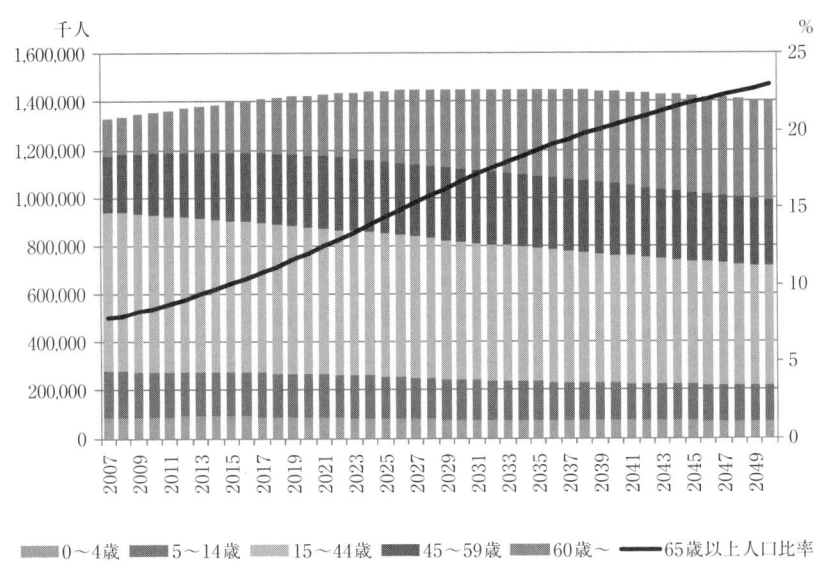

第2章　中日公的医療保険の長期展望と中国に残された改革時間

図2－1　中国人口推計（国連推計2007～2050年）

■ 0～4歳　■ 5～14歳　■ 15～44歳　■ 45～59歳　■ 60歳～　── 65歳以上人口比率

出所：筆者が国連の人口統計に基づき，作成。

単純に高齢化率だけを尺度に，中国において高齢化対応が深刻化するまでの時間を考えてみよう。日本は医療保険制度や公的年金制度がスタートした1955年から現在まで約60年間の時間があったのに対し，中国は農村合作医療制度が緒に就いた2010年から換算してその半分の30年程度の時間しかないことになる。

中国の国民医療費の推移

次に，中国の国民医療費（患者自己負担額＋中央・地方政府の財政投入額＋社会保険負担額）の増加率と患者負担の長期推移は図2－2に見る通り，1980年代後半から2000年代前半まで国民医療費の伸びが名目GDP成長率を上回っていたが，2004年以降は下回っている。また，国民医療費の中の患者負担の伸び率も2002年以降GDPの伸び率を下回っている。医療制度改革費の成果や政府の財政投入の拡大が主因であるが，公的医療サービスの提供システムが不十分で，①医療アクセスや高額な自己負担による支出抑制，②所得階差が大きく，農村

図2-2　中国の国民医療費の長期推移

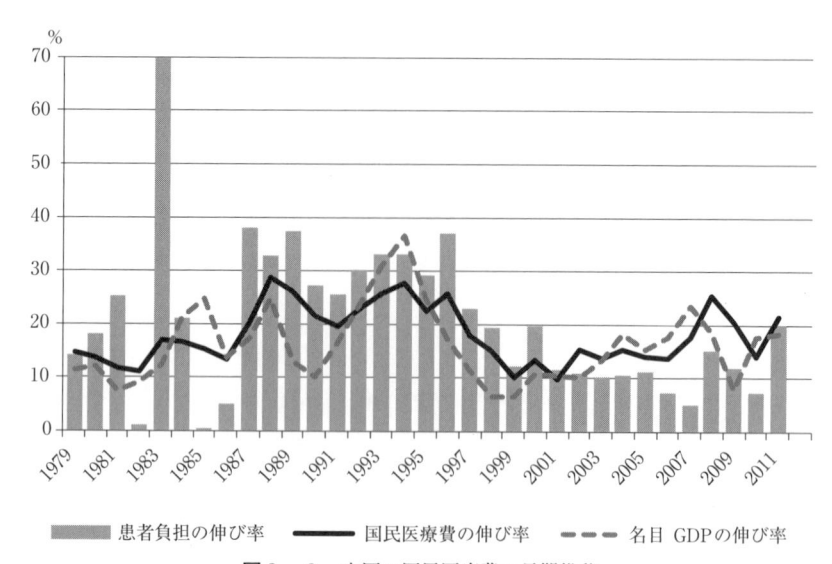

凡例：患者負担の伸び率／国民医療費の伸び率／名目GDPの伸び率

出所：『中国統計年鑑2012年』より，データを抽出し，筆者作成。

を中心に低所得者層は実質的には医療サービスを受給できない状況など，患者が医療サービスの受給を自ら抑制しているものと考えられる。2008年以降は，新型農村合作医療制度の普及や薬価制度の改正など医療保険制度の拡充に政府が力を注いだこともあり，再び医療費の伸びがGDPの伸びを上回る状況となっている。今後も外来診療における給付の充実など医療サービス給付の質の改善が続くため，医療費の伸びがGDPの伸びを上回る状況は当面続くことになる。

　図2-3に日本の国民医療費の推移を掲載した。1958年に新しい国民健康保険法を制定して以降制度の拡充が進み，国民医療費の伸びはGDPの伸びを上回っている状況が続いた。とりわけ，現在の中国と同じく日本では1961年に医療保険の国民皆保険化が達成されたことから，グラフ上の◯印で示したように医療費の伸び率は，国民所得を大きく凌駕している。1973年からの老人医療費の無料化でこの動きが加速した。その後，診療報酬制度の見直しや薬価の連続的な切り下げなど医療改革や医療費抑制の努力を続けることにより国民の医療

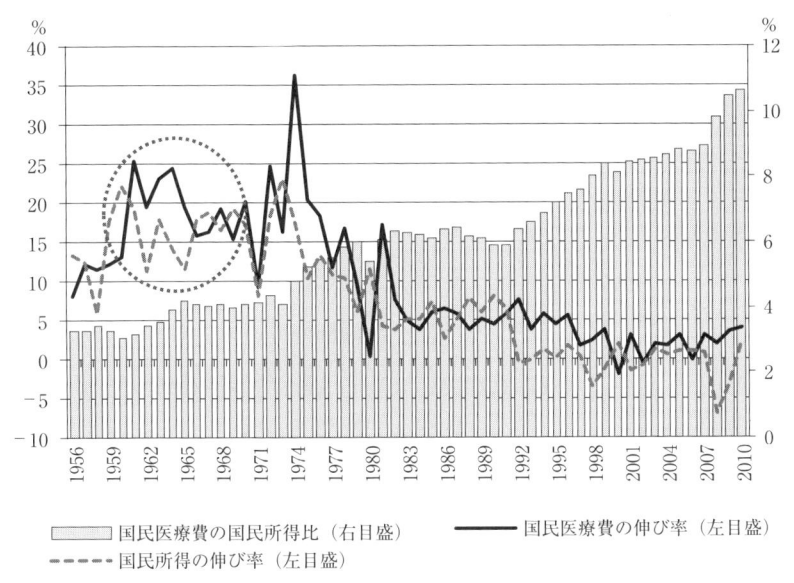

第2章　中日公的医療保険の長期展望と中国に残された改革時間

図2－3　日本の国民医療費の長期推移
出所：国民経済計算，厚生労働省資料から，筆者作成。

費支出の増加の抑制に努めた。

　しかしながら，1990年のバブル崩壊以降は，経済成長率の低下と高齢化の進展による高齢者医療費の増加により，再び国民医療費は経済成長率を大きく越えて増加することになる。1992年に医療法の第2次改定を行い高齢者の社会的入院の排除や新しい診療報酬制度の導入等制度を改正したにもかかわらず国民医療費の増加の勢いを止めることはできなかった。2010年の国民医療費の国民所得に占める割合は11％程度で国民皆保険が実現した時期の5％の2倍の水準となっている。

　中国は，2011年に示された医療制度の改革方向に沿って，新型農村合作医療保険の医療給付の充実と同時に，公立病院改革，薬価制度の見直しなど医療の供給サイドの効率化を図り始めたと考えられる。改革の成果が出るには時間を要するが，給付条件の見直し（条件緩和）はすぐに医療費の拡大に繋がるため，日本で1960年代から1970年代に発生した医療支出の増大が中国でも起こると考えられる。

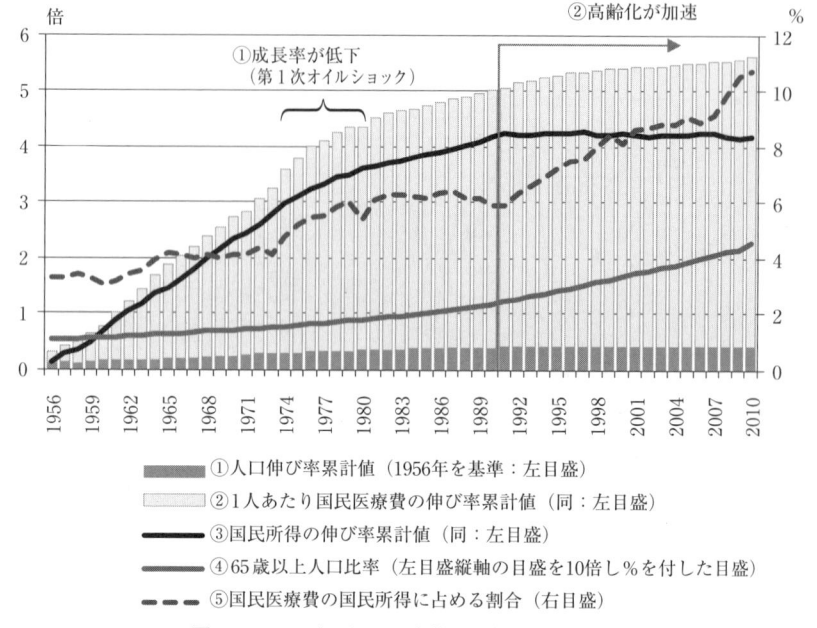

図2-4 日本の国民医療費の長期的な増加要因

グラフ内注記:
- ①成長率が低下（第1次オイルショック）
- ②高齢化が加速

凡例:
- ①人口伸び率累計値（1956年を基準：左目盛）
- ②1人あたり国民医療費の伸び率累計値（同：左目盛）
- ③国民所得の伸び率累計値（同：左目盛）
- ④65歳以上人口比率（左目盛縦軸の目盛を10倍し％を付した目盛）
- ⑤国民医療費の国民所得に占める割合（右目盛）

出所：厚生労働省、内閣府のデータより筆者作成。

　問題は，日本で徐々に大きな問題となった高齢者医療費の爆発的な増加が中国ではいつから始まるかの見極めである。図2-1でみたように中国の高齢化ペースは日本よりも速く，日本が皆保険を実現した時期から高齢化対応が深刻化するまでの時間と比べるとかなり短くかつ急激に発生すると考えられる。その限られた時間に効率的な医療給付体制を構築する必要がある。日本が医療保険制度改革に着手した1968年ごろの国民1人あたりGDPは4,000ドルを超えた時で，奇しくも現在の中国と同水準の時期であった。

　また，図2-4にみるように，日本の国民医療費の累積伸び率（1956年以降，単位は倍で表示）を1人あたり国民医療費の同累積伸び率と人口の同累積増減率に分解すると1人あたり国民医療費の伸びが圧倒的に大きい。また，1961年の国民皆医療保険達成後から，棒グラフ（2つの面の合計）で示した国民医療費の同累積伸び率が実線で示した国民所得の同累積伸び率を上回り始めるが，そ

こには2つの断層がある。

まず第1が，成長率の屈折した第1次オイルショック（1971～1973年）を契機に日本の高度成長期は終焉し，それまでの10％成長から5％程度の安定成長期に移行する。しかしながら国民医療費は惰性で高度成長期と同じ伸び方をするため，国民所得の伸び率との格差が大きくなった。1980年代前半まで両者の伸び率格差は急速に開き，破線の折線グラフで示した国民医療費の国民所得に占める割合は急上昇する。

第2は，高齢化の進展である。1991年以降65歳以上人口比率は12％に乗り，以降急速にその比率は高まり2012年には24％まで上昇した。高齢化率は20年間で2倍になったことになる。この高齢化の加速にともない高齢者医療費が増加してくる。医療制度のたび重なる改正にも関わらず，再び国民所得に占める国民医療費の割合（破線のグラフ）は急速に上昇することになる。

3　中国の国民医療費の今後

日本の医療費の長期推移から推定される中国の今後の軌跡

前節までの分析から，今後の中国の国民医療費の動向を見るポイントは次の3点となる。すなわち，①中国の成長率の屈折（8％～10％の高度成長期から4％～5％の安定成長期）に移行する時期，②高齢化の加速段階（12％→20％台），そして，③超高齢化社会の到来し現在の日本の高齢化率（中国の2045年の高齢化率22.5％＝日本の2011年の高齢化率）に到達するまでの時間的余裕，の3点である。

図2－5は，日本の1954年から2008年までの55年間の医療費累計伸び率から国民所得の伸び率を差し引いた「医療費と国民所得の累計伸び率格差」を示している。いわば国民所得の伸びを越える国民医療費の増加状況を図示したものである。その2つが同様の伸び率を示していた1960年代の後半に高度成長を謳歌していた日本経済は1973年の第4次中東戦争にともなう原油高騰，いわゆる第1次オイルショックの影響を強く受け，成長率は半分程度に落ち込むことになる。国民医療費はこれとは無関係に増加した。グラフ上①で示した成長率の

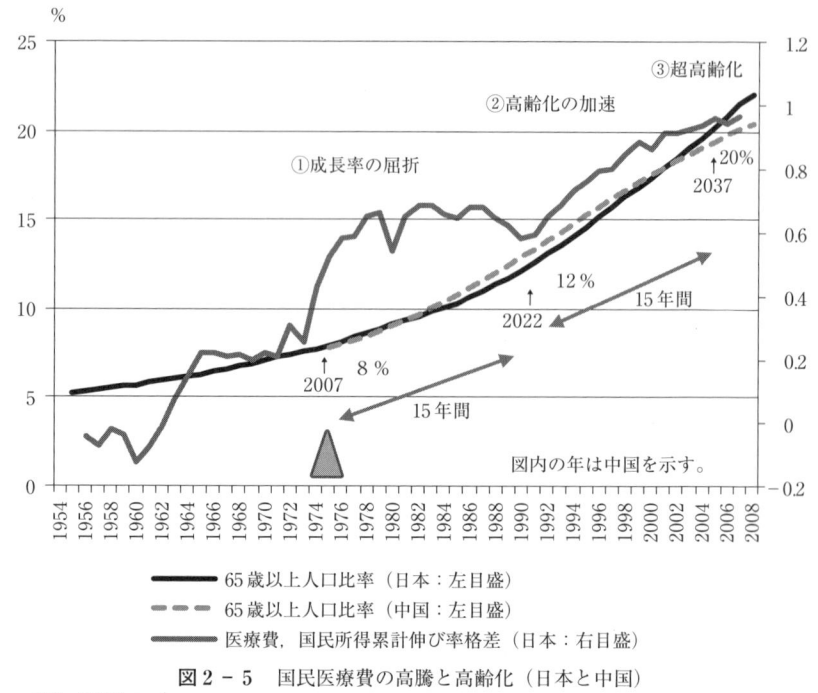

図2-5 国民医療費の高騰と高齢化（日本と中国）
出所：筆者作成。

屈折にともなう国民医療費が国民所得を大きく上回る状況である。

また，日本の1990年の高齢化率は12％から2000年代に20％へと上昇する中で「医療費と国民所得の累計伸び率格差」のラインも再び大きく上昇する。75歳以上の後期高齢者の全人口に占める割合が4％から10％まで上昇したこともあり高齢者医療費の高騰を抑えることができなかったためである。

この日本の30年間の時系列の動きに中国の動きを重ねてみよう。図中の2007年，2022年，2037年は中国の時間軸である。中国の高齢化率8％は2009年ごろの水準にあたり，国連の推計では2022年に12％，2037年には20％に達するとされている。日本の高齢化率を実線で中国の高齢化率を点線で表し，中国の2007年の高齢化率7.84％と日本の1975年の高齢化率7.84％を合わせると2国の高齢化率の軌道はきわめて近しい動きを示す。

2007年から2022年のあいだに中国は外的ショックもしくは設備投資主導型経済から内需主導型経済へ転換し，高度成長期から安定成長期に移る。上記の①の成長力屈折（高齢化率は7.9%→12%）の局面を迎え，2022年から2037年（高齢化率は12%→20%）には高齢化の加速時期を迎える。①と②の期間は日本，中国ともに15年間である。

1つの目途としては，公的医療制度の整備を終え，次の高齢化社会に対応する医療保障制度を整備するために中国に残された期間は約30年間ということになる。この間に，①新型農村合作医療保険制度における給付の改善，②公立病院の医療サービスの向上と医療偏在の是正，③薬価，診療報酬などの医療の供給サイドの改善，④高齢社会に対応した医療制度を構築する必要がある。この分野は第3章，第4章で取り上げる。

同時期に日本は2013年の4人に1人が高齢者という時代から，3人に1人が高齢者という超高齢化時代における医療保障制度を構築する難題に世界で最初に立ち向かうことになる。

4 日本の国民医療保険料のシミュレーション

そこで，筆者は中国の将来の国民医療費の推計にあたり，日本からの示唆を与えるために同じアルゴリズムによる日本の国民医療費シミュレーションモデルを開発した。まず公開データの多い日本の国民医療費算出シミュレーションモデルを開発し，これと同構造の中国モデルとを比較することにより，両国の具体的な将来の国民医療費のイメージを抽出する。

モデルの骨格は，将来の人口推計（5歳刻み）をベースに年齢構成の変化（高齢化）と経済成長にともなう1人あたり医療費の上昇を反映し，2050年までの国民医療費の総額を推計する。そして，消費支出に占める国民医療費の比率により，日中の国民医療費の将来の状況を比較する。

日本のシミュレーションモデルの概要

5歳ごとの人口の推計

　まず，基礎となる人口推計として，国立社会保障・人口問題研究所（2000年）の各歳人口（男女別）の推計値を5歳刻みの19の年齢区分に再編成する。この19区分ごとに出生数と年齢別死亡数を推計し，2050年までの各歳の人口を予測する。ここで使用する出生数は，同研究所の中位推計を用い，死亡数（死亡率は医療技術の進展などから毎年0.0077％の低下を見込む）も同中位推計を使用した。死亡率は男女で大きく異なるので，中国医療モデルとの関連を意識して，男女別に人口構成の変化を予測し，これを併せ国民全体の人口構造の変化とした。

　区分ごとの純増数は5年目の年齢人口が翌年には次の区分に移動するため，各区分の人口は，「前区分×0.2＋当区分×0.8（＋出生数）－死亡数」とした。

国民医療費と国民所得の推計

　厚生労働省の「社会保障の給付と負担の見通し；2006年5月」と同様の前提を使用し，各年齢の一般医療費の伸び率を2.1％（含む老人医療費）とした。年齢区分別医療費の最小額は10歳から15歳ランクの6.51万円，最大額は75歳以上ランクの79.42万円である。また，雇用者所得から国民所得の推計は，賃金構造基本調査（2005年）の1人あたり年齢別賃金（年間ベース，月額×12ヶ月＋ボーナス3.6ヶ月）に，上で計算した人口推計値に年齢別労働力率（労働力調査の19区分）を反映したうえで，雇用者所得を計算し，国民全体の年齢別所得の推計値とした。なお，民間最終消費額も雇用者所得と同じ対前年伸び率を用いて将来推計値とした。

保険料率の算出

　上で計算した国民医療費を民間最終消費額で除したものを国民医療費の保険料率とした。したがって同保険料率は，国，企業，個人の負担を合算したものとなる。積立要素は勘案していないため，積立金の運用収益による保険料の低下（もしくは割引）は想定していない。

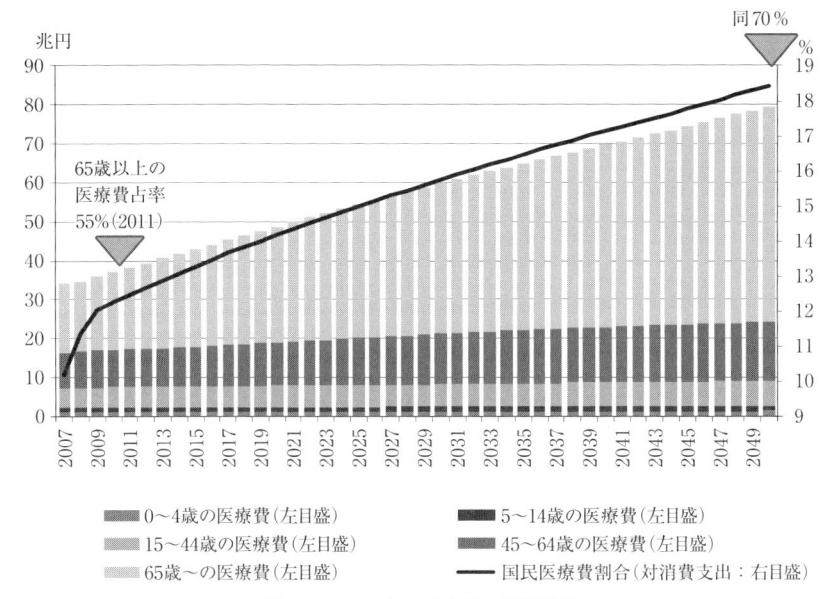

第2章　中日公的医療保険の長期展望と中国に残された改革時間

図2-6　日本の医療費の長期推計
出所：筆者が日本の国民医療費長期推計モデルを用いて推計したもの。

日本の国民医療の長期シミュレーション結果

シミュレーションの結果を図2-6に示した。60歳以上の高齢者の人口区分の人口が増加することから，国民医療費は，2010年の37兆円から2022年には約50兆円，2037年には67兆円まで増加する。また，2050年には約80兆円となる。雇用者所得（年齢別雇用者所得を積み上げ，計算）に対する比率でみると2010年の12.3％が2022年には14.5％，2037年には16.7％，そして2050年には18.4％まで上昇していく。

年齢別の1人あたり国民医療費も年齢別の賃金上昇率も同じ2.1％の直線的な上昇を想定しているが，高齢化の加速と大きく変化しない労働力率の想定から，一方的に国民医療費の割合が増加する構図となっている。1人あたり国民医療費に占める65歳以上の医療費の割合は2011年の55％から2050年には70％に上昇する。

高齢者の国民医療費を抑制する政策の実施とともに女性と高齢者の労働参加

表2-1 日本の薬剤費の圧縮

改定時期	薬品対象数	改定率 薬剤費ベース(%)	改定率 国民医療費ベース(%)	医療費に占める薬剤費割合(%)
1967年10月	6,831	-10.2	-	
1969年1月	6,874	-5.6	-2.4	
1970年8月	7,176	-3.0	-1.3	
1972年2月	7,236	-3.9	-1.7	
1974年2月	7,119	-3.4	-1.5	
1975年1月	6,891	-1.6	-0.4	
1978年2月	13,654	-5.8	-2.0	
1981年6月	12,881	-18.6	-6.1	
1983年1月	16,100	-4.9	-1.5	
1984年3月	13,471	-16.6	-5.1	
1985年3月	14,946	-6.0	-1.9	
1986年4月	15,166	-5.1	-1.5	
1988年4月	13,636	-10.2	-2.9	
1989年4月	13,713	2.4	0.7	
1990年4月	13,352	-9.2	-2.7	
1992年4月	13,573	-8.1	-2.4	
1994年4月	13,375	-6.6	-2.0	26.1
1996年4月	12,869	-6.8	-2.6	24.5
1997年4月	11,974	-4.4	-1.3	23.3
1998年4月	11,692	-9.7	-2.7	20.1
2000年4月	11,287	-7.0	-1.6	20.2
2002年4月	11,191	-6.3	-1.3	20.7
2004年4月	11,993	-4.2	-0.9	21.5
2006年4月	13,311	-6.7	-1.6	21.4
2008年4月	14,359	-5.2	-1.1	21.7
2010年4月	15,455	-5.8	-1.2	
累計		-172.4	-49.1	

出所：中医協資料2010.6.23「薬価制度関連資料」より，抽出したものを筆者が加筆修正。

率を押し上げる対応も必要である。

　日本の医療費抑制の取り組みは**表2-1**にあるように薬剤費の圧縮や診療報酬体系の見直し等を進めてきたものの，高齢化による増加を相殺できていない。薬剤費の圧縮は1967年から2010年まで173％となり国民医療費ベースでみても49％の圧縮となる。介護と高齢者医療が混在する領域の整理や慢性病の予防対策等の対策をさらに急ぐ必要がある。

5　中国の国民医療保険料のシミュレーション

シミュレーションモデルの概要

人口の推計

　中国は，公開統計データの少ない国であり，人口や医療費関係についても同様である。前節で作成した日本の国民医療費のシミュレーションモデルの中国版の作成についても多くの推計を入れる必要がある。まず，人口推計については，5歳刻み年齢の国連人口推計（World population prospect 2008 Revision United Nation）をベースに置いた19区分とした。この19区分に，出生数，年齢別死亡数を推計し，各人口区分ごとの人口の変化を予測する（2007〜2050年）。なお，出生数については5年ごとの国連推計値を毎年値に変換して使用した。死亡数については，同じく5年ごとの男女別国連統計値を用い，次の手順で算出する。①都市部と農村部の年齢別疾病死亡率（男女別，5歳刻み，『中国衛生統計年鑑2009年』）から，都市部と農村部を人口比で調整した全国の男女別疾病死亡率を算出，②疾病死亡率に年齢別人口をかけて「男女別疾病年齢別死亡数」を算定，③この男女別年齢別死亡数を足したものと国連統計の男女別全体死亡数（2010年から2015年の数字）との差を調整率で補正して全死亡率を推計する（疾病死亡率を全死亡率に換算）。そして，④調整後の年齢別全死亡数から男女別年齢別死亡率を算定した。死亡数の実績は図2-7に示したが中国の男女とも，35歳以上の死亡率が高い。中国男性の50歳以上の死亡率は，日本の男性の約2倍となっている。中国の年齢別死亡率の推計値を日本と比較して示したものが図2-7である。

年齢別医療費の推計

　『中国衛生統計年鑑　2009年』（2008年医院出院病人の年齢別疾病構成5-11-1）から年齢別に患者構成を抽出し，この比率で国民医療費を年齢別に按分する。年齢区分は0〜4歳，5〜14歳，15〜44歳，45〜59歳，60歳〜，の5区分であ

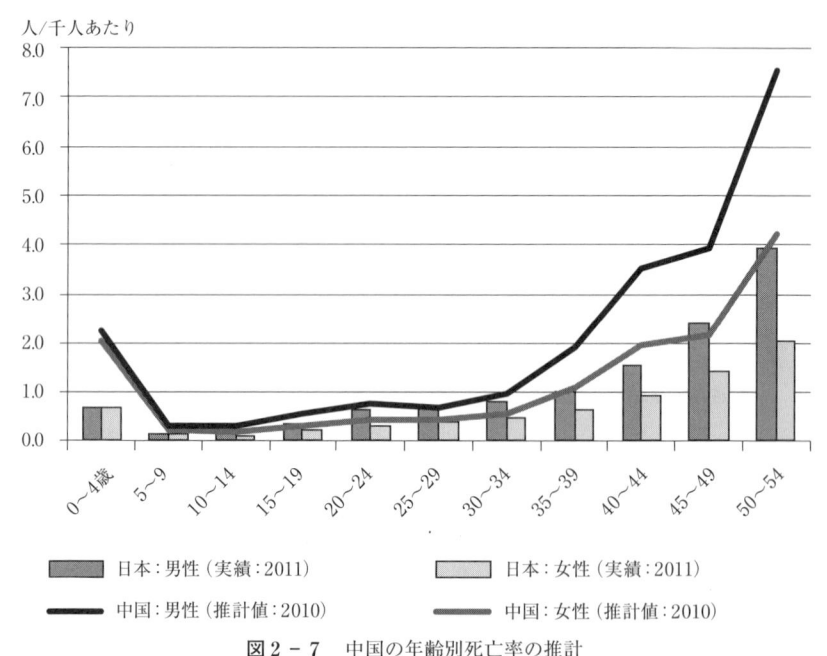

```
人/千人あたり
8.0
7.0
6.0
5.0
4.0
3.0
2.0
1.0
0.0
     0〜4歳 5〜9 10〜14 15〜19 20〜24 25〜29 30〜34 35〜39 40〜44 45〜49 50〜54
```

■ 日本：男性（実績：2011）　　■ 日本：女性（実績：2011）
── 中国：男性（推計値：2010）　── 中国：女性（推計値：2010）

図2－7　中国の年齢別死亡率の推計
出所：中国は、中国統計年鑑などから筆者が推計、日本は厚生労働省：平成23年人口動態統計月報年計の概況。

る。また、国民医療費は政府補助金＋社会保険負担＋患者負担の合計（『中国衛生統計年鑑　2009年』の4－1－1衛生総費用）とした。この国民医療費を年齢別人口で除し、「1人あたり国民医療費」を算出。1人あたり年齢別国民医療費と上で算出した人口推計とを用いて、2050年までの国民医療費合計額を推計する。ただし、毎年の医療費の上昇は最終消費支出の上昇と長期的には連動すると考え、過去30年平均の医療の上昇率と消費支出の同平均伸び率の差を調整倍率で修正した（調整倍率は1.14619倍：医療費の30年間平均伸び＞同消費支出の伸び）。

なお、最終消費支出の2050年までの想定は2010年の10％成長から毎年0.25％ずつ低下し、2050年にはゼロ％成長となる逓減ラインを想定した。

保険料率の計算

年齢ごとの医療費は人口構成とともに変化し、高齢化の進展とともに増加す

る。雇用者所得に占める国民医療費（政府負担，社会保険負担，自己負担の合計）の比率を計算し，これを基本のシミュレーションとする。国民医療費は，日本の国民医療費の構造と同じく，高齢者の１人あたり医療費と高齢者人口数により大きな影響を受ける。

この基本シミュレーションでは日本で発生している寿命の伸長にともなう慢性病の増加などに起因する医療費の増加は十分織り込めていない。高齢者人口の増加はすでにモデルに織り込んでいるため，ここでは「高齢者１人あたり医療費の増加」を日本の経験値を用いてモデルに反映させる。

中国の国民医療費の長期シミュレーション（基本シミュレーション）

シミュレーションモデルを用いて将来の国民医療費の雇用者所得に占める割合を計算した結果を図２－８に示した。2011年の国民医療費は，2.33兆元，これが2050年には，137.7兆元まで上昇する。60歳以上の医療費の全国民医療費に占める割合は2011年は31.2％であるが，2050年には55％まで上昇，国民医療費の半分以上を占めるようになる。人口全体に占める60歳以上人口の比率は2011年で13％程度，2050年には29％まで上昇するので，高齢者層は人口比率の約２倍程度の医療費を使用することになる。

国民医療費の雇用者所得に占める割合，すなわち「国民医療保険料率」は，2011年の9.9％が2037年には19.4％，2050年には20.6％まで上昇する。

日本の高齢者１人あたり医療費の伸びを反映したシミュレーション（シミュレーション②）

基本シミュレーションには高齢者の慢性病治療などにかかる医療費の増大は十分織り込まれていない。そこで，60歳以上の１人あたり医療費を，日本の60歳以上の高齢者の医療費の15～44歳の医療費との比率（以下，高齢者医療費用倍率と呼ぶ）を基準に調整する。2007年の日本の60歳以上の高齢者医療費用倍率は5.57倍（ちなみに最高は1999年の7.1倍。1977年は4.1倍で，現在の中国の水準に近い）で，中国は3.52倍である。日本の数値に中国が2050年に到達すると仮定し

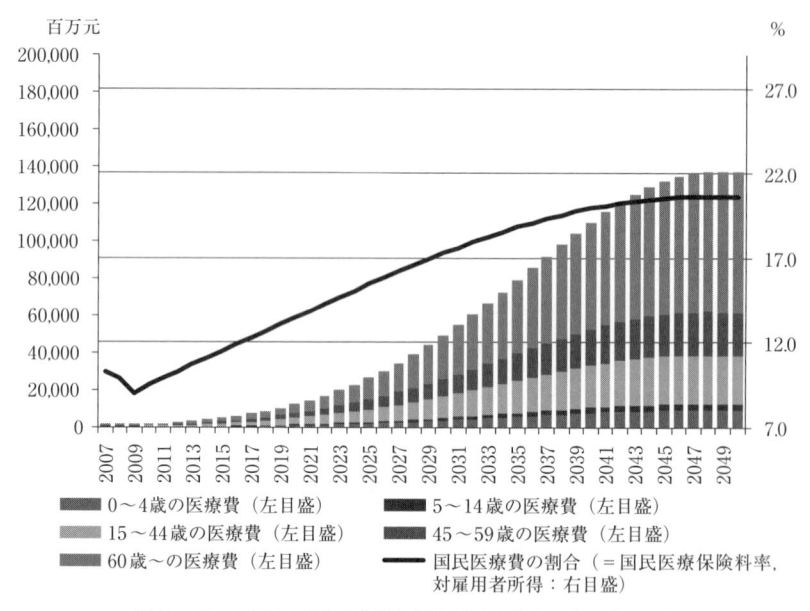

図2-8 中国の国民医療費の変化（基本シミュレーション）
出所：筆者が中国の国民医療費長期推計モデルを用いて推計したもの。

毎年一定の伸び率で調整する（同倍率の年平均増加率は1.1％となる）。このように計算したシミュレーションの結果を図2-9に示した。

この結果、60歳以上の国民医療費の国民医療費全体に占める割合は、2011年の32％が2037年には59.7％、2050年には67.5％まで上昇する。2050年の水準は日本の2037年の65歳以上の医療費の全体に占める割合に近い水準である。

こうして計算した国民医療費を雇用者所得で除した「国民医療保険料率」は、2011年の10％が2037年には23.7％、そして2050年には28.5％まで上昇する。高齢化が如何に国民医療費に大きな影響を与えるかがうかがえる。

中国と日本の長期医療費シミュレーション

前述した日本と中国の国民医療費の長期シミュレーション結果を1つのグラフに重ねたのが図2-10である。

中国について高齢化の影響が十分反映されていない基本シミュレーション

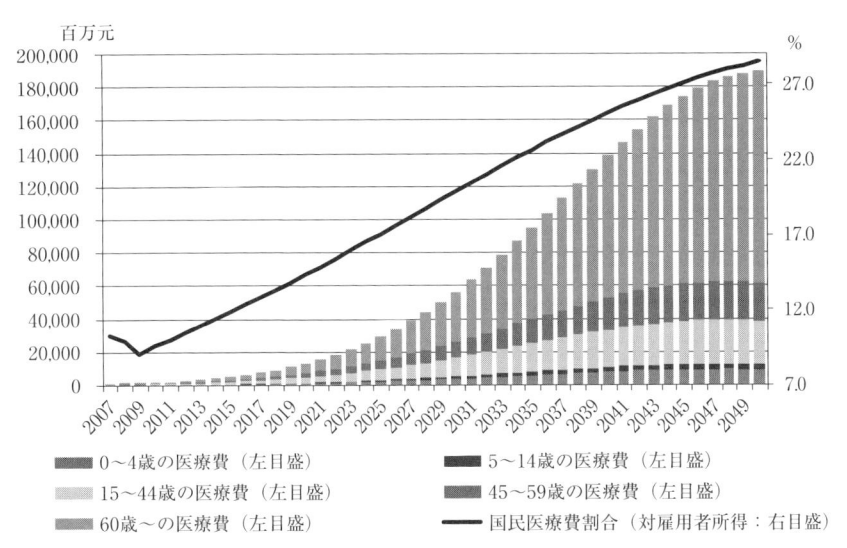

第2章　中日公的医療保険の長期展望と中国に残された改革時間

図2-9　中国の国民医療費の変化（シミュレーション②）

凡例：
- 0～4歳の医療費（左目盛）
- 5～14歳の医療費（左目盛）
- 15～44歳の医療費（左目盛）
- 45～59歳の医療費（左目盛）
- 60歳～の医療費（左目盛）
- 国民医療費割合（対雇用者所得：右目盛）

出所：筆者が中国の国民医療長期推計モデルを用い推計したもの。

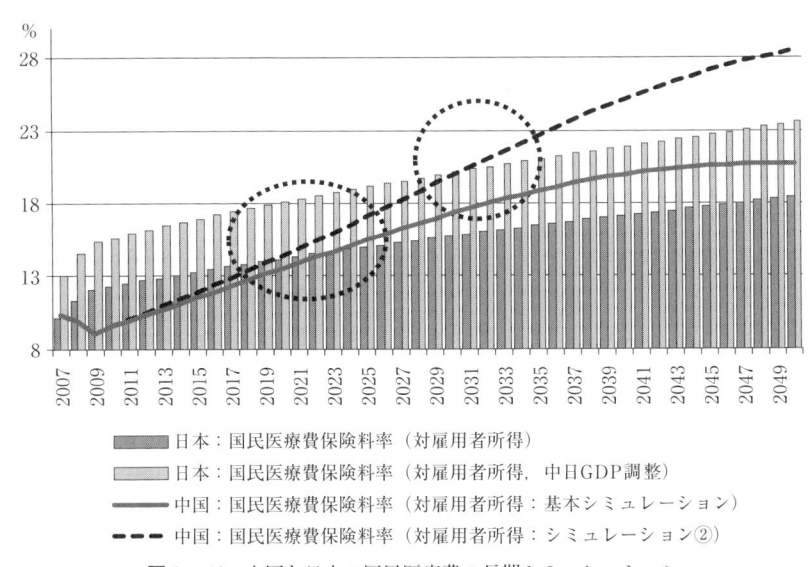

図2-10　中国と日本の国民医療費の長期シミュレーション

凡例：
- 日本：国民医療費保険料率（対雇用者所得）
- 日本：国民医療費保険料率（対雇用者所得，中日GDP調整）
- 中国：国民医療費保険料率（対雇用者所得：基本シミュレーション）
- 中国：国民医療費保険料率（対雇用者所得：シミュレーション②）

出所：筆者が中国と日本の国民医療費長期推計モデルを用いてシミュレーションしたもの。

(実線)では，中国の国民医療保険料率が2025年ごろには日本を上回る。日本と同じような高齢者医療支出を見込めば（シミュレーション②），2020年ごろにはすでに日本の比率を上回ることになる。

ただ，日本のシミュレーションで用いた年齢別雇用者所得と中国の分析で用いたマクロの国民経済計算ベースの雇用者所得とのあいだには，定義の差があることは考慮すべきである。医療費負担の多くを雇用者が支払うとすれば雇用者所得ベースで中国と日本を比較すればよいが，企業や政府の補助金が大きい場合には，名目GDP比の国民医療費割合で比較した方が整合的であろう。本章で計算した2011年度の日本の雇用者所得の名目GDPに占める割合は64.8％，同様に中国の雇用者所得の名目GDP比率は50.3％である。この数値は，名目GDPに占める個人消費の割合に近い。そこで，雇用者所得比と名目GDP比を調整した日本の国民医療費保険料率を背の高い棒グラフで示した。この場合，背の高い棒グラフと中国の基本シミュレーションを比較すると，中国の同比率は日本の同比率を越えることはないが，シミュレーション②では2030年ごろにはこれを上回ってくる。ちなみに日本の国民医療費の財政負担が非常に厳しくなった2011年度の水準と同じ水準に，中国では2025年から2030年頃に到達する。

6 中国の国民医療費の将来像

中国の国民医療費の将来像を日本の国民医療費の動きから観察してきたが，次の2点のことが言えよう。

① 中国の今後の国民医療費は，(i)医療サービスの質の向上にともない増加する部分，(ii)高齢化が加速により増加する部分，(iii)超高齢化社会到来で増える部分，の3段階で断層的な増加が見込まれる。これは医療サービスの需要サイドだけの改革だけでは対応しきれず，供給サイドの大胆な改革が必要となる。

② (i)に対応する効率的なシステムの構築は，(ii)の高齢化が加速する前にま

でに終える必要がある。制度改革に向けられる時間的余裕は10〜15年である。

参考文献
厚生労働省（2013）「平成22年度国民医療費の概況」
中国衛生部（2012）「中国衛生統計年鑑2012年」
中国統計年鑑編集部（2012）「中国統計年鑑2012年」
総務省統計局（2013）「統計局ホームページ：第3章国民経済計算」（http://www.stat.go.jp./data/chouki/03 htm）
United Nation（2010）"World population prospect 2008 Revision"

第Ⅰ部
供給側の改革

第**3**章

中国の医療提供システムの変化と病院経営

張　瑩

1　はじめに

問題の提起

　2009年4月，国務院による「医薬衛生体制改革の深化に関する意見」および「医薬衛生体制改革の近年の重点実施方案（2009－2011年）」の正式発表にともない，中国の医療改革の新しい幕が開いた。この「新医療改革」案は基本医療保障制度の建設の強化，国家基本薬品制度の構築，基層医療サービスシステムの充実，公衆衛生サービスの均等化，公立病院改革の試行など5つの政策を明確に打ち出している。

　2013年現在，3年間の試行段階が終わり，上記5つの改革はかなりの成果を上げた。なかでも，基本医療保障制度は基本的に全国民適用（皆保険）となり，政府の統計によると，2011年末時点で，3つの基本医療保障制度の適用人口は12.8億人，公的医療保険の加入率は2000年の15％から2011年の95％に上昇した。しかしながら，新医療改革の実施後も「看病貴」の問題は緩和されず，医療費に占める患者負担額は減少しなかった。全体の医療費（衛生総費用）も増加し，2006年から2010年の4年間に倍増した。医療アクセスの改善は評価できるものの，医療改革の本来の目的とはややかけ離れた結果となった（李 2012）。

　王宏志らによると，医療費の高騰が収まらない背景には，①医療技術の発展と人口の高齢化，②慢性病患者の増加，③高所得層（高消費グループ）の増大な

ど外部要因に加え，④医療制度そのものが抱える問題（経済の市場化による医療機関の営利化と政府の財政補助の抑制に伴う高額な過剰医療を提供しようとする病院経営のインセンティブ），⑤実施上の問題（過剰処方，過剰検査による費用の増加），⑥医療環境の問題（医師に対する患者の不信と医師の自己防衛的医療の提供），および⑦薬品流通システムの問題（病院収益の高薬剤依存問題が根本的に解決されず，また薬品価格が不当に高騰する）などが医療費の上昇をもたらす大きな原因である（王ほか 2011）。

　基本薬品制度の実施は基層医療機関の収入に一定の影響をもたらし，リスト化された基本薬品の構成と国民の薬利用の習慣との間に齟齬があったため，逆に基本薬品の利用が制限されてしまった。さらに，一部の地域では基本薬品制度の実施以後，薬の価格が低下するどころか逆に上昇したり，他の地域では配送会社が少なく薬品の配送周期が長期化し，基層医療サービスにマイナス影響をもたらすところもあった（張ほか 2011）。

　2010年2月23日には公立病院の改革案が発表された。衛生部など5つの省庁による「公立病院改革の試行に関する指導意見」（衛医管発〔2010〕20号）では，病院の薬剤依存の現状を打破し，サービス報酬，薬品マージン，財政補助の3つから構成される公立病院の収入を，サービス報酬と財政補助の2つに変更することを目標として掲げた。ただ，公立病院の管理体制や運営体制など深層的な改革については詳細な意見を控え，具体的な方法については試行地域の自主性に任せることになった。

　はたして，新しい公立病院改革が医療機関の薬剤依存の現状を変えることができるのか。医療機関の行動はどのように変化するのか。名目上の皆保険時代に入った中国では，如何に合理的かつ有効的で，インセンティブを備えた医療機関の管理制度を構築し，長期にわたって医療改革の持続的な遂行を保障するメカニズムの構築ができるのかが医療改革における重点となっている。

研究の目的と意義

　日本は平均寿命が最も長い国の1つであると同時に，保健医療において費用

対効果に最も優れている国でもある。2000年の世界保健機構によるランキングで、日本は最も長い平均寿命と健康寿命、最も低い乳幼児死亡率などで総合第1位となった（財団法人厚生統計協会 2008）。なお、日本は医療資源の消費という観点からみても、OECD30ヶ国のなかで、総保健支出と平均1人あたりの医療費はそれぞれ第22位と第19位で抑制されたものとなっている（財団法人厚生統計協会 2008）。日本の医療システムは短期間に形成されたのではなく、過去には特定の地域における医療設備の過剰導入や民間医療法人のサービスの問題などもあり（知野 2009）、医療機関の医療行為に対する監督において、日本は豊富な経験を蓄積してきた。

同じくアジアに属する中国と日本は伝統習慣、社会生活、文化的背景など様々な面において共通性をもっている。そのため、日本の医療政策の変遷過程、医療提供システムの構築と監督における日本政府の対応を研究することは中国の今後の医療改革にとって重要な意義を有する。

本章では医療提供システム改革を焦点に、中国と日本両国の医療政策の経緯を整理し、このことが医療システムにもたらした影響（医療機関の収入構成の変化）を分析する。日本の医療改革の経験を参考に、皆保険後の中国で如何に合理的、有効的でインセンティブを備えた医療機関の管理制度を構築するかを考察する。

2　中国における医療政策の変遷および医療機関への影響

中国の医療制度の特徴と提供システムの基礎知識

まず、中国の医療制度の特徴をまとめておこう。

① 医療機関

中国の医療機関は病院（「医院」）、基層医療衛生機構、専門公共衛生機構およびその他に分けられる。病院はさらに総合病院と専門病院に細分されるが、国有の公立病院を主としながら、営利機構や非営利機構が並存

している（民間病院は営利機構で，公立病院は非営利機構である）。
② 受診行為
　　患者は医療保険の地域内で自由に受診でき，ゲートキーパー制はない。ただし，医療保険の地域外の受診は自費になることが多い。
③ 医療サービス
　　中国の医療機関は混合診療型（保険内サービス＋自費サービス）医療サービスを提供する。
④ 医療保険支払方式
　　各地の医療保険制度の支払方式はそれぞれ異なる。多くの地域で総枠予算制，単一病種支払，出来高払制など複数の支払方式を併用する。医師の給料・報酬は，基本賃金＋業績賃金方式を採用する。
⑤ 薬の流通と監督
　　政府による価格設定と入札による設定の方法を採用する。監督に関しては2008年以降地方政府分級管理を実施し，地方政府が管理・監督を行う。
⑥ 医療サービスの管理・監督
　　表3-1に見るように，多部門による分担制管理であり，各部門の役割はそれぞれ異なる。病院は3級医療機関管理方式を採用する。衛生部の計画と指導により，1，2，3級医療機関のあいだで双方向の患者移送（「転診」と呼ぶ）および技術指導を行う。2009年の「新医改方案」では，「政」（政策指導）と「事」（事業管理）の分離，「管」（管理）と「弁」（実際の運営）の分離を公立病院の管理体制の重要原則としている。また政府の役割を転換し，公立病院のミクロレベルの管理から医療にかかわる全産業の監督・管理を強化すべきであるとした。公立病院のコーポレート・ガバナンスの改善は，上の2つの分離を実現するうえで重要で，衛生行政部門は病院の具体的な事務には介入しない。
⑦ 労働保障部門は衛生や物価などに関し他の部門と協力し，指定医療機関のサービスと管理状況について監督・検査を行う。規定に違反している医療機関に関しては，状況に応じて改善要求を行ったり，衛生部門に通

第3章　中国の医療提供システムの変化と病院経営

表3-1　中国医療監督部門の責任範囲

監督範囲	医療機関	監督省庁
医療機関の参入	公立非営利 民間非営利 営利	衛生部，食品薬品監督管理局，中医薬管理局，人事部 衛生部，民政部 衛生部，工商部門
価格の監督	公立非営利 民間非営利 営利	衛生部，国家薬品監督管理局，発展改革委員会，物価部門 衛生部，物価部門，薬品監督管理局 工商部門，物価部門
医療品質の監督	すべての医療機関	衛生部，食品薬品監督管理局
財政補助	公立非営利	衛生部，財政部
非営利機関の監督	公立非営利 民間非営利	衛生部，財政部，発展改革委員会 衛生部，民政部

出所：「中国医療衛生服務改革中的監管体系建設」(http://wenku.baidu.com/view/5742372a3169a4517723a31b.html) より筆者作成。

報し，指導ないし指定医療機関資格の取り消しを行う。なお，労働保障部門は薬品監督管理，物価，医療業界主管部門と連携し，指定小売薬局の処方外サービスに対する管理と検査も行う。指定小売薬局の資格に対しては毎年審査し，規定に違反する薬局に対しては状況に応じて是正を要求したり，指定薬局資格を取り消したりできる。

中国の医療政策の変遷および医療機関への影響

中国の医療政策の変遷

中国医療政策は以下の変遷をたどってきた。

(1) 計画経済時代（1949年〜1978年）——指令経済段階の医療政策

　1949年から1977年のあいだは中国は社会主義公有制のもとで計画経済を実施した。医療システムは全民所有制を主とし集団所有制を補とする，治療と予防を結合した医療システムであった。この段階の保健医療は社会主義的な福祉事業として位置付けられ，薬剤の生産や購入はすべて国が統一的に管理し，中国医薬公司による統一計画，中央から地方への配給といった薬品流通システムであった。病院の経営も国家による統一管理で，医療スタッフの給料は国家賃金

制度に組み込まれ，ボーナスの支給などはなかった。

　1950年代の公立病院の主な財源は政府の一般予算で計上され，固定資産投資額，医療サービスの提供コスト，設備の運営コストの補填，医療スタッフの給料などが含まれていた。1960年代になると病院の支払において出来高払方式を採用したが，その価格は政府が設定した。その間，医療サービスの価格は4回にわたり引き下げられたが，これにともなう病院の損失は国の財政により補填された。当時の保健医療における主な問題は医療資源の深刻な不足と医療サービス水準の低さであった。また，平均主義により医療従事者のモラルは高くなかった。したがって，この段階では，国の保健医療政策の重点は，①医療供給の増大，②医療サービス水準の向上，および③インセンティブによる労働意欲の強化，を通じた供給不足の緩和であった（黄・張 2010）。この段階の公立病院は政府管理方式で医療サービスを提供し，価格は政府が定めた固定価格を採用し，公費医療と労働保険，および各級の政府補助によって運営されていた。

　1949年から1980年のあいだに医療機関の数，ベッド数および医療従事者の人数は急増し，医療サービスの提供力も改善された。ただ，医療資源は偏りがあり，農村の医療サービス提供能力は都市より格段に低かった（章末表3－5，表3－6）。

(2)改革段階（1979年〜1999年）――発展型経済管理段階の医療政策

　1978年より中国は改革開放期に入ったが，医療改革もまったく新しい発展時期を迎えた。1979年に衛生部長（長官）であった銭信忠はメディアの取材に対し，初めて経済的な手段（市場化）によって医療を管理することを提起した。同じ年に，衛生部など3つの省庁による「病院の経済管理の試行の強化に関する通知」を発出し，病院に対して「五定一奨」（任務，ベッド数，人員数，業務指標および補助額を決め，ノルマを達成すれば奨励金を出す）政策を始めた。また，病院に対し「定額補助，経済決算，評価賞罰」といった方法を試み，既定のベッド数に対し定額補助を与え，収支の差益は，病院の医療条件の改善や個人のボーナスに利用することが認められた（陳・易 2011）。1985年に国務院は

「医療改革の政策問題に関する報告」という衛生部の文書を全国に発出し，医療機関の経営自主権の拡大と院長・所長などに責任制の導入を指示した。なお，1985年の衛生部の「病院財務管理方法」により，院・科二級採算制度（「両級核算制度」）が導入された。

1988年には李鵬総理が第7回全国人民大会の政府工作報告のなかで，医療機関は有料制を含む多様な形式の医療サービスを提供することが可能であると指摘した（李 1988）。1989年には財政部が病院を「徐々に経済的に独立する条件のある単位」と位置付け，病院が自ら資金を集めることを奨励し，政府の財政補助を徐々に減らし始めた。これにより病院は安定的な財源基盤を失うとともに医療サービスの価格が完全に自由化されていない条件の下で薬価差額により病院収益を上げる営利主義の道に進まざるをえなかった。

1989年，衛生部，財政部，人事部，国家物価局，国家税務局は「医療サービスの拡大の問題に関する意見」を発表したが，そこで次の5点を提起した。①多様な形式の経営請負制度を積極的に推進する。②規定のサービス以外の有償サービスを提供する。③医療サービスの価格基準を調整する。④保健予防機構も有償サービスを提供する。⑤医療機関は「副業で主業を補う」（「以副補主」），⑥「工業が医療を支える」（「以工助医」）〔訳注：農村地域において郷鎮企業の収入によって医療機関の予算を賄うことを指す〕方針を実施する。これにより中国の医療提供システムの改革は市場化段階へ進み，その結果，病院はコストを公費医療と労働保険医療の2つの制度に転嫁したため，2つの制度は機能不全に陥った。

薬品に関しては1984年から市場化が始まり，薬の流通は多元化された。80年代初め，中国は分権型開発国家（decentralized developmental state）の道を選択し，権力は中央から地方に移行されたが，地方政府は医薬産業の発展を産業発展の重要な目標とした。1984年10月の第2回「利改税」改革の実施にともない，国有企業は政府から独立し，自ら経営に責任を負うようになった。同年9月には「薬品管理法」が制定され，新薬の審査許可は中央政府の管轄，省レベルの衛生部門は類似薬の審査許可のみとし，1985年7月より実施するとした。これ

によって各地で新薬の審査許可ラッシュが起こったが，新薬といっても実は4，5類の類似新薬であった。1985年の「新薬審査許可方法」では1，2，3類の新薬の審査許可権をすべて中央に統一し，4，5類の類似新薬の審査許可権のみを地方政府に任せた。このような分権的管理は90年代以降に類似薬が氾濫する原因となった（劉鵬 2011）。

同時に，国は薬品価格の設定において2つの基準を採用した。つまり，国有製薬企業は引き続き国の指令的薬価を採用するが，外資系または合弁会社は独自に薬価を設定でき，物価管理部門の許可を得れば良くなった。国有製薬企業は国の薬価制限から逃れるために相次いで外資と合弁会社を設立し，商品名や包装などの変更だけで高い価格を申請することが横行した。薬品価格の上昇は製薬企業の利益増だけでなく，公立病院の薬価マージンと収入の増加にもつながり，両者にメリットがあった（羅力 2010）。

病院の内部管理に関しては公立病院の企業管理化が進み，部門別採算などの方法で病院スタッフのインセンティブを刺激した。たとえば湖南省郴州第一人民医院は部門別採算制を採用し，病院の総目標を各科まで分解し，多くの収益を上げた部門のスタッフにはより多くの報酬を与える仕組みとした。また，透析センターは請負制となり，スタッフの報酬は完全にセンターの収益にリンクさせるなど病院経営，スタッフともに「営利」を第一にするようになった（陳2007）。

黄丞によると，1990年から1999年のあいだの，中国の薬品の費用は418.33億元から1,976.4億元に急増し，年平均増加率は18.8％にも上った。とりわけ1994年には33.8％の増加を記録し，その後に低下したものの1999年には10.8％の上昇となった。ただ，実質価格で見ると1994年後も増加率は低下しなかった。薬品コストの上昇は，一般物価の上昇に加え，①薬品流通段階における入札政策，②新薬許可制度の不備による類似薬品の増加，③過剰競争，④病院の薬品購入の「非公開手数料」（「回扣」），の結果である（章末表3－7を参照）。

90年前後から，政府は薬品に対する管理を強化し，「輸入薬品管理方法」（1989年），「薬品広告審査方法」（1990年），「医療機器製品登録管理方法」（1995年）な

どを次々に制定した。一方で医療検査の価格は一部緩和し，既存の検査については古い価格，新しい検査については新しい価格を付与できるようにしたため，全国の病院で設備投資ブームが起こった。また，衛生部などによる「病院等級審査制度」も新しい設備の導入動機を高めた。

病院は財政補助の減少から検査費や画像診断費，医療用検査薬および医療関係消耗財に利益を求めるようになり，病院の収益源は単純な薬価マージンから大型設備導入による診療単価の引き上げや消耗品単価の引き上げへと変わっていった。

これらの政策は医療機関の経営に大きな影響をもたらした。総合病院の収支（章末表3－8）をみると，1990年から1995年のあいだの病院の収入と支出は急激に増えた。業務補助，特別補助がそれぞれ114.7％，80.7％増えたのに加え，その他の指標も200％を超える増加率を示している。なかでも1995年の入院患者１人あたりの検査費は1990年に比べ308.1％も増え，入院医療費に占める割合も22.0％から25.7％に増えた。一方で，医師の１人あたり診療人数と入院日数はそれぞれ32.6％と28.6％減少したが，国家資格をもつ医師（助理医師）の数が1990年の176万3,086人から1995年には191万7,772人へと8.8％も増加したことによる。1998年にも各指標は上昇し，１人あたり外来患者と入院患者の平均医療費は1995年より70％以上増加した。入院患者の検査費の増加率は76.9％で，医療費に占める割合は1995年の25.7％から28.1％に変化した。医療機関は1995年ごろから完全な営利時代に入ったと言えよう。

1998年12月14日に，国務院は「都市労働者基本医療保険制度の導入に関する決定」を発表し，医療保険の全面改革を始めた。この制度の実施は医療機関の収入構造を部分的に変えた。従来の労働保険制度下では企業が病院に医療費を支払っていたが，それが社会保険基金から支払われるようになった。個人の保険料負担もゼロから定率拠出に変わった。1999年７月16日には衛生部の「都市社区衛生サービスの発展に関するいくつかの意見」により，社区の医療システムの建設が始まった。

(3) 発展段階（2000〜2007年）――管理型体制形成段階の保健医療政策

2000年2月に国務院が発表した「都市医療衛生体制改革に関する指導意見」では，「医療機関の合弁・合併」，「医療グループの設置，営利的医療機関の実施」，「医療サービス価格の自由化，自主経営」などの改革案が提出された。この結果，一部の地域（たとえば江蘇省宿遷）では公立病院の私有化や公立病院の売り出しなどが起こった。しかし，2003年にSARS事件の勃発をきっかけに中国政府は公共保健システムの在り方を反省し，医療システム改革を始める。2005年，国務院の研究機関の報告書は，「中国の医療改革は基本的に不成功で，問題は保健医療における政府の主導的役割の不足である。政府責任を強化し，保健医療事業の公共的性格を維持しなければならない」と結論づけた。これを機に中国の医療改革は大論争の時代に入る。この段階では医療サービスの価格に根本的な変化はなく，病院の業務収入のなかで診療収支は赤字，薬品収支が黒字であった。公立病院の収益源は依然として薬と検査，そして医療関係消耗財にあった。

薬品の流通システムも改革の中期に入った。前段階で薬剤費用が急増したため，国は薬剤費用に対する統制を強化した。薬の価格を引き下げるために，2000年7月7日，衛生部などが「医療機関の薬品集中入札購入の試行に関する規定」を発表し，薬の集中的入札を全面的に実施した。翌日には，衛生部と財政部が共同で「病院の薬品収支の分離と管理の暫定方法」を発表し，業務収入の中の医療収入と薬品収入の分離管理の方法を導入した。医療機関の収入を制度化し，薬剤費の不必要な増加を抑制するためであった。また，薬品流通企業に対するGSP認定を拡大し，薬品価格の管理方法を修正，政府による新しい価格設定と市場による価格設定をそれぞれ実施した。これら一連の改革により，薬品流通業界は，民営の薬品流通企業が急速に成長した。2004年になると，民営流通企業のシェアは業界全体の約半分となり，国営企業に匹敵する勢力となった。2000年から2006年のあいだの医薬関連の企業は増加数は2,160にもなり，1995年から2000年の382を大きく上回った（王 2010）。その後も政府は薬品流通分野の改革を強化し，2004年4月1日には「薬品経営許可証管理方法」を

導入し，GMP および GSP の認定管理を強化した。

　さらに2004年9月16日には新しい医療保険給付内容リストである「国家基本医療保険および労災保険薬品目録2004年版」を制定し，国民のニーズに合わせ薬品の種類を増やしたものの，結果としては病院の薬品使用を促進することとなった。薬の流通システムは競争の激化，利潤圧縮の時代を迎え，生き残りのためインターネットを利用した医薬品の電子取引が現代的な薬品物流のプラットホームとして利用されるようになった。

　この時期の医療保険の「支払方式の改革」も医療機関の経営に一定の影響をもたらした。2000年以降，都市労働者基本医療保険のカバー範囲が急速に拡大し，新型農村合作医療制度も徐々に普及しはじめた。主な支払方式として出来高払，総額前払，人頭払，サービス・ユニット払（「按服務単元支払」），病種ごとの支払，混合支払などがあった。

　医療改革の先頭を担う江蘇省鎮江市の例をみると，1995年から1996年の試行期間中に，医療機関に対し収支予算を決めたうえで，①利益の余剰部分は病院に残し，②超過支出は病院の責任とし，③超過収入は医療保険管理機関に上納することを原則とする，ユニットごとの支払方式を採用した。医療保険指定医療機関の外来患者1人あたり医療費と，入院1日あたりの医療費および平均入院日数に基づき支払基準を設定し，医療保険管理機関（医療保険基金）はこれに基づき医療機関への支払額を決定した。

　このような支払方式は実施初期においてはある程度の医療費抑制効果があったものの，2年目になると医療機関が治療過程を分解（重複診察，処方と入院の分解）して保険支給額を請求する事象が発生し，医療保険管理機関は深刻な赤字となった。さらに，医療の質の低下や個別医師が患者を診療拒否するケースも現れたことから，1997年から1998年には鎮江市は基金からの支払総額をコントロールしたうえで決算し（定額決算），定期的に監査を実施した。医療保険基金から10％を総合基金として残したあとの医療費を当該年度の支払総額とし，この総額の枠内で医療機関に対し定額払を行った。しかし，医療機関のインセンティブは低下し，医療保険患者の拒否や医療サービス収入の減少など，医療

の質の低下が深刻となった。

そこで，1999年には定額決算方式を取り消し，被保険者の負担割合を引き上げて，社会基金は総額を統制するも個人口座は出来高払にすることで，被保険者の医療ニーズを抑制することにより，医療機関の治療過程を分解し保険金支払を請求する行動は減少した。

一方で，2002年4月1日に最高人民法院（最高裁判所）は「民事訴訟の証拠に関する規定」を制定し，医療紛争における立証責任は病院側にあるとした。これは一般に「立証の逆転」と言われ，これにより，医師は訴訟から自らを守るためにより多くの化学的検査などを多用することになり，医療費の増加をもたらした。この問題はアメリカでも発生しており，ブッシュ元大統領は2003年の一般教書演説のなかで，「医師と病院に対する不公平な訴訟が医療費急増の主な原因の1つである。医療訴訟の氾濫によってすべての人々がより高い医療費を払わなければならず，アメリカの多くの病院では優秀な医師が流出している。軽率な訴訟は治療に役立たない。私は国会に対し医療責任の改革計画を通すよう求める(2)」と述べている。

図3-1は，1990年から2010年の検査治療費などの変化を示したものである。医療費全体に占める検査治療費用の割合が大きく増加したことがわかる。とりわけ2005年の外来患者1人あたり医療費に占める薬剤費の割合は6％低下したが，検査治療費は逆に10％上昇している。また，図3-2にみる通り，入院患者の1回あたり医療費に占める検査治療費の割合も同じく5％増加している。

(4)新しい医療提供システム改革の試み（2009～2011年）

2009年4月に国務院は「医薬衛生体制改革の深化に関する意見」および「2009年から2011年の医薬衛生体制改革実施方案」を可決した。この新医療改革法案では「1つの目標，4つのシステム，8つの支援制度」を掲げた。1つの目標とは，「都市と農村のすべての住民をカバーする医療衛生システムの提供」であり，人々に安全，有効，便利，安価な医療サービスの提供を通じ，すべての人が基本医療サービスを享受できるようにする。4つのシステムとは，①都市

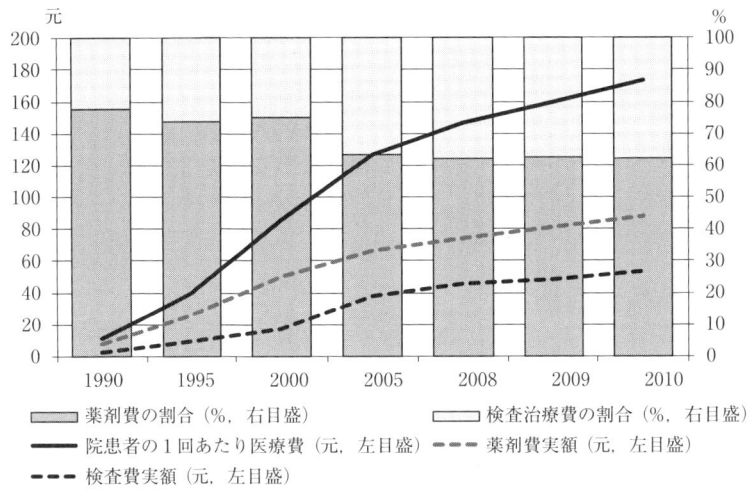

第3章 中国の医療提供システムの変化と病院経営

図3-1 外来患者の1回あたり医療費の推移とその構成
出所：筆者作成。

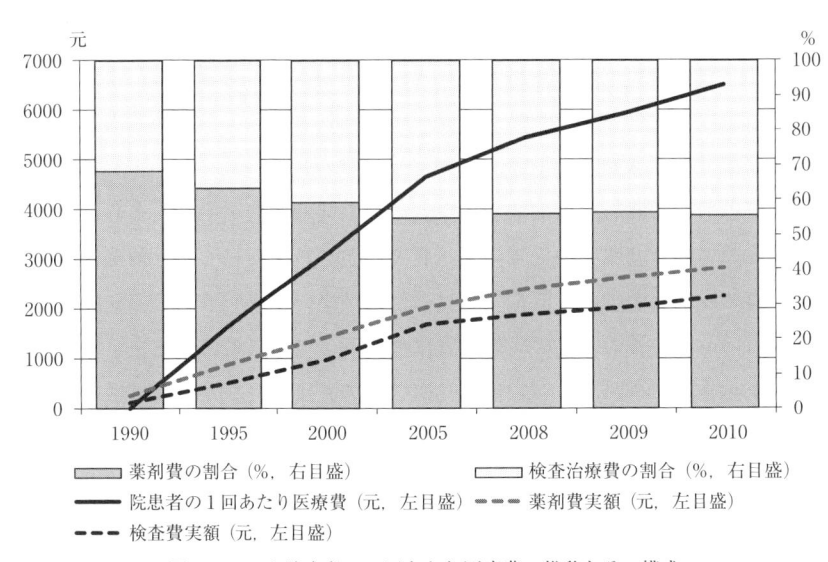

凡例：
- 薬剤費の割合（％，右目盛）
- 検査治療費の割合（％，右目盛）
- 院患者の1回あたり医療費（元，左目盛）
- 薬剤費実額（元，左目盛）
- 検査費実額（元，左目盛）

図3-2 入院患者の1回あたり医療費の推移とその構成
出所：筆者作成。

凡例：
- 薬剤費の割合（％，右目盛）
- 検査治療費の割合（％，右目盛）
- 院患者の1回あたり医療費（元，左目盛）
- 薬剤費実額（元，左目盛）
- 検査費実額（元，左目盛）

と農村の住民をカバーする公衆衛生サービスシステム，②医療サービスシステム，③医療保障システム，④薬品供給システム（基層医療機関における基本薬品目録制度の実施）である。8つの支援制度とは，①統一的な医薬衛生管理システム，②有効的かつ制度化された医薬衛生機関運営メカニズム，③政府指導による多元的な財政投入メカニズム，④科学的な医薬価格形成メカニズム，⑤厳格な医薬衛生監督体制，⑥持続可能な医療科学と技術の革新制度と人材保障制度，⑦共有可能な医薬情報系統，⑧健全な医薬法律制度である。

　2009年から2011年に，「基層医療機関亜基本薬品目録制度」を実施したが，少ない薬品登録数や遅配などにより，患者は近くの基層医療機関ではなく遠くの大病院に通院していた（于ほか 2011）。また，公立病院の医療行動を変えることはできず，病院の総収入にしめる薬剤費の割合は変化なく，薬剤依存の構造は変わっていない（張ほか 2012）。このように公立病院改革は難航を極め，医療，医薬，医療保険の「三医」が有機的に連動する医療管理システムは確立できていない（饒 2012）。

　2011年3月に国務院は「2011年公立病院改革の試行」を発表し，①公立病院の薬剤に対するマージン上乗せの撤廃，②これによる公立病院の収入減に対しては「薬事サービス費」の増設，③一部技術費の基準の調整，④医療保障基金からの支払および政府投入の増加，などを通じて収支を補塡するとした。また，薬事サービス費は基本医療保障の支払範囲に含めることにした。病院経営の薬価差依存の解消と合理的な医療サービス価格体系の構築を通じ，公立病院に対する政府の財政支援の基準の明確化と医療行為に対する監督強化をすすめた。

　北京友誼委員によれば，2012年7月の15％の薬価マージンの全面撤廃と同時に診察費単価の引き上げにより，1人あたり医療費は23.1％減少し，薬剤費は平均1人あたり134.33元まで低下した。また，患者負担は122.56元から96.77元へと，21.4％も減少した。[3]ただ，北京市の医療機関は医療スタッフが充実し，患者も多いため，この改革も医療機関の収入減をもたらさない。しかし，医療資源が不足し患者も少ない地域において薬価マージンの撤廃と診察費引き上げ政策が所期した成果を上げられるかどうかは不明である。

3　医療改革が遼寧省公立病院の経営行動に与えた影響

　2009年9月に遼寧省は全省内で「遼寧省医薬衛生体制改革の重点実施方案(2009～2011年)」を実施し，①医療サービスの品質管理の強化，②医療機関の診療・検査・処方・医療機器使用などの医療行為の規範化，③クリニカル・パス(「臨床路経」)管理と抗生物質の合理的使用，などの新医療改革を行った。筆者はこの効果を分析するために，現地調査を実施した。まず，病院規模と等級が類似した2つの病院の中から新医療改革の重点試行病院であるA病院と非重点病院であるB病院をサンプルとして抽出し，A，B両病院の基本データを直接収集した。

両病院の基本状況
　両病院は三級甲等病院に属し，病床数は1000床～1500床，年間診療人数は80万人～100万人，年間入院患者数は30万人～50万人である。
　表3-2が示すように，2011年のA病院の総利益1,643万元，B病院は同3,305万元と総収支は共に基本的に黒字であるが，最終利益(補助金の返納等を除いた経営者が自由に処分できる利益)はA病院はわずか9万元に対し，B病院は3,061万元とB病院の経営の優位性は明らかである。利益を生み出す構造を見ると，A病院の医療収入は5年連続赤字で，その金額が年々増加している。その赤字を薬剤収支で埋めるという構造である。また，A病院の薬剤収支は2007年の920万元から2011年の3,114万元に2.38倍となった。B病院の医療収支は2007年と2011年に赤字であるが，それ以外は黒字を維持している。
　また，A病院は苦しい収支状況を乗り切るために，2007年に病棟の増築を行い，ベッド数を1.75倍，これにともなう従業員数を2.2倍に拡大する一方，病院機材等への設備投資を2007年の652万元からここ4年間でほぼゼロまで抑制している。その結果，2011年には新規長期借入(長期負債)もゼロとしている。

第Ⅰ部　供給側の改革

表 3 - 2　改革対象病院と改革非対象病院の業績推移　　（単位：万元，％）

			2007	2008	2009	2010	2011
改革対象 病院 A		医療収支（収入－支出）	－1,830	－1,889	－3,207	－3,817	－4,431
		薬剤収支（同）	920	1,965	1,663	2,387	3,114
		その他収支（同）	125	－907	305	227	171
		上級補助	0	0	0	0	0
		財政補助収支（補助－返済）	848	900	1,468	1,872	2,047
	総収支（総余剰）		64	69	230	794	1,643
	最終利益（余剰）		64	69	105	51	9
	長期負債（新規借入）		3,652	440	18	18	0
		基本建設負債（建物投資）	3,000	0	0	0	0
		設備購入負債（設備投資）	652	440	18	18	0
	年末の従業員数（2007年＝100）		100	99	165	193	220
	ベッド数（2007年＝100）		100	101	142	146	175
同非対象 病院 B		医療収支（同）	－144	1,695	1,601	1,977	－810
		薬剤収支（同）	1,379	1,827	2,651	2,718	2,681
		その他収支（同）	36	208	485	349	253
		上級補助	0	0	0	0	15
		財政補助収支（補助－返済）	891	963	1,003	1,002	884
	総収支（総余剰）		2,162	4,693	5,815	6,226	3,305
	最終利益（余剰）		2,162	4,618	5,636	5,943	3,061
	長期負債（新規借入）		1,241	775	478	331	3,162
		基本建設負債（建物投資）	0	0	0	0	2,961
		設備購入負債（設備投資）	1,241	775	478	331	201
	年末の従業員数（2007年＝100）		100	100	102	104	102
	ベッド数（2007年＝100）		100	100	112	113	113

出所：筆者の基本データに基づき，作成。

　一方，B病院は好調な業績を背景に，2011年には2,961万元の新病棟への建設投資を行っている。表面的には，短期的にも，長期的にもB病院の優位性が高いように見える。

　次に，病院全体の収入と支出の内訳を見てみよう。表 3 - 3 に見るように2011年のA病院の総収入に占める医療収入の割合は63.2％，薬剤費収入が33.7％に対し，B病院は，医療収入が57.4％，薬剤費収入が40.2％である。A病院の薬剤費も大きいものの，2007年の同36.8％からは大きく減少している。また，財政補助割合も2007年の6.7％から2011年には2.9％まで大きく低下している。ここに新医療改革の成果が垣間見られる。ただ，単位コストはA病院が107.2

第3章　中国の医療提供システムの変化と病院経営

表3－3　病院経営における収入と支出の内訳

		2007	2008	2009	2010	2011
A病院	医療収入割合（％）	55.7	55.7	56.6	60.5	63.2
	薬剤収入割合（％）	36.8	38.4	37.7	35.7	33.7
	財政補助割合（％）	6.7	5.7	5.6	3.5	2.9
	薬剤支出割合（％）	36.8	38.5	37.8	36.0	34.0
	人件費割合支出（％）	26.2	25.5	23.7	19.2	23.4
	財政基本支出割合（％）	0.1	1.7	2.1	1.6	1.2
	管理費／業務支出（％）	9.9	7.8	8.2	8.3	7.9
	単位コスト（元）	107.2	106.1	108.3	107.9	107.2
	消耗財単位コスト（元）	30.3	33.0	37.2	38.9	40.0
B病院	医療収入割合（％）	57.4	56.7	55.6	56.4	57.4
	薬剤収入割合（％）	38.9	39.9	40.9	40.8	40.2
	財政補助割合（％）	2.2	2.0	2.0	1.5	1.2
	薬剤支出割合（％）	41.0	43.9	45.0	44.6	41.8
	人件費割合支出（％）	26.5	28.1	27.4	26.4	28.1
	財政基本支出割合（％）	0.0	1.9	1.6	1.4	1.2
	管理費／業務支出（％）	16.5	13.1	12.1	12.1	11.5
	単位コスト（元）	100.6	94.3	95.5	95.1	101.8
	消耗財単位コスト（元）	30.3	31.2	33.4	36.5	37.1

注1）人件費割合は人件費を業務支出で除したもの。財政基本支出割合は補助額を支出合計で除したもの。
　2）単位コストは，100元の医療収入を稼ぐための医療支出（元），消耗財単位コストは，100元の医療収入に対する使用消耗財金額（元）。
出所：筆者の基本データに基づき，作表。

と2007年から変化がないのに対し，B病院は101.8とほぼ収支相応のところにきている。A病院が無策かと言えばそうではなく，人件費割合と管理費業務利益割合は5年間低下を続けており経営努力を確認することができる。ただ，その赤字部分を最終的には財政収支で埋めることとなる。薬剤費の割合が高くかつ人件費割合に低下が見られないB病院の収益率がA病院を上回ることから，コストカット改革を忠実に実行することより薬剤差額に頼る経営のほうが病院経営の効率性を高めるという皮肉な結果が見られる。

患者1人あたりの医療費

　ここでは2007年から2011年までの患者1人あたりの医療費の構成から医療行

第 I 部　供給側の改革

表 3 - 4　患者 1 人あたり医療費の構造推移

(単位：元)

	病院区分	2007年 金額	2007年 割合(%)	2008年 金額	2009年 金額	2010年 金額	2011年 金額	2011年 割合(%)
総医療費	A	11,659	100	11,856	13,014	13,204	13,247	100
	B	12,500	100	13,342	13,869	14,680	15,901	100
ベッド費	A	243	2.1	245	275	241	219	1.6
	B	333	2.7	287	231	268	237	1.5
薬剤費	A	3,404	29.2	3,584	3,992	3,432	3,061	23.1
	B	3,503	28.0	4,300	4,375	4,102	4,142	26.1
画像診断費	A	1,034	8.9	967	1,155	1,197	1,106	8.3
	B	824	6.6	641	684	764	935	5.9
診察費計	A	6,159	52.8	6,307	6,880	8,071	8,732	65.9
	B	8,491	67.9	8,714	9,279	10,417	11,449	72.0
うち、検査費	A	449	3.9	493	565	958	1,090	8.2
	B	683	5.5	622	741	888	910	5.7

出所：筆者が基本データに基づき、作成。

為を分析する。収集した標本データ数は933人で、内訳はA病院673人、B病院260人である。内訳は、2007年が152人、2008年が232人、2009年が230人、2010年が183人、2011年が136人となっている。入院回数を見ると933人が延べ1,252回入院し、平均入院回数は1.34回である。うち、A病院が1.36回、B病院が1.28回である。平均入院日数はA病院が9.65日、B病院が9.58日となっている。

　表 3 - 4に見るように、2011年の患者 1 人あたりの総医療費はA病院が 1 万3,247元（日本円で17万2,000円程度）、B病院で 1 万5,901元である。2007年時の差額約1,100元が2011年には2,700元に広がっている。その差額は薬剤費に起因する。A病院は3,404元が3,061元に約400元減少しているのに対し、B病院は逆に同3,503元から4,142元へと650元ほど増加していることから、A病院には新医療改革の成果がはっきりと出ている。この結果、ここ 4 年間の 1 人あたり総医療費の増加率はA病院が13.6％、B病院が27.2％とA病院の改革が患者負担を抑えていることがわかる。

4 日本の医療・病院政策と中国の医療・病院政策

日本の医療システムの基本特徴

　日本は中国と比較すると非常に医療ガバナンスの整備された国である。日本の医療機関はすべて非営利組織で，医療法人が66％，公立医療機関が18％を占める。患者は地理的制約がなくどこの医療機関にもアクセスでき，また呼びかけはしているものの強制的なゲートキーパー制もない。医療機関の役割は明確に区分され，それぞれの機能に基づき，医療機関間で紹介・協力し合いながら体系的な医療サービスを提供している。なお，日本の医療法制は混合診療を禁止し，医療機関は医療保険給付対象サービスと対象外のサービスを同一治療において提供することができない。医療保険支払制度は，基本的には急性期治療ではDPC/PPS（Diagnosis Procedure Combination /Prospective Payment System）方式を採用し，慢性期治療では出来高払方式を採用している。

　中国で大きな問題となっている薬剤の流通と管理については，製薬企業の規模が大きく，医薬品の物流は高度に集約化されていることに加え，政府は統一的な小売り販売価格を設定し医薬分業制度を実施している。また，医薬品市場は強力な情報システムを有し，国は薬剤の薬事監視員を設けるなど垂直管理を行い，日本消費者連盟などとも連携している。その結果，日本の医療サービス価格はアメリカの資源準拠相対価値尺度（RBRVS: Resource-Based Relative-Value Scale）基準から見て，概ね合理的な価格と評価されている。

日本の医療政策の変遷

　しかしながら日本の優れた医療制度は短期間に完成したのではなく，長い時間をかけ形成されていった。医療法は1948年7月30日に制定されて以降5回の改定があった。改革内容は次の4つの段階を経て変遷した。

　第1段階は，1948年に制定された医療法による医療の概念と理念，および医療機関の各種基準の明確な規定である。たとえば，医療機関は非営利組織で，

民間も自由に病院を設置でき患者は受診時に地理的な制限を受けない，などである。また，1950年には医療法人制度を導入し，民間医療機関の経営を制度化した。

医療サービス分野の中で，伝染病および公衆衛生を除き，大部分の医療サービスは公共財ではなく私的財として配分され，民間医療機関を通して提供可能であると考えている。医療サービスは社会保険機構を通じて購入されるため，国は県立，赤十字，慈善病院など公立医療機関に対しても財政的支援を行わず，病院経営者は自ら財源を調達し経営し税金を納め，経営破綻のリスクも負わなければならない。患者が自由に医療機関を選択できるのは，医療保障に必要な財源が社会医療保険から支払われるためであり，フリーアクセスは医療資源の分配の公平性の現れでもある。1957年に日本政府は租税特別措置法を制定し，税制面から民間医療機関を支援するとともに監督管理を強化することとなった。

第2段階では医療計画を制定し，医療機関の公益性を保証した。1973年から老人の医療無料化など日本の医療ニーズが急拡大し，医師数とベッド数も大きく不足する事態となった。公立病院のベッド数は医療法による制約があるため，民間医療機関がその数を増やした。ところが，1980年に医師免許なく乱診を続けていた「富士見産婦人科事件」が発生し，民間医療機関の管理強化と医療法人の医療行為の監督強化に踏み出すため，医療法の第1次改正が1985年に行われた。この改正によって，医療機関は非営利性に加え公益性を有するべきと規定された。

日本の医療法人は「社団医療法人」と「財団医療法人」の2つに分類され，また組織形態により「特定医療法人」，「特別医療法人」と「出資額限度医療法人」に分類された。病院の資産権をもつ「社団医療法人」が多く，医療法人全体の98％を占めた。また，すべての医療法人は医師資格をもつ医師が診察をしなければならないと規定した。「特定医療法人」，「特別医療法人」，「財団医療法人」は公益性が強く，国の特別な税制優遇措置を受ける。このため，病院の規模拡大は可能であるが，解散時は資産配分を行うことができない。一方，「病院資産権をもつ社団医療法人」は病院の資産の所有権をもち，解散時に資

産の配分ができるため納税義務を有する。さらに，医療法人の理事については，親族関係にある人の割合と同人らの投資総額は50％を超えてはいけないと規定した。

日本では組織的には営利的な法人（医療機関）が医療市場に参入することは禁止されている。だが，当然ながら経営手法として営利的手法を通じて非営利組織である医療法人の経営効率を上げることができる（厚生労働省 2003）。欧米の非営利の公立病院および宗教団体が経営する病院に比べ，日本の非営利的民間医療機関は効率性と公平性に優れているとされる（田中・二木 2006）。

第3段階では，1990年代に医療機関の機能の明確化と地域間の連携の強化を進めた。人口の高齢化が加速する中で，高齢患者の増加や慢性病による入院期間の延長への対応から1992年に医療法の第2次改定が行われた。この改定により，医科大学付属病院を主とする「特定機能病院」，老人医療サービスを主に提供する「療養型病院」を新たに設置した。1997年には第3次改定を行い，地域病院の病床数を増やすとともに，地域医療支援病院制度を導入した。「地域医療支援病院」は，①地域に向けた医療設備の開放，②地域病院からの患者の受け入れ，③地域の医師のトレーニング，などを行うことにより，特別財政補助を受ける。これにより，地域における医療サービスの連携体制が強化され，医療サービス価格の保証と双方向の患者移送（転診）を実現することになる（田城 2004）。

その後，医療技術の進歩，医療情報に対するニーズの増加を背景に2000年に第4次の医療法の改定が行われた。病院のベッドは急性病床と慢性病床に分けられ，病床類型に応じた入院日数と費用の基準が設定された。当時，在宅介護体制が不十分ななかで，高齢者の受け入れ先となる病院の平均入院日数は先進国のなかで最も長かった。医療費の節約と患者の平均入院日数の短縮を目指し，アメリカの医療費支払方式であるDRG/PPSを日本の実情に合わせて改定（急性期入院医療費の支払方式を改革）し，「診断群別疾病支払／毎日予算制（DPC/PPS）」を導入した。2000年から各大学の附属病院でこの支払方式の試行を開始した（遠藤・池上 2005）。

第Ⅰ部　供給側の改革

　第4段階として，2001年以後，高齢化のさらなる進展と経済の低成長化の中で，「患者を中心とする効率的な医療提供体制の構築」を理念とした医療法の第5回改定が2006年に行われた。①疾病予防の重視，②医療機関の機能分化とさらなる連携の強化，③医療情報サービスのアクセスの改善，④医療の質の確保，⑤高度医療人材の確保，などを目的とした。2007年には医療法人制度の改革が行われ，以前の「病院の資産権をもつ社団医療法人」と「出資額限度医療法人」を廃止し，「病院の資産権をもたない社団医療法人」を設置し，高度の公益性と高度医療の提供を促進することとした。また，従来の「病院の資産権をもつ社団医療法人」と「出資額限度医療法人」を「基金拠出型医療法人」に移行させた。

日本の医療提供システム改革の考察

　日本の医療改革は，医療の特殊性を勘案した政府の規制と，保険者の監督機能の強化からなる。医療法の改正とともに，①医療保険の支払体系，②税制，③公衆衛生政策，④医療機関の監督を合わせて改正することでバランスがとれかつ円滑な運営が可能となった。その結果，医療サービスの価格体系と構成は合理的（張 2010）であり，保険者の監督機能も強く，医療法人制度が完備されている。これらが相まって日本の病院は非営利性と公益性が担保されている。

　一方で，日本の医療政策は医療費の過度な膨張の抑制に重点が置かれたため，医療に対する財政の投入割合が低く，国民の一部は日本の医療制度への不満を有している（二木 2007）との指摘もある。また，この結果，医師の総数と病院病床数が厳しくコントロールされ辺鄙な地域での医師不足や公立病院での医師の過重負荷労働が問題となっている。過重負荷労働は医療ミスの増加と医療の質の低下を引き起こすとともに医師のモラルの低下も招来しかねない（小松 2006）。また，医療保険制度は医療設備の設置を規制はできないため，CTなど一部高額医療設備の過剰投資など医療資源の非効率利用を惹起している（井伊 2009）との声もある。また，急速に進む高齢化が高齢者医療費を爆発的に膨張させており，医療と介護の質を限られた財源でどのように確保するかという

問題に直面している。

5 中国における合理的かつ有効な医療機関管理制度のあり方

公共性をもち効率的な医療サービスを提供する公立病院を誕生させることが中国の医療改革の重要目標の1つである。日本の経験を生かし，中国は①医療体制における政府の監督役割の強化，②公立病院と地域病院の機能の分化，③両者を含めた地域医療機関ネットワークの構築，④医療法人制度を改善し医療機関の公益性を担保する仕組みの導入，⑤医療技術サービス等医療従事者の労働を適切に評価した医療サービス価格や妥当な薬価差益の設定，⑥医療教育の高度化や医療資源配置の見直し，医療技術水準の地域間格差の縮小，等の政策が必要となる。

日本はこれらの問題を長期間かけ解決してきた。そしていま新たな難問である急速な高齢化にともなう高齢者医療費の膨張という課題に取り組もうとしている。今後急速な高齢化を迎える中国の医療，介護制度の参考となる。中国は，早期に公立病院改革に目途を付け，高齢化時代の医療対応に目を向ける必要があろう。

注
(1) 中国財政部「関于事業単位財務管理的若干規定」1989年（1996年廃止）。
(2) ブッシュ米国大統領の2003年一般教書演説（http://www.china.com.cn/chinese/2003/Jan/269883.htm）。
(3) 『北京晨報』2012年7月3日記事（http://news.xinhuanet.com/local/2012-07/03/c_112340496.htm）。

参考文献
日本語文献
井伊雅子（2009）「日本の医療保険制度の歩みとその今日的課題」『医療政策入門』医

学書院，pp. 97-114。
遠藤久夫・池上直己（2005）『医療保険・診療報酬制度』（講座　医療経済・政策学第2巻），勁草書房，pp. 123-137。
厚生労働省（2003）「これからの医業経営の在り方に関する検討会」最終報告について（概要）（http://www.mhlw.go.jp/shingi/2003/03/s0326-8.html）。
小松秀樹（2006）『医療崩壊──立ち去り型サボタージュとは何か』朝日新聞社。
財団法人厚生統計協会（2008）『国民衛生の動向　厚生の指標臨時増刊』財団法人厚生統計協会，pp. 4-34。
財団法人厚生統計協会（2008）『国民衛生の動向　厚生の指標臨時増刊』財団法人厚生統計協会，pp. 164-203。
田城孝雄（2004）『地域医療連携MOOK──平成18年の大変革に向けて』日総研出版，pp. 10-62。
田中滋・二木立（2006）『保健・医療提供制度』（講座　医療経済・政策学第3巻），勁草書房，pp. 1-22。
知野哲朗（2009）「日本の医療提供システムと医療政策」『東京学芸大学紀要』60：169-182。
二木立（2007）「医療満足度の国際比較調査の落とし穴」『社会保険旬報』(1) 1。

中国語文献
陳文玲・易麗華（2011）『2011年中国医薬衛生体制改革報告』中国協和医科大学出版社，pp. 1-64。
陳亜光（2007）『撬動医院的杠杆──経営管理的変革与創新』科学技術文献出版社，pp. 1-38。
黄丞・張隶法（2010）『困局与突囲──中国医療服務体系的問題与対策』上海交通大学出版社，pp. 3-12。
李玲（2012）「新医改的進展述評」『中国衛生経済』31(1)：5-9。
李鵬（1988）「第7回全国人民大会第一次会議政府工作報告」3月25日。
劉鵬（2011）『転型中的監管型国家建設──基于対中国薬品管理体制変遷（1949-2008）的案例研究』上海交通大学出版社，pp. 3-12。
羅力（2010）『中国公立病院改革──関注運行機制和制度環境』復旦大学出版社，pp. 33-63。
王宏志・毛乃齊・華天姿（2011）「深化医療体制改革中的医療費用問題及其対策」『中国市場』18：91-92。
王耀忠（2010）『薬品価格管制的経済分析』立信会計出版社，pp. 153-157。

饒克勤（2012）「我国医薬衛生体制改革進展，難点与挑戦」『中華医院管理雑誌』28（1）：2－4。

于娣・馬月丹・張抒・姜潮・于潤吉（2011）「国家基本薬物制度実施過程中出現的問題和解決対策」『中国衛生経済』30(12)：12－13。

張麗芳・肖月・趙琨（2011）「西部農村基層医療衛生機構実施国家基本薬物制度初期面臨的問題与建議」『中国薬房』22(20)：1828－1830。

張学穎・羅萍・鄭万全（2012）「我国薬品新政策対重慶市公立医院経営策略的影響」『中国薬房』23(8)：675－678。

張瑩（2010）「日本医療服務価格政策分析」『中国衛生経済』9：36－37。

第Ⅰ部　供給側の改革

表3－5　中国の病院数の推移　　　　　　　　　　　　　　　（単位：ヶ所）

	2005	2006	2007	2008	2009	2010
病院数	18,703	19,246	19,852	19,712	20,291	20,918
公立病院	15,483	15,141	14,900	14,309	14,051	13,850
民営病院	3,220	4,105	4,952	5,403	6,240	7,068
設置主体別						
政府	9,880	9,757	9,832	9,777	9,651	9,629
社会	6,604	6,598	6,446	6,048	6,046	5,892
個人	2,219	2,891	3,574	3,887	4,594	5,397
性格別						
非営利	15,673	15,616	15,759	15,650	15,724	15,822
営利	2,971	3,575	4,019	4,038	4,543	5,096
等級別						
三級病院	946	1,045	1,182	1,192	1,233	1,284
二級病院	5,156	5,151	6,608	6,780	6,523	6,472
一級病院	2,714	2,738	4,685	4,989	5,110	5,271

出所：『中国衛生統計年鑑2011』より。

表3－6　1000人あたりの医療従事者数

年	医療スタッフ			資格（助理）医師			登録看護師		
	合計	都市	農村	合計	都市	農村	合計	都市	農村
1949	0.93	1.87	0.73	0.67	0.70	0.66	0.06	0.25	0.02
1960	2.37	5.67	1.85	1.04	1.97	0.90	0.23	1.04	0.07
1970	1.76	4.88	1.22	0.85	1.97	0.66	0.29	1.10	0.14
1980	2.85	8.03	1.81	1.17	3.22	0.76	0.47	1.83	0.20

出所：『中国衛生統計年鑑2011』より。

表3－7　中国の薬剤費の推移

年	薬剤費（億元）					1人あたり薬剤費		
	当年価格	増加率（1990年を基点に）	対前年比	不変価格（1990年）	増加率（1990年を基点に）	当年価格	不変価格（1990年）	増加率（1990年を基点に）
1990	418.33	－	－	418.33	－	36.85	36.85	－
1991	492.86	17.81	17.81	461.77	10.39	42.83	40.13	8.89
1992	597.53	42.84	21.23	518.85	12.36	51.29	44.54	10.99
1993	689.51	64.83	15.39	522.65	0.73	58.51	44.35	－0.42
1994	922.78	120.58	33.83	583.37	11.62	77.43	48.95	10.36
1995	1,169.10	179.47	26.69	653.04	11.94	97.03	54.2	10.73
1996	1,418.71	239.14	21.35	748.19	14.57	116.52	61.45	13.38
1997	1,599.03	282.24	12.71	836.45	11.80	130.00	68.00	10.66
1998	1,783.47	326.33	11.53	955.86	14.28	143.58	76.95	13.16
1999	1,976.44	372.46	10.82	1075.95	13.32	157.66	85.83	12.29

出所：黄丞・張隶法（2010）『困局与突囲——中国医療服務体系的問題与対策』上海交通大学出版社，p.34より。

第3章 中国の医療提供システムの変化と病院経営

表3-8 衛生部門総合病院の経費および収支状況

	1990年	1995年	1998年	1999年	増加率 (1995-1990)	増加率 (1998-1995)	増加率 (1999-1998)
病院数(ヶ所)	2,438	3,728	4,052	4,072			
1病院あたり							
業務収入(万元)	484.7	1,599.8	2,301.7	2,576.3	230.1	43.9	11.9
うち外来(万元)	187.8	564.4	939.4	1,083.5	200.5	66.4	15.3
入院(万元)	254	827.7	1,250.6	1,459.0	225.9	51.1	16.7
業務補助(万元)	47.1	101.1	112.8	151.0	114.7	11.6	33.9
特定補助(万元)	22.8	41.2	42.7	43.6	80.7	3.6	2.1
業務支出(万元)	468.7	1,469.9	2,304.2	2,608.4	213.6	56.8	13.2
外来1回あたりの平均医療費(元)	10.9	39.9	68.8	79.0	266.1	72.4	14.8
うち薬剤費(元)	7.4	25.6	42.7	47.4	246.0	66.8	11.1
入院1人あたりの平均医療費(元)	473.3	1,668.0	2,596.8	2,891.1	252.4	55.7	11.3
うち薬剤費(元)	260.6	880.3	1,278.8	1,363.6	237.8	45.3	6.6
検査治療費(元)	104.1	424.8	730.3	859.5	308.1	71.9	17.7
入院1日あたりの平均医療費(元)	33.6	125.6	222.2	254.5	273.8	76.9	14.5
医師の平均年間業務量							
診察回数(回)	1,683.0	1,135.2	1,177.8	1,159.9	-32.6	3.8	-1.5
入院日数(日)	766.5	547.5	506.0	503.0	-28.6	-7.6	-0.6
1ベッドあたりの平均設備費	6,464	19,573	34,848	41,131	202.8	78.0	18.0
業務収支	16	129.9	-2.5	-32.1			

注：1990年，1995年の検査治療費のなかに手術費は含まれない。
出所：全国衛生統計年報資料より。

第4章

中国と日本における医療保険支払制度

劉　暁梅・陳　仰東・丁　佳琦

1　はじめに

　医療改革は世界各国が共通に直面している課題で，かつ各国が最も重視している分野の1つである。医療制度は大きく2つに分けることができる。1つは医療保険の分野，もう1つが医療サービスの提供分野である。現在，中国では多くの先進国と同じく基本医療保険において制度上皆保険を実現している。しかし，医療サービスの提供において依然多くの課題が残されており，とりわけ医療保険における支払方式の選択は最も重要な問題である。この支払制度改革を通じて如何に医療サービス供給の効率性を高めるかが，中国の医療改革の大きな柱である。

　世界の医療保険支払制度もそれぞれの課題に直面しているが，アメリカと日本の疾病群ごとの支払方式は比較的合理性が高くかつ有効な支払制度とされている。それは，同制度が医療費の不要な増加を抑えるだけでなく，医療サービスの評価にも有効であるからである。

　中国の医療保険支払制度は現在各省，各地域で試行されている。支払制度の所期の目的を達成するためには，アメリカや日本などの経験を参考にしながら，中国の支払制度を改革していく必要がある。

第Ⅰ部　供給側の改革

2　中国の基本医療保険の支払制度

中国の支払方式改革の背景

国内的な背景

　1998年に都市労働者基本医療保険制度が導入されてからの十数年間，中国の医療保障改革の重点は制度の適用範囲の拡大と保障水準の改善，そして，制度管理の強化などに置かれていた。しかし，基本医療保障制度の全国的な普及にともない，多くの新しい課題に直面している。

　まず，医療費の急速な増加にともない，如何に医療費の増加を抑制するかがますます重要になってきた。国際的に医療費の増加は各国の経済成長率または国民所得の増加率を上回り，そのような中で，今，医療保険の支払方式の改革が鍵となっている。

　次に，医療保障の範囲が拡大するにつれ，国民の医療サービスに対するニーズも増加，多様化しているが，支払制度が抱える医療機関のインセンティブに起因する不要な医療行為も増加している。中国のいわゆる「看病難，看病貴」の原因の1つで，医療保険における支払制度の改革が現在強く求められている。

　ここ数年，中国は各国の医療保険支払制度を参考に，中国にふさわしい支払方式を模索してきた。現在，多くの地域で複合支払方式を実施しており，北京など一部の条件の整っている地域では中国版DRGs（Diagnosis Related Groups, 診断群ごとの包括支払方式）の導入も模索している。これらの改革は問題の部分的な改善に繋がってはいるが，全体的には，「看病難，看病貴」問題はまだ解決されていない。

国際的な背景

　1990年にアメリカや日本などの先進国は相次いで医療保険の支払制度改革を行った。1983年までは，アメリカの医療保険機構が医療サービス提供者に医療費を支払う際は，事後的な出来高払制が大半であった。被保険者は毎月保険会

社に一定の保険料を支払い，病気の際には自由に医師や病院を選ぶことができた。患者は医療費の一部を負担し，大部分は保険会社から医療機関に支払われる。このような支払制度の下では医療サービスの提供者は過剰な医療を提供したり，患者の不要なニーズを誘導することにより利益を得ることが可能であり，これがアメリカの医療費急増の原因の1つとなった。こうした問題に対処するために医療サービス支払制度改革が始まった。1970年代半ばから，「管理医療」という新しい医療保険プランが注目されはじめ，医療サービスの支払方式が従来の出来高払から人頭払に変わった。また，多くの保険会社が診断群ごとの包括支払方式，すなわちDRGsを導入した。この方式では，疾病の診断，種類，進行程度，合併症の有無，手術の必要性，患者の年齢などの要素に基づき予め費用と支払基準が設定されており，もし実際の費用がこの基準を超えた場合，保険会社は超過部分の支払を拒否することができる。人頭払とDRGsなどの支払制度は，医療機関のコスト削減のインセンティブと予防サービスの積極化，また平均入院日数の圧縮など，医療資源の節約をもたらした（郭・任 2006）。

　日本も同様に当初は出来高払方式を採用していたが（陳・羅 2002），医療サービスの過剰提供問題が深刻となり，医薬費の増加抑制のため，2003年4月からいくつかの大学病院で入院基本費の代わりに定額払い制度を導入する日本版DRGs-DPC（Diagnosis Procedure Combination）を実施した。2012年には1,505の医療機関がこの方式を採用している。日本の支払方式の改革は患者の入院日数を大幅に短縮することにより医療費の節約につながった。

中国の既存の支払制度の現状および特徴

現在の支払方式

　中国における支払方式は千差万別であるが，出来高払，総枠前払，サービス・ユニット払，人頭払，単一病種払などが主である（鄭 2005）。これらの支払方式の特徴および長所と短所を表4-1に整理した。

表4-1　中国の医療費支払方式の概要

	特　徴	長　所	短　所
出来高払	医療サービス提供の過程で発生したすべての事項に価格を設定し，医療機関が提供したサービスの単価と量によって費用を支払う。	簡単，便利で審査漏れや不足の可能性がほとんどない。	医療効率の向上や支出節減のためのインセンティブがないため，医療費の上昇を管理できない。
総額前払	一定の方法により，指定医療機関の1年間の総額予算を決め，医療保険機関がこの医療機関に費用を支払う際に，実際の医療費と関係なくこの総予算を上限として支払う。指定医療機関は保険適用範囲内の所定の医療サービスを提供する。	簡単で，医療費の不要不急な上昇を有効的にコントロールできる。	医療機関による①1回あたり費用の分解方法，②薬剤処方金額の制限，③外来回数の増加，④患者の診察拒否，⑤保険適用薬の不使用，⑥医療サービス価格の確定の困難さ，⑦医療保険機関の負担増と高い管理コスト，などの問題がある。
サービス・ユニット払（按服務単元付費）	定額払いの一種。医療サービス提供過程を特定の指標によって同じ部分に分け，それぞれ同じ部分を1つのサービス・ユニットとする。たとえば，外来患者1人あたり，入院1ベッドあたり，または入院1日・ベッドあたりなど。医療保険機関はユニットごとに定められた予算額を医療提供機関に支払う。	同じ病院のすべての患者に関し，入院1日または外来1回の費用は同じである。したがって病院側にとっては入院日数の減少と外来診察コストの節減のインセンティブが働く。また，仕事の効率性を上げようとするインセンティブも働く。	医療提供機関が①患者のニーズの誘導や診察・入院回数の分解，薬の処方の分解に恣意性，また②入院期間の延長によって不要な収入増を図る可能性がある。また，病院が重篤な患者を拒否やサービス水準を下げたりする可能性もある。
人頭払	前払い制の1つで，病院または医師の予定サービス対象人数と1人あたりの費用に基づき，医療費を事前に支払う方式である。	医療機関のサービスと費用を有効的にコントロールすることができる。提供側が自発的に費用節約の措置（疾病の予防など）を採り，最大限に患者の罹病率を下げ，医療費支出を減らすインセンティブを有する。	提供側が費用節約のために本来必要なサービスを削減したり，サービスの質を下げたり，重篤患者を拒否する可能性がある。
単一病種払	国際疾病分類基準に基づき，入院患者の疾病をいくつかの組に分類し，それぞれ価格を決める。この価格で病院に一時的に費用を支払う。	医療費の支出をコントロールできる。病院が自発的にスタッフの医療行為の管理とコスト意識を強化することを促進でき，不必要な資源浪費を防げる。	同じ病種の異なる病状に対し画一的な給付基準で支払うため，①病院が重篤患者を拒否，②診療プロセスを簡素化，③サービスの質を押し下げ，によって費用支出を減らす可能性がある。また，入院の分解を通じて，同じ病気に対し複数回の給付を得る可能性もある。

出所：筆者作成。

表4-2　総額予算制を導入した地域の割合（2010年）

(単位：％)

	都市労働者医療保険	都市住民医療保険
入院治療	27.7	23.2
外来・大病	22.5	22.3
外来治療	35.5	27.5

出所：表4-2～表4-6は2010年7月に大連で開催された医療保険支払制度会議の資料による。

中国の支払方式の特徴

第1は，地区級市の範囲で医療サービスや費用支払いのプールを行っている地域は，すべて従来の出来高払のみの支払方式から複数の支払方式を組み合わせた複合支払方式に移行している。すなわち，出来高払のうえに2種またはそれ以上の支払方式を混合させている。なかでも都市労働者基本医療保険の入院費用はすべて2種類以上の複合支払方式となっている。ただ，医療保険のプール範囲が区や県レベルの地域の支払方式は依然出来高払いが中心である。

第2は，表4-2に見るように，総額予算制を採用している地域が比較的多い。総額前払制は，医療保険機関と指定医療機関が交渉を通じて1年の総枠予算を決め，医療費が予め設定した総額予算限度を超えないように管理し，医療保険基金の財政安定を図る。

第3は，出来高払は依然として現在の主流な支払方式であり，各種包括払方式を採用したところはまだ少ない。多くの地域ではその他の支払方式を採用はしているものの，費用のコントロールのサブ手段として利用し，単独の支払方式とは考えていない。表4-3，表4-4，表4-5，表4-6から見られるように，都市労働者医療保険において，入院医療費の77.1％は出来高払で，病種払は24.3％，人頭払は7.2％にすぎない。総額前払の採用率は8.6％という低い水準である。

第4に，各地の支払制度の改革過程をみると，支払制度改革と同時に医療管理制度の革新も行っている。一部の地域は従来の出来高払いのみから複合方式に転換したうえで，医療費のコントロールに有利な管理手段，たとえば総枠コ

表4-3 出来高払を採用している地域の割合（2010年）

(単位：％)

	都市労働者基本医療保険	都市住民基本医療保険
入院医療	77.1	78.2
外来大病	67.3	64.5
外来医療	53.9	56.8

表4-4 総額前払を採用している地域の割合（2010年）

(単位：％)

	都市労働者基本医療保険	都市住民基本医療保険
入院医療	8.6	5.7
外来大病	2.5	2.4
外来医療	3.7	4.9

表4-5 病種別払を採用している地域の割合（2010年）

(単位：％)

	都市労働者基本医療保険	都市住民基本医療保険
入院医療	24.3	16.7
外来医療	34.0	32.3

表4-6 人頭払を採用している地域の割合（2010年）

(単位：％)

	都市労働者基本医療保険	都市住民基本医療保険
入院医療	7.2	6.2
外来大病	4.3	4.0
外来医療	7.9	14.9

ントロール，総量指標コントロール，単一病種管理などを加えている。また，他の地域では出来高払のうえに直接他の管理方法を追加し，医療費の増加を抑制しようとしている。

　中国の医療保険支払制度の改革は単なる「支払方式」だけの変更ではなく，管理制度も改革することで，医療費を抑制しようとしている。一部の地域では同時に決算方法も変更し，「柔軟決算（弾性結算）」，「実質決算（拠実結算）」，

「重大疾病補助(危重病重大補貼)」などを導入している。

　各地の改革の現状から，中国の現段階の支払制度は以下の類型に分けることができる。

　A＋B＋X
　A：支払方式（≧1）
　B：管理方式（≧1）
　X：他の決算方式（≧0）

　たとえば，大連市の現在の支払制度は出来高払い＋［単一疾病管理＋普病統制基準］＋［平行決算＋柔軟決算］で，これは1＋2＋2と見ることができる。

　中国の支払制度改革は前払と後払の融合に複合的な支払制度を加えたものと言える。後払から前払への転換は，予想的要素の増加，医療サービス提供側のインセンティブの変化を通して，医療機関に収支変動リスクを負うことを求め，資源配置の効率を促進する。これは急速に増え続ける医療費の抑制には有効的であるが，医療サービスの効率性は確保できない。さらなる支払制度の改善が必要である。

中国各地の支払方式の事例分析

北京市の事例

　①医療保険基金の効率性の改善，②不要な医療費の増加のコントロール，③医療の質と病院の業績管理に対する監督，④加入者の医療費負担の軽減，を推進するために北京市は2011年8月1日から一部の保険指定病院で診断群別(DRGs)支払方式の試行を始めた。この事業は，①任意の参加，②病院からの申請で選択，③医療保険管理部門の許可の3点を満たすことができる医療機関について新しい支払方式を実施した。第1グループで参加した医療機関は，北京大学人民医院，北京大学第三医院，首都医科大学付属北京友誼医院，北京医科大学付属北京朝陽医院，首都医科大学宣武医院，首都医科大学付属北京天壇医院の6つの病院であった。

　北京市は，近年の医療保険指定病院における実際の医療保険費用のデータに

基づき，診断群内で格差が小さく，病例の数が比較的多い108の病種を試行対象とした。各診断群内の医療費は定額管理とし，定額の基準は北京市の2010年の基本医療保険指定三級病院と同じ病種の医療費の中から北京市基本医療保険給付範囲内の医療費により計算した。同時に，試行病種範囲内で発生する医療保険給付範囲内の医療費に関しては，基金先払制を実施した。すなわち，試行病院の前年度と同じ期間内の同病種の診断数によって試行期間中の医療保険基金からの給付金額を推定したのである。最初の月の予定給付金額の90％を予め病院に支払い，そのあとは医療サービスの量によって事後に精算する仕組みである。年末には試行病院で1年間の実際に発生した医療サービスの量により決算する。

さらに，医療基金の予算管理のうえで支払制度を進めるために，総額前払制を模索した。2011年の試行病院は4つであったが，2012年に試行病院の数を増やし，24の医療機関が対象となった。この試行事業は医療保険基金収支予算管理と医療保険費用の精算（結算）管理を結びつけ，医療保険基金の総額前払制を確立することを目的としている。なお，「費用の超過時は基金と病院で分担負担し，予算目標を達成した時には病院へ還元する」というインセンティブ制を導入することにより，医療機関の提供サービスの管理における主体性を高め，医療費の過度の増加を抑制，医療保険基金収支全体のバランスの確保を目指した。

総額前払制の試行病院の選定も病院からの申請を医療保険管理部門が許可する形で行った。2012年には総額前払制の試行範囲は中央，市，および軍の三級病院と各区・県の二級病院にまで拡大された。

総額前払制の主な原則は次の通りである。第1に総額予算である。当該年度の医療保険基金の年度予算に基づいて支出総額を決める。この総額範囲内で指定医療保険の支出実績より予算管理の「指標」を設定する。第2は，定額管理である。指定医療機関の当該年度の医療保険総量管理指標を試行期間中の指定医療機関の定額管理の指標とする。基金から指定医療機関に支払うべき医療費がこの指標内であれば，全額を医療機関に支払う。第3に，基金前払である。

試行病院に対し，医療保険基金からの支給を予め支払う。定額管理指標を月単位に分解し，初月に指標金額の90％を試行病院に予め支払い，その他の月には月別指標金額の全額を前払いする。残りの10％を評価部分として残し，試行期の最後に医療サービスの評価結果によってこれを精算する。第4に，超過額分担である。費用が予算を上回った場合には，超過額が指標の10％以内の時には医療保険基金が92％，病院が8％を負担し，超過額が指標の10％超の時には，医療保険基金が85％，病院が15％を負担することとした。

大連市の事例

　大連市基本医療保険における医療費決算管理方法は，医療保険社会基金は主として被保険者の入院および一部の指定病種の外来医療費の支払に使用し，被保険者の一般外来医療費は給付対象外である。現在，大連市は「総量統制，出来高払，定額管理，平衡決算」の原則に基づき，社会基金から入院医療費を支払っている。

　支払方式は依然として出来高払方式を主に採用しているが，様々な管理方法を併用することで医療保険社会基金の収支均衡を保つことを目的にしている。これらの管理方法には，第1に「総量統制」，第2に「定額管理」の原則を置き，医療保険管理機関は毎四半期に一度，指定病院で発生した単一病種の入院医療費に対し定額管理を行い，定額総量を超える部分は支払わないこととしている。第3は「平衡決算」である。図4－1に見るように，医療保険管理機関が半年ごとに普通疾病の統制予算額を超える費用に対して適切な補償を行う。補償方式は，①指定医療機関で実際に発生した普通疾病入院医療費の総量が統制基準の5％超過以内の場合はその30％を補償する，②同基準超過が5％以上の場合はその一部を補償する，③基準の2倍を超える超過部分に関してはいくつかのランクに分けて補償する。具体的な補償比例は当期基金の財政状況によって決まるが，補償総額は超過総額の50％は超えないこととしている。

　この支払方式と管理方法により医療費の管理を行い，年末には決算を行う。つまり，指定医療機関の1年間の入院回数，1回あたりの入院医療費，被保険

第Ⅰ部　供給側の改革

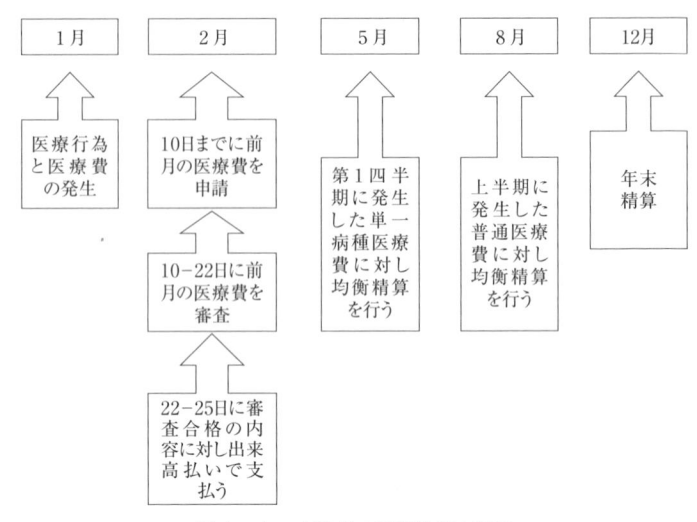

```
[1月] ← 医療行為と医療費の発生
[2月] ← 10日までに前月の医療費を申請
       ← 10-22日に前月の医療費を審査
       ← 22-25日に審査合格の内容に対し出来高払いで支払
[5月] ← 第1四半期に発生した単一病種医療費に対し均衡精算を行う
[8月] ← 上半期に発生した普通医療費に対し均衡精算を行う
[12月] ← 年末精算
```

図4-1　大連市の平衡決算の概要
出所：大連市基本医療保険支払制度規定を基に作成。

者の個人負担などの実績に基づき指定医療機関の医療費に対し「柔軟決算」を行う。決算の結果，超過費用分は医療保険基金に返還する。

　入院治療の被保険者に対しては，医療保険管理機関は患者の退院時期を医療費の決算日とする。①被保険者が年をまたがって入院した場合は医療費は次年度の費用として計算する。また，②被保険者が指定医療機関に入院の後，継続治療の必要性から同市の下級医療機関もしくは上級医療機関に転院した場合，転入先の病院は入院支払下限の差額部分しか請求できない。③転出元の病院での医療費が平均入院1人あたり費用の基準に達しない場合は実際の費用を支払い，支払基準を超えた場合は決算基準により支払う。④外来や救急病院から入院した場合は，外来・救急時の医療費も入院費用として計算する。⑤外来・救急時に死亡した場合，規定内の医療費は社会基金から入院治療の規定に基づき支払われる。

　基本医療保険の支払の流れは図4-2に示した。指定医療機関は毎月5日に前月の被保険者の医療費などを社会保険管理機関に報告する。管理機関は医療費の審査を行った後，毎月25日までに精算する。審査過程でさらに調査する必

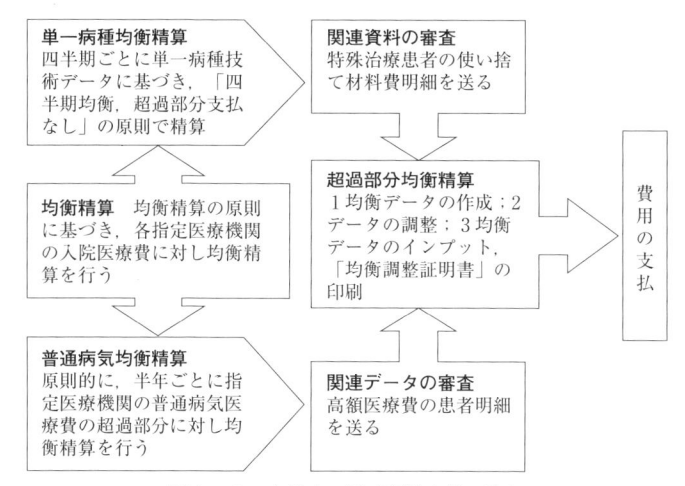

図4-2 大連市の医療保険支払の流れ
出所：2012年大連市基本医療保険支払制度に関する政府文書を基に作成。

要がある費用はさらに後で支払うことになる。調査の結果，規定に合わない場合には支払わない。医療保険社会基金からの支払は「後払」，すなわち医療費が発生した次の月に精算するため，指定医療機関の正常な運営を保証するために，大連市は「基本医療保険流動資金」のシステムを採用した。「基本医療保険流動資金」は，入院指定医療機関が基本医療保険社会基金を使って，大連市基本医療保険の被保険者が入院した際に発生する未精算部分を補塡する費用である。この資金は借入方式であり，借入可能金額は入院指定医療機関の前年度の1ヶ月あたりの入院医療費（社会基金給付対象）に一定の比率をかけて計算する。最高比率は60％である。

具体的には，指定医療機関は市の医療保険管理機構に基本医療保険流動資金の借入用申込書を提出し，管理機構は規定に沿って流動資金の資格と金額を決定する。双方は毎年1月15日に「大連市基本医療保険流動資金借款契約」を締結する。契約後7日以内に，管理機構は流動資金を指定医療機関の口座に振り込む。流動資金の貸出期間は1年，期間満了時点で全額を返済しなければならない。返済は当該年度の12月25日を超えてはならないとしている。もし期限を過ぎても返済がない場合，管理機構のその月の基本医療保険の支払額から流動

資金返済分を差し引くと同時に，以降3年間は新たな流動資金の借り入れ申請を受け付けない。すでに流動資金を貸し出した指定入院医療機関の月平均入院医療費については，管理機構が監督しなければならない。指定医療機関の前月の入院医療費が借り入れ流動資金の30％未満の場合，管理機構は毎年の7月31日に貸出額の50％を回収する。

上海市の事例

上海市は2002年より医療保険「総額予算管理」を開始し，全市の指定病院の都市労働者基本医療保険の費用予算を各年始に分配し，年途中で調整しながら年末には清算し費用超過部分を互いに分担する。さらに，2005年からは医療保険「総額前払制度」も実施し，インセンティブとその管理を強化した。2008年には，予算配分において医療機関と折衝体制を採り，指標となる予算と調整について透明性を確保した。また，17の入院にともなう病種ごとの支払と精神病院の病床あたりの日額払を実施した。全体的に，総額予算支払制度を中心に置きながら，病種ごと支払やサービス・ユニット支払で補完し，総額前払の方法に向けて改革を進めている。

医療保険基金は，年始に予算を作成し，毎月医療機関に費用の前払を行い，年の途中には医療機関の監督や動態的な調整を行いつつ，年末に精算する方法を採用している。総額予算管理は指定病院で発生した医療費のなかで医療保険基金から支払う部分に適用される。総額予算管理の基本原則は基金の年間予算を基礎に医療費支払実績に基づき合理的な予算案を作成する。予算を超えた費用は指定病院と医療保険基金が合理的に分担するメカニズムを構築し，予算の査定は交渉により決定する。

上海市の基本医療保険の総額予算管理の流れを図4−3に示した。年末に，市の医療保険管理部門が規定に基づき，必要なリスク準備金を残したあと，当該年の医療保険基金の実収入プラス次年度の期待収入増によって次年の医療保険基金の総額予算を立てる。その後，病院との間で話し合い，病院予算の総枠指標を確定する。話し合いは全3回行い，総枠が確定した後，市医療保険セン

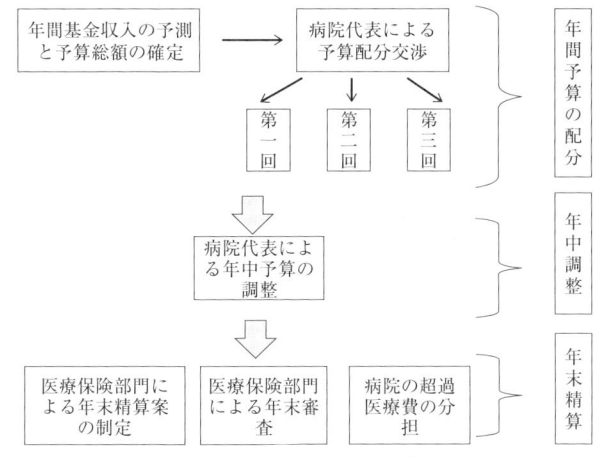

第 4 章　中国と日本における医療保険支払制度

図 4-3　上海市の医療保険総額予算管理の流れ
出所：人力資源与社会保障部社会保険事業管理中心編（2012）『医療保険付費方式改革経弁管理城市実例』を基に作成。

ターから各病院の年度予算総枠指標に基づき，毎月平均費用を支払う。実際の費用支出ペースが速く，指標を大きく上回っている病院に対しては，その月の医療費の全額または一部の支払を延期することで，基金の財源安定性を確保するとともに，枠を使い果たし，被保険者の入院を拒否・制限することがないようにしている。ただし，現在このような医療費の支払の延期は二級，三級病院だけに適用されている。なお，毎年の途中で予算指標の調整を行い，予算枠に影響する可能性がある場合には柔軟に対応する。年末には，市医療保険部門が病院の意見に基づき予算管理年末精算案を制定し，実際の申請医療費が予算指標を超えた病院に対しては病院の診療行為や医療費用の合理性などを審査したあと，医療保険基金と病院が超過部分を折半で負担する。

広州市の事例

　医療保険基金の収支均衡と被保険者の基本医療を確実に提供することを目的に広州市は地域の実情に合わせ，平均定額支払を主に単一病種払，人頭払，出来高払を組合せた複合的な支払方式としている。また，運営面では，協議管理，

目録管理，分級管理，監督検査などの管理監督方式をとっている。

入院医療費については，未成年者と学生の入院医療費は出来高払制，その他の被保険者の普通疾病入院医療は「1人あたり定額支払の方式」としている。なお，精神病や老人性慢性病の入院治療は平均費用による定額給付の支払方式を採用している。一部の特殊な病種（腎移植，人口股関節置換，人工膝関節置換，脊髄内固定手術，心臓冠動脈バイパス入術，指定病種内視鏡手術など）には「単一病種年間平均費用限度額支払方式」を採用している。

また，特別専門医療費は「1人あたり平均限度額方式」で独立して処理する。普通疾病入院の高額医療費は，普通疾病1回入院の定額決算費用が年度平均費用定額決算基準の4倍を超える場合には，年末の精算時審査により合理的な費用と認められれば，4倍以上の部分は指定医療機関の本年度の平均費用定額支払範囲に含めず，医療保険基金の財政から給付する。

複合支払制度の管理に関しては，年間の総予算と月別決算，年末決算で運営している。広州市の基本医療保険複合決算の概要は図4－4の通りである。複合式精算体系は定額部分と単一病種部分の2つの部分からなる。定額部分は年始に交渉の中で定額予算基準を決定し，毎月の即時精算方式で支払病院の運営を保障する。単一病種部分は専門家による総合評価によって病種と定額基準を設定する。医療機関は任意でこの精算方式に参加することができる。医療保険管理機関は申請した病院に対し，審査のうえ契約を結び当支払方式を実施する。この支払方式も毎月の即時精算支払いである。最後に，年末にはこの2つの精算方式について年末精算を行うことで医療機関が総予算枠を超えているか否かを判断する。また，月末精算と年末精算の額によって精算基準の調整を行う。

各都市事例のまとめ

上述の4都市の医療保険支払制度から，中国の医療保険支払制度改革は一定の成果を上げ，多くの都市は従来の出来高払方式一本からそれを中心に置きつつも複合的な支払方式に移行している。ただ，各都市の方法も試行錯誤を重ねている段階であり，全国統一的な支払制度は確立していない。現在の支払制度

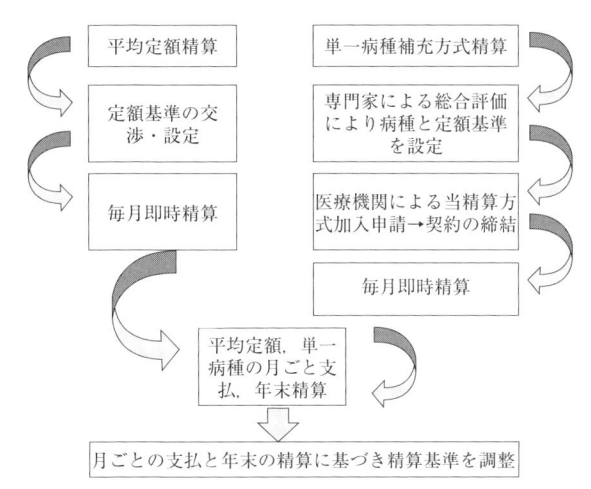

第4章 中国と日本における医療保険支払制度

図4-4 広州市の複合精算システムの流れ
出所：人力資源与社会保障部社会保険事業管理中心編（2012）『医療保険付費方式改革経弁管理城市実例』を基に作成。

改革は，医療保険支払基金の安定性の強化と医療費用の抑制という目的は達成できているものの，患者の基本的な医療ニーズに十分応えているとは言いがたい。

中国の支払制度改革の問題およびその原因

以上の事例研究を踏まえ，その根底にある問題点に肉薄してみよう。4つの基本的課題が浮かび上がる。

改革理念が明確ではない

4都市の事例に見られたように，中国の支払制度改革の理念はまだ十分明確とは言えない。支払制度の改革と支払方式の改革は異なり，前者は，支払方式の選択と管理方法の改革からなる。4都市の事例は，支払制度改革では総量統制，総額統制，単一病種統制など管理方法の改革が中心である。これらは一見すると支払方式の変更のように見えるが，実は費用をコントロールする管理手段にすぎない。たとえば，「総額前払」と「総額統制」はまったく異なる。前

者は支払方式の1つで，医療サービスが発生する前に一定の基準で医療機関に対し一定期間（たとえば1年間）の全費用を事前に支払う，「支払が先，サービスが後」の仕組みである。それに対し後者は管理方式の1つで，一定期間（通常は1年間）の医療費の総額について予算を設定し，医療機関の医療費がこの予算設定範囲を超えているか否かを判断する。医療保険基金の支出を効果的にコントロールし，医療費用の節約に貢献する。

このように現在の医療支払方式改革のなかには様々な費用抑制の管理方法が混在しており，一部地域の支払制度改革においては支払方式は従来と変わらず新しい支払方式に類似した予算管理方法を追加しただけのものもある。また別の一部の地域では政策レベルでは改革が行われているが，実際の執行においては依然として従来の出来高払を援用し，医療費の管理を新方式にしただけのところも多い。

このような改革は，医療支払制度の本来の目的に反することになる。支払制度改革の目的は，単なる医療費の抑制ではなく，合理的な価格で医療サービスを提供することにより，「看病難，看病貴」の問題を解決することにある。現在の支払制度改革は基金の管理を厳格化したものの，包括払のインセンティブが内包されていない。単なる費用の抑制に止まり，医療サービスの質の向上という目的は実現されていない。

制度が統一されていない

都市住民基本医療保険の実施により，中国は制度的には国民皆保険を実現した。異なるグループ（都市住民，従業者，農民など）ごとに異なる医療保険制度を作ったことは一見合理的に見えるが，制度の統一性が欠如し，制度運営行政コストの増加や医療リスクプール範囲の狭隘化，制度の管理レベルの低下，などの問題がある。各制度の範囲が狭く各制度で医療保障の水準が大きく異なるため，本質的な医療保障という公共サービスの水平的公平性を損なっている。

改革手段が不適切である

　大連市の事例から見られるように，中国では実施された医療支払制度の運営は設計時の意図からずれてきている。これは制度を動かす手段の選択が適切ではないことによる。病種払は病種ごとに医療費の上限を決めることではない。人頭払も１人あたりの医療費の上限を示すわけではない。新しい医療保険支払方式の共通の特徴は「包括払」，すなわち予算所定額を超えても，余剰が生じても，医療機関が良質で効率的な医療サービスの提供に責任をもち続けることである。支払方式の目的は医療機関へのインセンティブ・メカニズムを通じて，医療機関が自主的に費用を節約し，その中で良質な医療を届けるインセンティブをもたせることにある。

　たとえば，単一病種支払の場合，条件に合うある疾病の基準が3,000元であれば，医療保険管理機構が3,000元を医療機関に支払い，この費用がどのように使われたのかは問わない。医療保険管理機構は医療機関のサービスの質を監視するだけでいいのである。しかし，中国の多くの地域の支払制度改革はそうではない。「定額」が「変額」に変わっただけである。言い換えれば，出来高払はなんら変わらず，そのうえに様々な利用制限を付け加えただけである。たとえば，「病種払方式」は病種ごとの「上限の設定」に変わった。最も簡単な例は医療費上限設定は病種ごとに最高支払限度額を決め，個別の支払は「実際の費用」で行う。もう少し複雑化すると，まず最高支払限度額を決め，その限度額の一定比（たとえば80％）であれば「実際の費用」によって支払い，この比率（同80％）から100％までの部分に関しては最高限度額を支払うというスタイルである。このような支払方式制度の改革はコスト圧縮など病院が努力したものは病院に残るというインセンティブ・メカニズムが働かない。また，従来の出来高払と実態はほとんど変わっていない中で，審査支払機関は個々の入院費用の合理性や支払基準を審査しなければならず，医療事務の業務量が以前よりも大幅に増え，効率化に逆行する事態となっている。

第三者が監督管理する体制の欠如

制度改革の方向性や実施の具体案についてすべて政府が決め，政府が運営するため，第三者による監督と監視が働かない（梁 2011）。社会保険管理機構は監督の責任はもっているが，当事者でもあるため，「自分」で「自分」を監督することになってしまう。この結果，支払制度改革のもつ実効性をかなり制約する。第三者による監督の重要性に対する認識が政府で欠如し，監督の視点や重点が不明であるとともに監督の透明性が担保されていない。

3 日本の社会医療保険の支払制度

日本の社会医療保険支払システム

日本の医療保険支払体制は大きく2つの段階を経て，今日に至っている。第1は1961年の皆保険の達成から2003年の支払制度の見直しまで続いた出来高払の段階である。第2は，支払制度の見直しから現在までのDPC制度と出来高払制度を結合した段階である（遠藤・池上編 2005）。

第1段階で採用した「出来高払」による診療報酬の具体的な計算方法は次のように行う。診察，投薬，注射，検査，処置，手術などの各診療行為別に異なる診療報酬点数（診療報酬点数は診療項目価格の相対値であり，支払の時は1点＝10円で計算する）を付与する。患者が診察を受けると，使用した具体的な項目の点数を積み上げ，医療サービスの総費用を計算する。しかし，出来高払の方式は①医療サービスの利用の急増や，②類似の医療サービスに対し全国統一の診療報酬点数を付与しているため，医療機関の規模やコストの違いを織り込めないなどがある。

第2段階の支払システムについてはその概要を図4－5に示した。まず，すべての外来の医療費は出来高払の診療報酬支払方式を採用する。次に，入院医療費は2つに分け，1つは病例ごとの定額支払による総合評価支払制度（DPC/PPS）を採用し，もう1つは従来の出来高払方式を採用する。改革前に比べ，DPCという総合評価支払制度は，治療の困難さや治療時間，そして必要な技

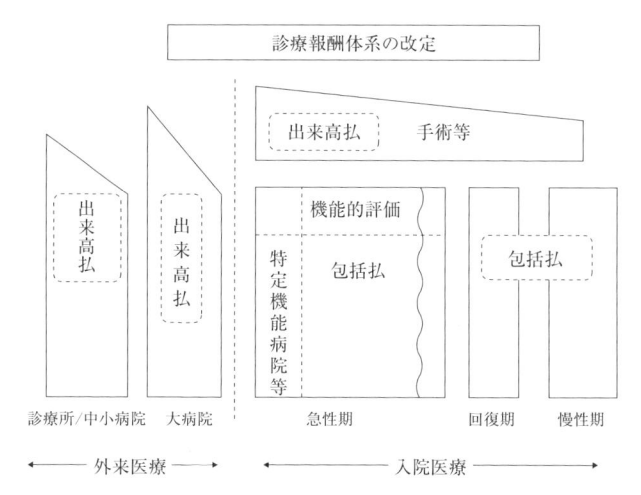

第 4 章　中国と日本における医療保険支払制度

図 4 - 5　日本の2003年診療報酬体系見直しにともなう報酬支払制度の概要
出所：松田晋哉（2011）『基礎から読み解くDPC』医学書院。

術の違いなどをより重視するとともに患者の視点に立ち，かつその選択も尊重する。この制度は医療機関の運営に公平性をより強く反映することができる。

日本のDPC制度導入の背景と理念

　医療政策の決定において，社会保険機構，医療機関，患者など関係者は複雑な利害関係を有するため，すべての関係者の満足を得るのは困難である。この問題に対し，日本は，①医療の質の確保と②評価体系と支払制度を結合させた総合評価方式であるDPC/PPS（Diagnosis Procedure Combination/Per-Diem Payment System）制度の導入で対応している。この制度は医師の診療行為の合理性を評価するとともに，その医療費用の妥当性も「評価」でき，そして，包括支払単位の設定を通じて医療機関に良質な医療提供のインセンティブを与えることができる。つまり，医療機関の経営を保証すると同時に，医療機関が自発的に医療資源の節約と効率的なサービス提供に努めるようにできる（呂 2000）。

　難しいのは医療の「質」に対する評価は相対的なものであり絶対的なものではないという点である。たとえば，A病院の平均入院日数は20日で，B病院が

第Ⅰ部　供給側の改革

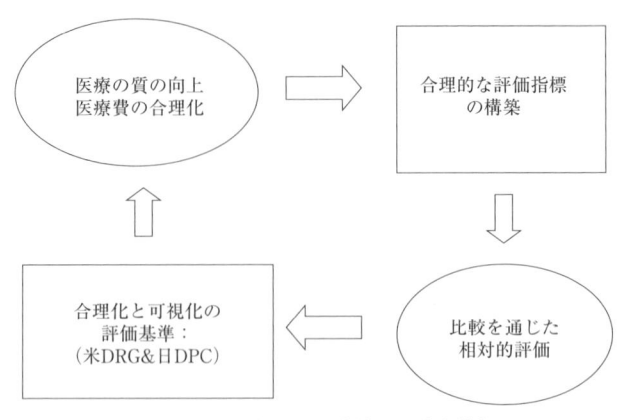

図4-6　日本のDPC制度の理念と構想
出所：筆者作成。

11日だとする。平均入院日数だけで見ればB病院の効率性がA病院より高い。しかし，A病院の患者構成は長期入院が必要ながん患者が多く，B病院は短期の入院で済む白内障患者が多いかもしれない。仮に病名から見た両者の患者構成が同じであったとしても，両病院で病状の程度が異なるかもしれない。したがって，単純に入院日数を比較する方法は問題がある。

すなわち，異なる医療機関の医療の質を正しく評価するためには，異なる種類の疾病に対する既存の医療資源の投入量を合理的に相対評価できる分類システムが必要となる。この分類システムは，患者の主要疾病名と相応の医療行為，合併症の有無，重症度などに基づき構築された診断群分類システムである。

アメリカで開発された疾患別関連群（DRG）は元々医療の質を評価するためのものであった（復旦大学日本研究中心 1996）。言い換えれば，当初この方法を開発した際は医療費の支払を目的としていなかったのである。その後，DRGに基づき，PPSという包括支払制度を付加して，包括支払システムであるDRG/PPSに発展させた。日本は，これを基礎に日本版のDRG/PPS（以降は，略してDPCと呼ぶ）を開発した。

DPCは，平均入院日数，手術前入院日数，現在の死亡退院率などと，臨床医療の質に関する指標，および各医療機関の経営状況に基づき，各医療機関ご

とに総合的な比較を行う。このような比較は医療行為自体と医療機関の経営の安定性の2つの面において大きな質的改善をもたらす（張 2003）。

DPC制度の導入と内容

制度の導入経緯

　DPC制度は，2003年に急性期の入院治療を対象に導入された。制度導入前の1998年11月から10ヶ所の国立病院で実験的に実施し，その試行結果を反映させた。たとえば，同じ疾病の入院患者でも入院期間にばらつきが大きく，「1回あたりの入院費用」を定額支払の単位とする場合と「1入院日費用」を同単位とする場合を比較すると，1入院日費用を単位とする制度の点数が実際の治療で発生する点数に近いことを見出した。制度の正式導入後，同制度を導入する病院の数と対象医療範囲がしだいに拡大し，2010年7月1日時点で1,391の病院と全体の50.4％の一般病床がDPC総合評価制度を導入している。

　ただ，DPC制度がうまく運ぶには，以下の2つの条件をクリアーすることが必要である。

　まず第1に，医療資源の平均投入量を合理的に評価できる定額報酬点数の設定である。診療報酬の評価は，平均的な資源投入量に適合する報酬水準と評価対象に相応しい病例，診療項目の範囲などの要素を考慮し，診療報酬の合理性を担保することである。当然，一部の個別的な病例では必要とする医療資源の投入量が平均的な投入量を上下する場合も多いが，このような特殊な病例を考慮する必要がある。

　第2に，総合評価の定額点数は出来高払による支払のデータに基づいてその基準を算定する。DPC総合評価報酬支払体系の設計時には，①既存の出来高払のデータをそのままDPC制度に反映する，②新たに個別の診療行為の点数を収集し，それに基づき定額払の点数にする，の2つの方向があった。結局，データ制約の関係により，DPC制度の点数設定は既存の出来高払のそれぞれの点数をベースにしている。出来高払のデータを統計処理しDPC総合評価体系の定額支払の基準設定に反映したため，出来高払体系の点数設定の合理性は

既に認識されている（蔡 2003）。

DPC 制度の具体的な内容[(1)]

(1)DPC 対象医療

日本の DPC 制度は，①診断群分類を基礎に毎日定額を支払の単位とする医療報酬の支払方式と，②診療行為の合理性に対し制度化と評価を行う総合評価支払システム，の2つからなる。一般に，入院日数，手術前入院日数，臨床品質に関連する指標，および病院の経営状況を示す指標や関連医療施設などのデータと比較することで，診断群分類はより正確になる。医療の質と効率的な医療に対する要求はますます高くなっている。DPC は，患者に対し施した医療行為が合理的であるかどうかについて可視化された情報を提供する。すなわち，DPC は患者が自分の治療方法がわかる分類方法でもある。

DPC 総合評価対象は一般的な入院治療疾患であり，その診断群の分類は以下の原則に基づき行われる。まず，医療資源の投入量が最も大きい主要疾病に基づき分類し，次に入院期間中に必要な手術，処置，化学療法などの診療行為によってさらに分類する。最後に，合併症の有無によってさらに細かく分類する。臨床上同質性（すなわち類似性と代替性）がある患者に対しては同じような方法で分類し，包括点数を決めることができる。もし臨床の観点から単一の DPC 分類の中で適切な代替的診療行為を見つけられない場合は，DPC 分類以外でさらに細分化することでこの診療行為に対応する。

現在，日本では2,658種の診断群について分類基準を設定し，このなかの1,875分類に対し1日あたりの定額を単位とする総合点数を設定している。

DPC 総合評価システムは次の2つの部分によって構成される。1つは DPC の主体である疾病分類部分で，もう1つは PPS としての支払部分である。図4－7に示した通り，診療報酬は，DPC によって決められた総合評価部分と出来高払の部分との合計により決まる。総合評価部分は，1日あたりの入院定額点数に入院日数を掛け，さらに医療機関の係数を掛けて計算する。診断群分類の1日あたりの総合評価部分には，基本入院費用，検査，画像診断，処方，

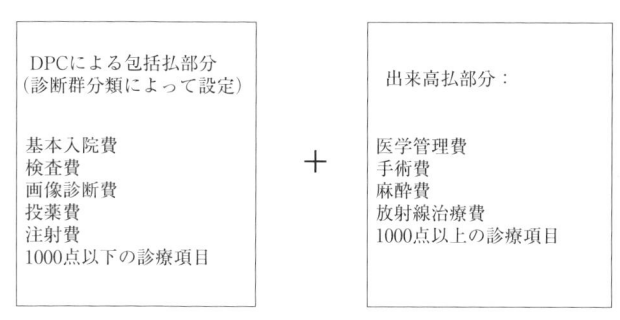

第4章　中国と日本における医療保険支払制度

```
┌─────────────────────┐       ┌─────────────────────┐
│ DPCによる包括払部分  │       │   出来高払部分：      │
│(診断群分類によって設定)│       │                     │
│                     │       │ 医学管理費           │
│ 基本入院費           │   ＋   │ 手術費              │
│ 検査費              │       │ 麻酔費              │
│ 画像診断費           │       │ 放射線治療費          │
│ 投薬費              │       │ 1000点以上の診療項目  │
│ 注射費              │       │                     │
│ 1000点以下の診療項目  │       │                     │
└─────────────────────┘       └─────────────────────┘
```

図4－7　日本の診療報酬の各部分の内容
出所：筆者作成。

注射および1,000点以下の処置などの項目が含まれる。出来高払部分には，医学管理，手術，麻酔，放射線治療および1,000点以上の処置項目が含まれる。

ただし，一部の患者はこれら1,875種類の分類に含まれても，包括払の対象外になる場合がある。たとえば，入院後24時間以内または出生後7日以内に死亡した患者，臨床試験の患者，臓器移植の患者，先進医療技術の患者などである。さらに，新たに増えた基本入院費，手術，麻酔，放射線治療，病理診断，病理検査判断，内視鏡検査，診断性穿刺，標本採集などは1,000点以下であっても包括払の範囲内に含まれず，出来高払によって計算後，包括払部分と合算する。

(2) DPC定額払の単位

総合評価の1日あたり包括点数は急性期入院の実際の平均入院日数等診療状況によって決まる。診療の効率性のために，前述の通りDPC総合評価制度は「1回あたり」の包括方式を採用せず，「1日あたり」を単位とする包括方式を採用したが，毎回の入院期間中の1日あたり必要な医療資源の投入は逓減するため，入院日数にあわせて3段階に分けている。図4－8に示した通り，入院期間Ⅰは，点数の基準は1回の入院期間中の1日あたり医療資源の投入量のうえに15％を乗せる。入院期間Ⅱは，点数の基準は1回の入院期間中の1日あたり医療資源の投入量であり，第3段階は特定入院期間で点数基準は1回の入院

第Ⅰ部　供給側の改革

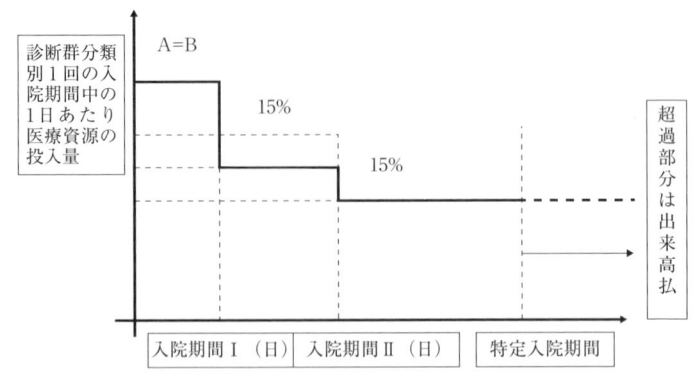

図4－8　医療費支払の概要
出所：松田晋哉（2011）『基礎から読み解くDPC』医学書院を基に筆者作成。

期間中の1日あたり医療資源の投入量から15％を減らす。例外的に入院日数の長い患者に対しては，その病種の平均入院日数のばらつき（標準偏差分）を勘案し，出来高払の基準で支払う。

⑶ DPC総合評価定額支払の総費用の計算方法

　DPC総合評価包括払部分の総医療費の計算式は図4－9の通りである。つまり，総費用＝診断群別1日あたり包括点数×入院日数×「医療機関係数」としている。

　医療機関係数は医療機関の総合評価によって決定するが，それは「機能評価係数1」「機能評価係数2」，および「調整係数」からなる。つまり，ある医療機関の係数＝機能評価係数1＋機能評価係数2＋調整係数，である。

　「機能係数1」は医療機関の基本状況によって決められ，医療機関の設備，体制，診療能力など医療機関の固有の特性の評価による。「機能係数2」は医療機関の重症患者への対応能力，先端医療技術の提供能力により決まる。「調整係数」は医療機関の前年度の診療報酬収入を勘案した当該年度の診療報酬を調整する係数である。

第4章　中国と日本における医療保険支払制度

```
┌─────────────────────┐        ┌─────────────────────┐
│  診断群別1日あたり点数  │        │  医療機関係数：       │
│        ×            │   ×    │  機能評価係数1       │
│     在院日数         │        │    ＋               │
│                     │        │  機能評価係数2       │
└─────────────────────┘        │    ＋               │
          ↑                    │   調整係数          │
   ┌──────────────┐            └─────────────────────┘
   │ 患者のレベル  │                       ↑
   └──────────────┘              ┌──────────────────┐
                                 │  医療機関のレベル  │
                                 └──────────────────┘
```

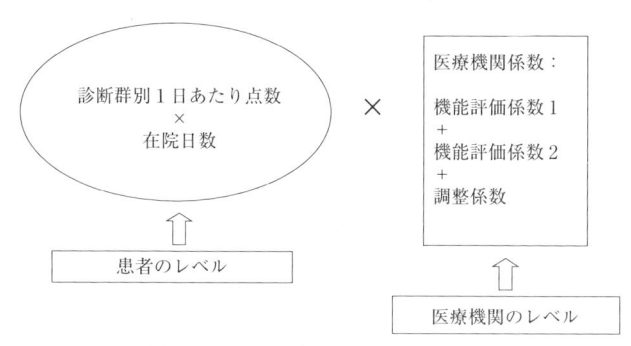

図4-9　DPC定額支払部分の計算式
出所：筆者作成。

日本のDPC制度の評価

日本のDPC制度とアメリカのDRG制度との相違点[(2)]

　日本のDPC制度はアメリカのDRGを参考に設計したものであるが，両者はまったく異なる制度となっている。

　まず，分類の数が異なる。アメリカのDRGは現在25の主な診断群のもと，900以上の分類があるが，日本のDPCは現在16の主な診断群のもと，2,347の分類があり，日本の実態に合わせて修正を行っている。

　次に，包括払の方法が異なる。DRGは「1回あたりの定額払」を，DPCは「1日あたりの平均消耗による定額払」を基準にしている。また，DPCには医療行為と医療の品質を評価する機能があるが，DRGには無い。

　また，分類データの用途も異なる。DPCには2,000種以上の価格項目があるが，これらの分類は支払のためというより，医療情報の蓄積を目的としている。すなわち，今後DPCの分類を基盤にデータを蓄積し，事後分析などの際の基本データとする。

日本のDPC制度と出来高払制度との区別

　出来高払は各診療項目ごとの費用を積み上げたものを支払う方式であるが，過剰医療による医療資源の浪費を促進するなど多くの弊害が指摘されている。

　それに対し，DPC制度は単なる支払制度だけではなく，一種の総合評価制

度でもある。異なる疾病と異なる患者を分類することにより合理的な治療方法を選択し，その価格を設定することができる。したがって，DPC制度は支払方式としては出来高払の弊害を克服すると同時に医師の診療行為に対する評価システムとしての役割を有している。

DPC制度のメリットとデメリット[3]

DPC制度のメリットは，①過度の診療行為を防止すると同時に，②申請や費用審査などのプロセス簡素化により費用支払までの時間を短縮することができる点にある。このため，DPC制度の導入は短期的には，平均入院日数や医療費の支出および医療行為の質などに影響をもたらし，試行病院では患者の平均入院日数が短縮されたとの報告がある。ただ，日本の平均入院日数は依然としてアメリカ，イギリス，フランスなどの国に比べ長い。

一方，DPCのデメリットは，診療不足の可能性と診療の内容の不透明化であり，また，理由は明確ではないが，DPC方式を採用した試行病院の入院医療費がそれ以外の病院より割高という点も気になる。

4　中国への示唆

日本の支払制度改革と中国の支払制度改革の違い

日本と中国の医療保険制度の差を改めて考えてみよう。

基本医療制度の違い

日本の社会医療保険の最大の特徴は，誰でも，どこでも，いつでも，医療ニーズがあれば医療サービスを享受できるところである。日本は医療保険の公平性を実現したが，それは医療保険制度上の公平性だけでなく，患者の診療においても公平である。また，すべての人，すべての医療機関に同じ制度を適用し，それは外来と入院の双方を包含している。

一方，中国には都市労働者，都市住民および農民について，異なる3つの制

度があり，制度間格差も非常に大きい。①診療時に提供される医療サービス格差や②外来と入院間の違い，そして，③診察を受けた場所が異なれば医療保険の給付内容も異なる。

公的医療保険の対象は基本的に入院医療費を対象とし，外来医療費は一部の重大疾病についてのみ対象となる。

また，日本では混合診療（保険内診療と自費診療を併用）が禁止されるのに対し，中国では基本医療保険内の診療と自費による診療を併用することができる。なお，日本は原則的に医薬分離がなされ，医師は診療サービスの提供に特化する。これに対し，中国は医薬分離はなされていない。

支払制度の理念の違い

日本のDPC制度の理念は，単に総合評価を通じて診療報酬の支払抑制を実現することではなく，医療情報の標準化と可視化による医療提供体制の合理化と医療の質の向上を通じて患者に高水準の医療保障を提供することである。

一方，中国の支払制度の理念のなかで最も重要な目的は不要な医療費の抑制である。医療の質に関してはまだ十分重視されていない。新しい医療改革法案により単一の出来高払制を変え，病種ごと支払，人頭払，総額前払などの複合支払方式を導入したものの，目標は医療費の抑制という点は変わっていない。

支払制度の機能の違い

日本のDPC制度は単なる支払制度ではなく，医療の「総合評価」制度である。DPC制度は診断群分類を通じて異なるタイプの患者を分類し，診断群は基本診断名であると同時に適切な医療行為がセットされることを意味する。そのため，DPCの分類によって患者は自分がどのような治療を受けることができるのかがわかり，医師は標準的な治療プロセスに基づき治療を行うことができる。DPC制度は医療費を支払う以外に，医療行為の「標準化」を通して医療資源の浪費を減らすことができる。同時に，DPC制度の最も肝心な機能は医師の診療行為に対し合理的な評価を行えることである。

これら日中の差が，中国の支払制度改革を難しくしている1つの要因であると言える。

中国におけるDPC導入の可能性と必要条件

このような状況ではあるが，中国にDPC制度を導入するには以下の条件がそろっている。まず第1に，中央政府の意向との齟齬は無い。国務院の『十二五』期間中の医薬衛生改革深化の改革計画および実施法案の中では，中国は医療保険支払制度を改革し，「全国で病種ごと支払，人頭払，総額前払などを積極的に進め，医療行為に対する医療保険のインセンティブ機能を強化する」としている。また，「社会プールの範囲内で医療費増加制約メカニズムを構築し，医療保険基金の総支出目標と設定とそれぞれの指定医療機関との目標の共有，指定医療機関の1回あたり（病種）医療費の増加と個人負担定額抑制を医療保険分級評価システムのなかに取り入れる」としている。なお，12次五ヶ年計画においても，「医療保険支払制度改革は医療保険改革の最重点分野であり，様々な方法によって解決すべき問題」としている。

第2に，DPC制度は，支払制度の目的が医療の削減のみにある中国の問題点を解決する優れた特性がある。医療費の非合理的な増加を抑制したうえで，医療サービスの質を改善し，医療に対する人々の満足度を改善することが，DPC制度の医療サービスに対する評価メカニズムにより可能となる。

第3に，中国にDPC制度を導入する基盤ができつつある。日本が医療保険支払制度の見直しに着手した同時期は中国の高齢化の加速とともに，経済成長にともなう医療サービスの改善要求が高まっている。また，支払方式の複数化戦略の中で，すでに中国版の総合評価支払制度（DRG）が北京のいくつかの重点病院で試験実施され，一定の成果を上げている。この経験を生かしアメリカ版と日本版のDRGを参考にしながら，中国に適合する中国版DRGを作ることができる。

一方で，中国が日本のDPC制度を中国に持ち込もうとした場合に解決すべき問題も存在する。

まず，医療機関体制の見直しと薬品の生産・流通体制の改革を重点的に進めなければならない。現在，医療改革のなかで公立病院改革は相対的に遅れ，今なお薬剤費への過度な依存や過剰医療の問題は解決していない。

第2に，保険医制度の導入である（姜 2011）。保険医は，「医療保険指定医療機関で働く，医療保険管理機構の許可を得て医療保険の被保険者に医療サービスを提供する，医師資格をもつ医師」である。保険医制度は保険者が指定医療機関の監督・管理を行ったり医療保険の費用の抑制に有効に作用する。DPC制度は1人1人の医師の診療行為を評価することになるので，均質性のある保険医制度が重要となる。

第3に，クリニカル・パス（clinical path）の収集と整理は，DPC制度の導入の基盤である（李 2010）。クリニカル・パスの内容は，①特定の診断による問題に対する診療の予測目標の提供と②クリニカル・パスによる治療改善である。クリニカル・パスはそれぞれの疾病に対し，最も科学的な順序，時間によって設定される治療計画であるが，これは疾病ごとに合理的な治療方法の模索と提供の必要を意味する。

第4に，定額基準の設定に関する基準を何に置くかという点である。日本はDPCの定額基準を計算基礎に従来の出来高払方式を採用した。中国でも出来高払方式の費用を丁寧に見直し，出来高払方式の基準で新しい支払体系の定額を決める必要がある。

5　日本のDPCの貢献

日本のDPC制度の優れた点は単なる支払制度ではなく，標準化された医療の提供による医療の質の改善や評価制度としての側面が病院のインセンティブになる点である。これは中国の現在の支払制度にはない点である。

中国の医療改革が医療の質を向上させると同時に非合理的な医療費の増加を抑制しようとすれば，日本のDPC制度はその目的を達成する最善の方策の1つであると考える。中国版DPCがうまく働くような基盤を整えることが中国

第Ⅰ部　供給側の改革

医療改革の具体的な目標となる。

注
(1) 瘳黎黎（2006）「日本医療保険病例組合支払方式紹介」『国外医学』衛生経済分冊，23（4）：167-170。
(2) Edwards N., Honemann D. and Burley D. (1994)"Refinement of the medicare diagnosis-related groups to incorporate a measure of severity," *Health care Finance Rev.* 16(2):45-64.
(3) Kawabuchi, K. (2000)"Payment systems and considerations of case-mix are diagnosis related groups applicable in Japan?," *Pharmacoeconomics*, 18 (suppl 1):95-110.

参考文献
日本語文献
遠藤久夫・池上直己編（2005）『医療保険・診療報酬制度』勁草書房，pp.5-164。

中国語文献
蔡笑騰（2003）「日本医療保険制度現状的分析与啓示」『日本問題研究』No.2：26。
陳德君・羅元文（2002）「日本医療保険制度及対中国的啓示」『日本研究』No.3：58。
復旦大学日本研究中心（1996）『日本社会保障制度：兼論中国社会保障制度改革』復旦大学出版社，p.1。
顧昕（2009）「走向全民医保——中国医療保障体系的制度演変」『中国社会保障制度建設30年——回顧与前瞻学術研討会論文集』pp.118-132。
郭富威・任苒（2006）「DRGs在美国的発展及在中国的応用対策」『中国医院管理』26（2）：32-35。
姜日進（2011）「譲医師為医保算帳把関——青島市実行医保定岡医師制度的実践与思考」『中国医療保険』No.7：47-50。
李明子（2010）「臨床路経的基本概念及其応用」『中華護理雑誌』No.1：59-61。
梁鴻（2011）「支付方式改革的両類陥穽」『中国医療保険』No.10：16-26。
呂学静（2000）『日本社会保障制度』経済管理出版社，p.4。
張立富（2003）「日本医療保険制度及其改革措置」『日本研究』No.1：41-44。
鄭大喜（2005）「医療保険費用支付方式的比較及其選択」『中国初級衛生保健』19（6）：6-9。

第5章

勤務条件に対する日本の医師の選好
——日本と中国における医師の地域偏在の解消に向けて——

佐野洋史

1 はじめに
—日本と中国における医師の地域偏在—

　医療資源の供給に関して，日本と中国はともに医師の地域偏在の問題を抱えている。2010年の日本の都道府県別人口1,000人に対する医師数をみると，最も多い京都府（2.86人）と最も少ない埼玉県（1.43人）では，2倍の差がある（厚生労働省 2011）。一方，2009年の中国の地域別人口の同医師数は，最も多い北京市（4.70人）と最も少ない貴州省（0.81人）では，5.8倍もの差となる（医療経済研究機構 2011）。いずれの国も，都市部に医師が多く，非都市部に医師が少ない（厚生労働省 2011；医療経済研究機構 2011）。

　町村部やへき地等の地域の医師不足を解消するため，日本では2007年に緊急医師確保対策が講じられ，医師不足の医療機関に対する医師の臨時的派遣が行われた（厚生労働省 2007）。また，2009年度から2014年度まで，政府が各都道府県に地域医療再生基金を交付し，基金により大学医学部に設置された寄附講座等から，不足地域に医師が派遣されている（厚生労働省 2013）。北海道では，道内の都市部からへき地等へ医師を派遣する事業が2008年より実施されている（北海道病院協会 2013）。中国においても，2009年より国家主導の下，都市部の病院勤務医に対して累積12ヶ月間の農村医療への従事が命じられている（Jian et al. 2012）。北京市では，2008年より都市部の病院と農村部の病院が支援関係

を結び，都市部の病院勤務医は毎年最低1ヶ月間の農村部の病院勤務を行っている（Jian et al. 2012）。

　しかし，これらの医師派遣によって，地域の医師不足が十分に解消されたとは言えない。さらに，日本において，同様の医師派遣が地域医療再生基金の交付が終了する2014年度以降も実施できるのかは明らかではない。中国における農村医療支援事業についても，医師派遣元の都市部の病院に十分な財源がない限り，長期的に実施されない可能性が指摘されている（医療経済研究機構 2011）。日本，中国ともに都市部からの医師の臨時的派遣とは別に，医師の地域偏在を解消できる有効策を講じる必要がある。

　医師不足の地域や医療機関への医師の就業を促すためには，医師が就業先を選択する際，どのような勤務条件を特に重視するのかを把握することが重要である。地方自治体や医療機関は，この情報を基に医師の就業促進に効果的な勤務条件を整えることができる。日本では，医師の就業行動を分析することにより，勤務条件に対する病院勤務医と研修医の選好が捉えられ，医師確保策が検討されてきた（佐野・石橋 2009；佐野 2011）。

　一方，中国では，これまでに就業環境や勤務条件に対する医師の満足度が調査されている（Shi et al. 2013a；Shi et al. 2013b；Lim et al. 2004）。これらの調査では，給与，業務負担，専門的知識・技術の向上などの就業環境に対する医師の満足度が，「とても満足（5点）」，「満足（4点）」，「普通（3点）」といった5段階尺度で評価されている。しかし，「とても満足」や「満足」と回答した者の割合や評価の平均点が低い就業環境を改善することが，医師の就業促進にどの程度効果的であるのかはわからない。勤務条件に対する中国の医師の選好を定量的に把握した研究は，筆者の知る限り行われていない[1]。

　本章では，医療機関の勤務条件に対する日本の医師の選好を定量的に把握し，へき地等医師不足地域における医師確保の有効策を検討した結果を報告する[2]。本章で示す医師確保策の導出方法は，中国における医師の地域偏在の解消に有用であると考えられる。

2 分析方法
―コンジョイント分析―

　勤務条件に対する医師の選好は，コンジョイント分析により把握した。コンジョイント分析とは，アンケート調査を用いて財・サービスやその属性に対する個人の効用を表明させる技法である。[3]具体的には，勤務条件の異なる仮想的な医療機関を複数作成し，アンケート調査により医師にどの医療機関に就業したいかを尋ねる。そして，医師の選択結果を統計モデルで分析することにより，各勤務条件の重要性を定量的に評価することができる。アンケート調査は，調査協力を応諾した26病院の勤務医2,436人と31病院の研修医1,227人に対して行った。調査の実施時期は，2007年11月16日から同年12月21日である。研修医とは，2004年より導入された新医師臨床研修制度に則り，医学部卒業後2年間の研修を受けている医師を指す。なお，病院勤務医には，院長，副院長，診療部長等の役職の医師は含まれない。質問の内容は，異なる属性（勤務条件）をもつ仮想的な2つの医療機関のうち，魅力的な医療機関を選択するものである。病院勤務医に対する調査票の一部を図5-1に示す。

　医療機関の属性は，医師の就労状況や就業意識に関する既存の調査・研究を参考にして選んだ。病院勤務医には，①1週あたり勤務時間（月曜〜土曜・宿直時間を除く），②診療について相談できる医師の存在，③1ヶ月あたり夜間宿直回数，④学会や研修会への出席，⑤医療機関の規模，⑥医療機関の立地場所，および⑦年間給与額，を質問した。研修医には，[4]②「診療について相談できる医師」を「診療について指導してくれる医師」に替えて尋ねた。医療機関の属性を7つに限定したのは，心理学の分野において，人間が同時に処理できる情報は7±2であるとの知見があるためである（肥田野編 1999）。また，各属性の水準（内容）についても，実際の医師の就労状況等に関する調査データに基づき決定した。医療機関の属性および各属性について設定した水準を表5-1に示す。

第Ⅰ部　供給側の改革

> あなたは医療機関Aと医療機関Bから常勤医として来て欲しいと誘いを受けました。
> あなたは医療機関Aと医療機関Bの関係者と面談し，勤務条件について話し合いました。
> あなたは勤務条件が異なる医療機関Aと医療機関Bのうち，どちらを勤務先に選ぶかを決めなければなりません。
> 回答にあたっての注意点を読んでから，以下の質問1～質問8にお答えください。
>
> 回答にあたっての注意点
> ・質問の中で示す以外の勤務条件は，医療機関Aと医療機関Bで全て同じであると仮定します。
> ・質問は全部で8問あります。全ての質問にお答えください。
> ・質問1，3，5，7の医療機関Aと質問2，4，6，8の医療機関Bは，同じ勤務条件です。
> ・質問の中で網掛けしている勤務条件は，医療機関Aと医療機関Bで内容が同じものであり，網掛けしていない勤務条件は内容が異なるものです。
> ・全ての質問について，正しい答え，間違った答えというものはありません。

質問1：あなたはどちらの医療機関を勤務先に選びますか？

勤務条件	医療機関A	医療機関B
・1週当たり勤務時間（月曜～土曜・宿直時間を除く）	60時間	40時間
・診療について相談できる医師の存在	相談できる医師がいる	相談できる医師がいる
・1ヶ月当たり夜間宿直回数	2回	0回
・学会や研修会への出席	可能だが休暇扱い	不可（欠勤扱い）
・医療機関の規模	200床以下の中小病院	200床以下の中小病院
・立地場所	中小都市（人口3～30万人程度）	中小都市（人口3～30万人程度）
・年間給与額	今の職場と変わらない	今の職場より450万円減る
	医療機関Aがよい □	医療機関Bがよい □

どちらかの箱に○をつけてください

図5-1　病院勤務医に対するアンケートの調査票例

出所：筆者作成。

　これら7つの属性を組み合わせると，1,458（＝$3^6 \times 2$）通りもの仮想的な医療機関が構築される。そこで，直交配列法を用いて18の医療機関を選定し，そのうちの1医療機関と他の17医療機関とを比較する二者択一形式の質問を作成した。さらに，17問という質問数の多さから回答率が下がるのを回避するため，病院勤務医に対する質問はランダムに8問と9問の2グループに分割，研修医に対する質問は5問，6問，6問の3グループに分割し，医師にはいずれかの調査票に回答してもらった。

表 5 - 1 コンジョイント分析で用いた医療機関の属性と水準

属性（勤務条件）	水準（内容）
①1週あたり勤務時間 （月曜～土曜・宿直時間を除く）	40時間／60時間／80時間
②診療について相談できる（指導してくれる） 医師の存在	勤務医：相談できる医師がいる 　　　／相談できる医師がいない 研修医：指導してくれる医師がいる 　　　／指導してくれる医師がいない
③1ヶ月あたり夜間宿直回数	0回／2回／4回
④学会や研修会への出席	不可（欠勤扱い） ／可能だが休暇扱い ／出張扱いで可能
⑤医療機関の規模	500床以上の大病院 ／200床以下の中小病院 ／診療所
⑥立地場所	大都市（人口50万人以上） ／中小都市（人口3〜30万人程度） ／へき地（山間地・離島・過疎地など）
⑦年間給与額	勤務医：今の職場より450万円減る 　　　／今の職場と変わらない 　　　／今の職場より450万円増える 研修医：600万円／1,000万円／2,000万円

出所：筆者作成。

　アンケートで得られたデータを統計モデルにより解析し，就業先となる医療機関の属性に対する医師の選好を推定した。医療機関 i と j のどちらかを選ぶ医師の行動は，次式のように表される。

$$U_n^* = \alpha + \beta'(x_i - x_j) + \mu_n + (\varepsilon_{ni} - \varepsilon_{nj})$$

$$y_n = \begin{cases} 1 & \text{if} \quad U_n^* > 0 \\ 0 & \text{otherwise} \end{cases}$$

ここで，U_n^* は回答者 n が医療機関 i から得られる効用と医療機関 j から得られる効用の差，α はパラメータ，x は医療機関の属性ベクトル，β はパラメータベクトル，ε_{ni} および ε_{nj} は誤差項である。μ_n は回答者 n の個別効果であり，観察が不可能な個人固有の属性が就業先の選択行動に与える影響を制御するためのものである。[6] y_n は，当該医療機関が回答者 n に選ばれるならば1，選ばれな

ければ0となる二値変数である。当該式の推定方法には，ランダム効果プロビットモデルを用いた。

一般的に，労働者は報酬が増すことから効用を得て，業務の負担が増すことから負効用を得ると考えると，年間給与額の係数値や限界効果（属性の1単位増加に対する選択確率の変化分）の符号は正，1週間あたり勤務時間および1ヶ月あたり夜間宿直回数の符号は負となることが予想される。また，現在の医師の地域偏在を踏まえると，医療機関の立地場所がへき地となることは，係数値や限界効果の符号を負にすると予想される。

医師がどの勤務条件を特に重視するかは，各勤務条件の変化に対する限界効果や金銭的価値により評価できる。給与以外の勤務条件の金銭的価値は，年間給与額の推定値β_Pとその他の非金銭的属性の推定値β_Oとの限界代替率（β_O/β_P）により求められる。β_O/β_Pは，各勤務条件に対する医師の限界支払意思額（あるいは限界受入補償額）と解釈される（Small and Rosen 1981；Propper 1995）。

なお，医師の個人属性の違いにより，勤務条件に対する選好が異なることが予想される。たとえば，高齢の医師は，若い医師よりも勤務時間や夜間宿直が多いことを敬遠するかもしれない。また，診療について相談できる医師の存在は，高齢の医師よりも若い医師に重視されるだろう。このような個人属性の違いが就業先の選択に与える影響をみるため，佐野・石橋（2009）では上記の式の説明変数に勤務条件と個人属性の交差項を加えた分析を行い，佐野（2011）では推定方法にランダムパラメータロジットモデルを用いた分析を行っている。その結果については，各論文を参照されたい。

3 推定結果
―勤務条件に対する病院勤務医と研修医の選好―

調査対象者（病院勤務医2,436人，研修医1,227人）のうち，病院勤務医は731人，研修医は357人から有効回答が得られた（有効回答率は30.0％と29.1％）。有効回答者の個人属性を**表5-2**に示す。病院勤務医の平均年齢は38.3歳であり，40

第5章 勤務条件に対する日本の医師の選好

表5-2 分析対象となる病院勤務医と研修医の特徴

	病院勤務医	研修医
対象者数	731人	357人
特徴（個人属性） 年齢	平均：38.3歳（標準偏差：±8.2） 　うち40歳代：242人（33.1%） 　　50歳以上：72人（9.8%）	平均：26.7歳（標準偏差：±2.5） 　うち30歳以上：54人（15.1%）
性別	男性：572人（78.2%） 女性：159人（21.8%）	男性：218人（61.1%） 女性：139人（38.9%）
配偶者の有無	いる　：535人（73.2%） いない：196人（26.8%）	いる　：53人（14.9%） いない：304人（85.1%）
勤務地（研修地）	都市部　　：708人（96.8%） 群・町村部：23人（3.2%）	都市部　　：340人（95.2%） 群・町村部：13人（3.6%）
医療機関の規模	500床以上の病院：610人（83.5%） 500床未満の病院：121人（16.5%）	500床以上の病院：288人（80.7%） 500床未満の病院：65人（18.2%）
大学医局への所属	所属している　：557人（76.2%） 所属していない：174人（23.8%）	所属したい　　：190人（53.2%） 所属したくない：39人（10.9%） まだ決めていない：126人（35.3%）
専門とする診療科 （専門としたい診療科）	内科　　135人（18.5%） 呼吸科　26人（3.6%） 消化器科　52人（7.1%） 循環器科　48人（6.6%） 小児科　73人（10.0%） 精神科　17人（2.3%） 外科　　82人（11.2%） 整形外科　44人（6.0%） 産婦人科　52人（7.1%） 眼科　　16人（2.2%） 皮膚科　14人（1.9%） 泌尿器科　27人（3.7%） 放射線科　21人（2.9%） 麻酔科　41人（5.6%） その他　161人（22.0%）	内科　　90人（25.2%） 呼吸科　14人（3.9%） 消化器科　22人（6.2%） 循環器科　20人（5.6%） 小児科　43人（12.0%） 精神科　15人（4.2%） 外科　　40人（11.2%） 整形外科　30人（8.4%） 産婦人科　19人（5.3%） 眼科　　13人（3.6%） 皮膚科　21人（5.9%） 泌尿器科　8人（2.2%） 放射線科　16人（4.5%） 麻酔科　36人（10.1%） その他　54人（15.1%） まだ決めていない　29人（8.1%）

注：1．「勤務地」は，研修医については「研修地」を表し，「専門とする診療科」は，研修医では「専門としたい診療科」を表す。いずれも複数回答あり。
　　2．各個人属性の未回答者数は示していない。
出所：筆者作成。

第Ⅰ部　供給側の改革

表 5 - 3　推定結果――勤務条件に対する病院勤務医と研修医の選好

説明変数	病院勤務医				研修医			
	係数値	(標準誤差)		限界効果	限界代替率 (β_0/β_p)	係数値	(標準誤差)		限界効果	限界代替率 (β_0/β_p)
1週あたり勤務時間	-0.0263	(0.0020)	***	-0.00612	-16.3	-0.0149	(0.0022)	***	-0.00530	-21.2
診療について相談できる（指導してくれる）医師がいない[d]	-0.7604	(0.0864)	***	-0.15725	-472.7	-1.5327	(0.1019)	***	-0.45325	-2179.0
1ヶ月あたり夜間宿直回数	-0.1515	(0.0172)	***	-0.03526	-94.2	-0.0688	(0.0231)	***	-0.02446	-97.8
学会や研修会への出席が，可能だが休暇扱いから不可（欠勤扱い）に変わる[d]	-0.5169	(0.0808)	***	-0.11089	-321.3	0.0857	(0.1305)		0.03063	121.8
学会や研修会への出席が，可能だが休暇扱いから出張扱いで可能に変わる[d]	0.3323	(0.0576)	***	0.08101	206.6	0.2048	(0.1059)	*	0.07375	291.2
中小病院から診療所へ変わる[d]	-0.3667	(0.0756)	***	-0.08267	-228.0	-0.1965	(0.1097)	*	-0.06916	-279.4
中小病院から大病院へ変わる[d]	0.0433	(0.0663)		0.01021	26.9	-0.0205	(0.1164)		-0.00726	-29.1
中小都市からへき地へ変わる[d]	-0.8428	(0.0649)	***	-0.17283	-523.9	-0.9177	(0.1074)	***	-0.29638	-1304.6
中小都市から大都市へ変わる[d]	0.0945	(0.0564)	*	0.02231	58.7	0.1726	(0.0856)	**	0.06203	245.4
年間給与額	0.0016	(0.0001)	***	0.00037	―	0.0007	(0.0001)	***	0.00025	―
定数項	-0.3176	(0.0772)	***	―	―	-0.1434	(0.1602)		―	―
標本数			6157					2024		
医師数			731					357		
尤度比検定			146.0	***				35.7	***	
疑似決定係数			0.2115					0.2659		

注：1．***は1％水準，**は5％水準，*は10％水準で有意であることを表す。
　　2．d）の説明変数はダミー変数である。
　　3．「診療について相談できる医師がいない」は，研修医に対しては「診療について指導してくれる医師がいない」となる。
出所：筆者作成。

歳未満が全体の57.1％，40歳代が33.1％，50歳以上が9.8％であった。男性が全体の78.2％を占め，配偶者がいる割合は73.2％であった。また，96.8％が都市部に勤務し，83.5％が500床以上の病院に勤務していた。回答者の23.8％は大学医局に所属していなかった。研修医の平均年齢は26.7歳で，男性が61.1％，配偶者のいる割合は14.9％であった。研修医の95.2％が都市部に勤務し，80.7％が500床以上の病院で研修を受けていた。次に示す推定結果は，このような個人属性をもった病院勤務医と研修医の平均的な選好であることに留意されたい。

勤務条件に対する病院勤務医と研修医の選好の推定結果は，表 5 - 3 の通りである。病院勤務医は，就業先の規模が中小病院から大病院へと変わることを除き，各勤務条件の係数値はすべて統計的に有意であった。学会や研修会への出席が休暇扱いから出張扱いで可能になること，立地場所が中小都市から大都

市へ変わること，年間給与額が増えることの符号は正であり，医師が就業先を選択する際に魅力的な要因となっていた。給与増額の符号が正となったことは，予想と整合的である。一方，1週あたり勤務時間が増えること，診療について相談できる医師がいないこと，1ヶ月あたり夜間宿直回数が増えること，学会や研修会への出席が不可（欠勤扱い）になること，中小病院から診療所へ変わること，立地場所が中小都市からへき地へ変わることは，符号が負であった。すなわち，これらの勤務条件は，医師が就業先を選ぶ際に敬遠される要因であったことがわかる。1週あたり勤務時間と1ヶ月あたり夜間宿直回数，そしてへき地勤務の符号が負となったことも，予想と整合的である。

　勤務条件に対する病院勤務医の限界効果（の絶対値）は，立地場所が中小都市からへき地になること，診療について相談できる医師がいないことが大きかった。勤務地がへき地の場合，中小都市と比べて医師が就業先に選ぶ確率が17.3%下がる。また，医療機関に相談できる医師がいないことによって，勤務医が就業する確率が15.7%下がる。一方，年収が（アンケートで設定した通り）いまの職場より450万円増えた場合，病院勤務医が就業先に選ぶ確率は16.8%上がる。

　研修医は，学会や研修会への出席が休暇扱いから欠勤扱いに変わることと，就業先の規模が中小病院から大病院へと変わることを除き，各勤務条件の係数値は統計的に有意であった。有意であった勤務条件の符号は病院勤務医と変わらず，予想と整合的である。限界効果（の絶対値）は，診療について指導してくれる医師がいないことが特に大きかった。医療機関に指導医がいないことによって，研修医が研修修了後の就業先に選ぶ確率が45.3%も下がる。また，就業先が中小都市からへき地になることも，研修医の選択確率を大きく下げた(29.6%)。

　年間給与額と他の勤務条件の限界代替率から，各勤務条件に対する病院勤務医と研修医の支払意思額を算出したのが表5－4である。1週あたり勤務時間，1ヶ月あたり夜間宿直回数については，アンケートで設定した変化幅（20時間，2回）で評価した。病院勤務医の支払意思額が最も高いのは，医療機関

表5-4 勤務条件に対する病院勤務医と研修医の金銭的評価

属性(勤務条件)の変化	支払意思額(万円)	
	病院勤務医	研修医
1週あたり勤務時間が20時間減少	327.0	423.7
診療について相談できる(指導してくれる)医師がいる	472.7	2179.0
1ヶ月あたり夜間宿直回数が2回減少	188.4	195.6
学会や研修会への出席が,不可(欠勤扱い)から可能だが休暇扱いに変わる	321.3	—
学会や研修会への出席が,可能だが休暇扱いから出張扱いで可能に変わる	206.6	291.2
診療所から病院へ変わる	228.0	279.4
へき地から中小都市へ変わる	523.9	1304.6
中小都市から大都市へ変わる	58.7	245.4

注:1.推定結果が有意であった勤務条件のみ示している。
　　2.「診療について相談できる医師がいる」は,研修医に対しては「診療について指導してくれる医師がいる」となる。
出所:筆者作成。

の立地場所がへき地から中小都市へ変わることであり,524万円となった。これは,就業先がへき地から中小都市へ変わるのであれば,医師は524万円を支払っても構わないこと,すなわち年収が524万円減っても,へき地より都市部で働きたいと考えていることを意味する。また,診療について相談できる医師がいることにも勤務医は高い金銭的価値を置いており,支払意思額は473万円となった。病院勤務医にとって,これらの勤務条件が1週あたり勤務時間や1ヶ月あたり夜間宿直回数といった労働負担が減ることよりも重視されたことがわかった。

　研修医の支払意思額が最も高いのは,診療について指導してくれる医師がいることであり,2,179万円となった。これは,研修医が,たとえ年収が2,179万円減ったとしても研修修了後に診療について指導してくれる医師がいる医療機関で働きたいと考えていることを意味する。この金額は,診療について相談できる医師の存在に対する勤務医の支払意思額の4.6倍にもなる。次に,就業先がへき地から中小都市へ変わることの支払意思額が1,305万円と高く,他の勤

務条件より優先されることがわかった。

4 考察
―医師の地域偏在の解消策―

日本では,へき地の医療機関の方が都市部の医療機関よりも医師の給与が高い。公立病院の勤務医の平均給与は,政令指定都市の1,528万円に対し,へき地では1,996万円であった(全国自治体病院協議会 1999)。また,へき地の医療機関の求人情報を確認すると,年収3,000万円台で常勤医師を募集している医療機関もみられる(北海道地域医療振興財団 2013)。すなわち,へき地等の地域の医療機関は高収入であるにも関わらず,医師が不足している現状がある。本章では,コンジョイント分析により,日本の病院勤務医と研修医が就業先の選択の際,どのような勤務条件を重視するのかを定量的に把握した。その結果,給与以外の非金銭的な勤務条件が,日本の医師の就業先の選択に大きな影響を与えていることを示した。

病院勤務医が就業先の選択の際に最も重視したのは,勤務地がへき地でないことであった。医療機関の立地場所がへき地から中小都市へ変わる場合の支払意思額は524万円であり,病院勤務医がへき地勤務を強く敬遠することがわかる。さらに,立地場所が中小都市から大都市へ変わることの支払意思額と合わせると,へき地から大都市に変わる場合の勤務医の支払意思額は,583万円(=524+59)にもなる。研修医に至っては,へき地から中小都市へ変わることに対する支払意思額は1,305万円となり,勤務医の2倍以上であった。研修医の支払意思額が病院勤務医より高額になったことには,研修医が研修終了後の就業先としてへき地を強く敬遠することに加え,研修医は給与増に対する選好が勤務医ほど強くはなく,限界代替率の分母である年間給与額の係数値が勤務医より小さいことも影響している。

地域の医師不足解消のため,日本では2010年より大学医学部定員における地域枠入学者の増員が行われている。地域枠とは,主に地元出身者に限定した入

学者選抜枠のことであり，地域枠入学者の方がそうでない者より，卒業後の同県内で就業する割合が高い（文部科学省 2012）。医師は出身地で就業する傾向があることは多くの国で示されており（Laven and Wilkinson 2003），中国においても農村等の非都市部では地域枠入学が行われている（Wang 2002）。ただし，日本では医師が医学部に入学してから臨床研修を終えるまで最低8年を要するため，この施策は即効性のあるものではない。医師の地域偏在に早急に対応するためには，医師が立地条件以外にも特に重視する勤務条件を改善し，医師に対してへき地等医師不足地域への就業を促すインセンティブを与える必要がある。

就業先がへき地でないこと以外で医師に特に重視されていたのは，診療について相談できる・指導してくれる医師の存在であった。病院勤務医に関しては，勤務時間の長さや夜間宿直の多さといった過重な労働負担が，医師不足の一因として問題視されている（厚生労働省 2006a）。しかし，就業先に診療について相談できる医師がいることに対する勤務医の支払意思額は473万円であり，相談できる医師の存在は労働負担の軽減よりも勤務医の就業を促す可能性が高い。さらに，研修医にとって，指導してくれる医師がいることの重要性は更に大きい。指導してくれる医師がいない時の限界効果は－45.3％であり，研修医の就業先の選択を大きく左右していた。また，当該条件の支払意思額は2,179万円であり，立地場所がへき地から中小都市へ変わることより874万円も高い。同様の勤務条件に対する病院勤務医の支払意思額（473万円）と比べて1,700万円も高く，研修医は研修修了後も指導してくれる医師の存在を強く求めていることがわかる。これは，2年間の臨床研修修了後にさらに3年程度の後期研修を受け，専門技術の習得と専門医資格の取得を目指す研修医が多いためであると推察される（厚生労働省 2006b）。

したがって，医療機関が医師を確保するためには，診療について相談・指導できる体制を整備することが重要であると考えられる。しかし，へき地等の医師不足地域の医療機関では，医師を1人確保するのも困難であり，診療を支援できる医師と2人の医師を同時に確保することは，さらに困難であろう。そこで，個々の医療機関ではなく，地域全体で住民に必要とされる医療を提供する

という観点に立ち，医療圏内の医療機関を再編し，地域の拠点病院等に医師を集約させることが，医師確保策として有効であると考えられる。これにより，診療について相談・指導できる医師がいないという状況を解消し，当該地域に対する医師の就業意欲を高めることが期待できる。指導できる医師がいれば，研修医が求める後期研修プログラムの実施も検討することができる。また，個々の医療機関において医師を確保する場合，高度かつ専門的な診療の際に活用できる遠隔医療システムの導入も，医師確保に繋がる可能性がある。遠隔医療による専門医の支援はへき地等の医師の診療支援に有効であり，当該地域の医師にとって診療について相談できる医師がいることを代替する効果が期待される（Richards et al. 2005；Zanaboni et al. 2009；NTTデータ経営研究所 2008）。ただし，指導医の直接対面による指導を重視する研修医には，その効果は限定的であると予想される。

　また，病院勤務医にとって，学会や研修会への出席機会の保障の重要性も無視できない。学会や研修会への出席が欠勤扱いから出張扱いとなる場合の支払意思額は528万円（＝321.3＋206.6）であり，就業先がへき地から中小都市に変わることと同程度になる。英国においても，一部の一般医（General Practitioner）は専門的な知識や技術を向上させる機会を保障してくれる診療所で働くことを重視していた（Scott 2001；Wordsworth et al. 2004）。日本では，へき地の医療機関は，業務が多忙でありかつ代わりに診察する医師がいないため休暇を取ることが困難であることが指摘されており，医師が学会や研修会に容易に参加することができない状況が予想される（自治医科大学地域医療白書編集委員会 2007）。したがって，へき地等地域の医療機関が医師を確保するためには，医師が学会や研修会に出席する際に代診医を派遣する体制を，地域の医療機関が連携して整備することが有効であると考えられる。

　以上，勤務条件に対する病院勤務医と研修医の選好から，地域における医療機関の再編，高度かつ専門的な診療の際に活用できる遠隔医療システムの導入，学会・研修会出席の際の代診医派遣といった対策が，日本における医師の地域偏在の解消に有効であると考えられる。国，市町村，医療機関が連携してこれ

らの対策を実施し，地域医療を担う医師の支援体制を整備することが重要である。

　ただし，日本における医師の地域偏在の解消策が，中国の現状にも適用可能であるのか，また適用されるべきかは明らかではない。中国では，日本とは逆に都市部より農村部の方が，勤務医の給与が低い。2011年の調査によると，医師の平均給与は都市部で2,092.50元（3.4万円），農村部で1,247.13元（2.0万円）であり，約1.7倍の差がある（Shi et al. 2013a ; Shi et al. 2013b）[8]。これは，中国の医師は職階（正高級から初級まで）により給与水準が異なり，農村部の医療機関は職階の低い医師が多いこと，また医療機関の規模（三級甲等から一級丙等まで）が小さい方が，医師の給与水準が低くなるためである（草野・畢力格図・中川 2006）。中国の医師は，勤務条件の中でも給与水準に関する満足度が最も低いが，都市部より非都市部や農村部の医師の方が満足度が低い（Lim et al 2004 ; Shi et al. 2013b）。農村部の医療機関の給与の低さは，都市部の（省・地区級）病院の医師給与は政府から全額支払われるが，農村部の医療機関の医師給与には政府からの支給がない（もしくは低額である）といった制度上の問題に依ることが指摘されている（草野・畢力格図・中川 2006）。中国における医師の地域偏在を解消するためには，給与水準など中国の実情を表す様々な勤務条件に対する医師の選好を，定量的に把握する必要がある。コンジョイント分析等で給与水準が他の勤務条件よりもどの程度重視されるのか，給与の増額で医師の就業がどの程度促されるのかが明らかとなれば，農村部の勤務医に対する政府の給与支給（補助）などの給与引き上げ策の必要性を示すことができる。

　また，中国の農村医療は，医師の診療の質に関しても都市部と格差があることが問題となっている。農村部の医療機関（郷鎮衛生院や村衛生室）の勤務医は大学や短大を卒業していない者が多く，高度な診療技術を有していないことが多い（Shi et al. 2013b；草野・畢力格図・中川 2006；劉・李 2010）[9]。医師の専門的知識・診療技術の向上のためには，学会や研修会への参加や，指導医や遠隔医療による診療支援が必要であろう。Jian et al.（2012）によると，北京市は2008年より，農村部の病院への医師派遣に加え，農村部の病院スタッフへの研修や，

重病患者に関する診療相談を実施している。したがって，勤務条件に対する中国の医師の選好を把握する際には，学会や研修会への出席機会，指導医や遠隔医療による診療支援に関する勤務条件を加えるべきであろう。これにより，農村部における専門的知識・技術の向上に繋がる環境の整備が，医師の就業意欲をどの程度高めることができ，医師の地域偏在の解消策として有効であるのかが明らかとなる。

なお，本章の分析には幾つかの課題が残されている。第1に，分析対象者に都市部の大病院の勤務医や研修医が多いというサンプルの偏りがある。第2に，選択質問に「どれも選ばない（現状のままである）」等の選択肢を加えることにより，質問内容をより実際の就業先の選択行動に近づける余地が残されている。第3に，本章で採用した勤務条件以外にも病院勤務医や研修医が重視する条件が存在するかもしれず，また各勤務条件の内容についても，より妥当な水準があったかもしれない。これらの課題に対応し，勤務条件に対する日本の医師の選好および有効な医師確保策について，さらに研究を進める必要がある。

注

(1) 2013年7月に開催された International Health Economics Association の世界大会では，勤務条件に対する中国の医学生の選好について本章と同様の手法により分析中であることが，Li et al.（2013）により報告された。その結果の公表が待たれる。

(2) 本章の推定結果は，佐野・石橋（2009）および佐野（2011）の推定方法や結果を一部変更し，まとめたものである。

(3) コンジョイント分析に関する解説については，Hensher, Rose and Greene（2005），栗山・庄子編（2005），肥田野編（1999）などが詳しい。

(4) これら7つの属性（勤務条件）とその水準（内容）を採用した理由の詳細については，佐野・石橋（2009）および佐野（2011）を参照されたい。

(5) アンケート調査票を作成するにあたり，7人の病院勤務医・研修医にプレテストを行い，質問内容が理解しやすいか，質問数が多くないか，回答が左右の選択肢のどちらかに偏らないか等を確認した。プレテストで得られた意見を受け，病院勤務医に対しては質問数を8問または9問，研修医に対しては質問数を5問または6問とした。すべての質問に共通する1医療機関は，質問ごとに左右交互に振り分けた。

(6) 医療機関 i と j の選択質問は，病院勤務医1人につき8問ないし9問，研修医

第Ⅰ部　供給側の改革

　　1人につき5問ないし6問で行われているため，データセットには同一個人の回答が複数存在する。
(7)　中国の医科大学（医学部）には5年制と7年制のコースがあり，非都市部の医科大学を卒業する学生の多くは5年制コースを選択する（Wang 2002）。よって，地域枠入学者の増員は，日本よりもやや早期に効果が現れるのかもしれない。
(8)　1元＝16.13円で換算した（2013年8月現在）。
(9)　農村の医療機関の勤務医は，中等専業学校卒業生や元「はだしの医者」が多い（草野・畢力格図・中川 2006；Shi et al. 2013b）。中等専業学校とは，中学校卒業生に対して専業教育を施す教育機関であり，「はだしの医者」とは，1970年代ごろまで地域住民から選出され，2～3ヶ月の研修を受けて診療や衛生関係の業務にあたっていた者を指す（草野・畢力格図・中川 2006）。

参考文献

日本語文献

医療経済研究機構（2011）「中国医療関連データ集2011年版」『医療経済研究機構自主研究報告書』。

NTTデータ経営研究所（2008）「遠隔医療に関するアンケート調査集計結果」（http://www.soumu.go.jp/main_sosiki/joho_tsusin/policyreports/chousa/telemedicine/pdf/080521_2_si7_2.pdf）。

大野栄治編（2000）『環境経済評価の実務』勁草書房。

草野栄一・畢力格図・中川光弘（2006）「医療スタッフ供給面からみた中国の農村医療問題－内蒙古自治区の医師養成とその配属を中心として」『開発学研究』17（2）：39-45。

栗山浩一・庄子康編（2005）『環境と観光の経済評価――国立公園の維持と管理』勁草書房。

厚生労働省（2006a）「医師の受給に関する検討会報告書」（http://www.mhlw.go.jp/shingi/2006/07/s0728-9.html）。

厚生労働省（2006b）「平成17年度『臨床研修に関する調査』最終報告」（http://www.mhlw.go.jp/topics/bukyoku/isei/rinsyo/chosa-saisyu/index.html）。

厚生労働省（2007）「緊急医師確保対策について」（http://www.mhlw.go.jp/seisakunitsuite/bunya/kenkou_iryou/iryou/kinkyu/index.html）。

厚生労働省（2011）「平成22年（2010年）医師・歯科医師・薬剤師調査」（http://www.e-stat.go.jp/SG1/estat/List.do?lid=000001084609）。

厚生労働省（2013）「地域医療再生基金」（http://www.mhlw.go.jp/seisakunitsuite/

bunya/kenkou_iryou/iryou/saiseikikin/index.html)。
佐野洋史（2011）「研修医の就業場所の選択要因に関する分析」『医療経済研究』22（2）：161-178。
佐野洋史・石橋洋次郎（2009）「医師の就業場所の選択要因に関する研究」『季刊・社会保障研究』45（2）：170-182。
自治医科大学地域医療白書編集委員会（2007）『地域医療白書　第2号──これからの地域医療の流れ』自治医科大学。
全国自治体病院協議会（1999）「自治体病院における医師不足状況実態調査結果」。
肥田野登編（1999）『環境と行政の経済評価──CVM〈仮想市場法〉マニュアル』勁草書房。
北海道病院協会（2013）「緊急臨時的医師派遣事業」（http://www.h-ha.jp/htmlfiles/haken.html)。
北海道地域医療振興財団（2013）「ドクターバンク　医療機関登録一覧（常勤）」（http://www.iryozaidan.or.jp/pages/hofulltime.html?v=2)。
文部科学省（2012）「地域医療に関する調査」（http://www.mext.go.jp/component/a_menu/education/detail/__icsFiles/afieldfile/2013/07/11/1324090_6.pdf)。
劉民權・李瑜敏（2010）「中国農村の医療資源（人材）の現状，問題，対策の研究」『日中医学』24（5）：9-16.

英語文献

Hensher, D. A., Rose, J. M. and Greene, W. H. (2005) *Applied Choice Analysis : A Primer*, Cambridge University Press.
Jian, W. et al. (2012) "A case study of the counterpart technical support policy to improve rural health services in Beijing," *BMC Health Services Research*, Vol. 12, No. 482：1-9.
Laven, G. and Wilkinson, D. (2003) "Rural doctors and rural background : How strong is the evidence? A systematic review," *Australian Journal of Rural Health*, Vol. 11, No. 6：277-284.
Li, Q. et al. (2013) "How to attract medical students to rural areas in western China? Using discrete choice experiment for evidence informed policy making," 9 th World Congress : International Health Economics Association.
Lim, M. K. et al. (2004) "China's evolving health care market : how doctors feel and what they think," *Health Policy*, Vol. 69, No. 3：329-337.
Propper, C. (1995) "The disutility of the spent on the United Kingdom's national health

survey waiting lists," *The Journal of Human Resources*, Vol. 30, No. 4 : 677–700.
Richards, H. et al. (2005) "Remote working : survey of attitudes to eHealth of doctors and nurses in rural general practices in the United Kingdom," *Family Practice*, Vol. 22 : 2–7.
Scott, A. (2001) "Eliciting GPs' preferences for pecuniary and non-pecuniary job characteristics," *Journal of Health Economics*, Vol. 20 : 329–347.
Shi, L. et al. (2013a) "Chinese primary care physicians and work attitudes," *International Journal of Health Services*, Vol. 43, No. 1 : 167–181.
Shi, L. et al. (2013b) "Factors associated with job satisfaction by Chinese primary care providers," *Primary Health Care Research & Development*, Vol. 6 : 1–12.
Small, K. A. and Rosen, H. S. (1981) "Applied welfare economics with discrete choice models," *Econometrica*, Vol. 49, No. 1 : 105–130.
Wang, L. (2002) "A comparison of metropolitan and rural medical schools in China : which schools provide rural physicians ?" *Australian Journal of Rural Health*, Vol. 10, No. 2 : 94–98.
Wordsworth, S. et al. (2004) "Preferences for general practice jobs : a survey of principals and sessional GPs," *British Journal of General Practice*, Vol. 54 : 740–746.
Zanaboni, P. et al. (2009) "Teleconsultation service to improve healthcare in rural areas : acceptance, organizational impact and appropriateness," *BMC Health Service Research*, Vol. 9, No. 238 : 1–9.

第Ⅱ部
医療保障制度の改革

第6章

大連市都市基本医療保険基金の持続可能な発展

叢　春霞・満　媛

1　はじめに

　2009年4月の新医療改革以後，中国の医療改革は大きな成果を挙げているが，「看病難，看病貴」と言われるように患者にとって医療への不安は依然大きい。医療改革は体制的，構造的，深層的な矛盾に直面しており，それは中国だけでなく，先進各国の医療改革が難航する理由も同じである。医療には明らかに「市場の失敗」が存在するが，政府の介入もその程度や介入の方式，そして介入効果は必ずしも同じではない。

　本章は，大連市都市住民基本医療保険基金の持続可能な発展に影響する諸要因に対し，理論的な分析を行うとともにこれに基づき，実証分析を試みる。そして，同基金の持続可能な発展に向け最適な方策を提案する。

2　大連市都市基本医療保険基金の収支概要

制度の変遷

　1996年5月5日に国務院弁公庁は4つの中央省庁による「労働者医療保障制度改革の拡大試行に関する意見の通知」（以下，「通知」）を発出し，その中で大連市は都市部労働者基本医療保険の試行都市の1つに指定された。1998年末まで大連市は2,097の事業所，合計33万人が新しい医療保険に加入し，「通知」に

基づいた医療保険制度の形を整えてきた。それは，雇用主と被用者がともに保険料を負担し，社会基金と個人医療口座を結合した医療保険制度である。

　1998年12月に国務院は「都市労働者基本医療制度の構築に関する決定」(以下，「決定」)を発出し，大連市は2000年4月に「大連市都市労働者基本医療保険方法」(以下，「方法」)を制定し，大連市基本医療保険制度を正式に実施した。同制度の保障対象者は大連市都市部のすべての在職および退職した労働者(中国語では「職工」)である。「方法」では，大連市都市労働者基本医療保険制度は，①2段階プール(「両級統籌」)，②属地管理(地域ごとの管理)の実施，③市内4つの区と高新園区の事業所は前月の従業員賃金総額の8％，労働者個人は前月の賃金の2％を医療保険料として拠出，④退職労働者の保険料負担はなし，を決定した。また，「決定」では医療保険の給付の下限と上限を設定した。その後，大連市の経済水準の向上にともない，2011年には「方法」の中の一部の規定が大きく改善された。大連市都市労働者基本医療保険制度は当初の2段階プール，属地管理から市レベルのプールとなった。また，社会基金の給付上限は当初の3.8万元から25万元に引き上げられ，社会基金給付対象の外来重大疾病，慢性病の種類も30種類に増えた。さらに，2011年7月1日から，旅順，金州，瓦房店，普蘭店など郊外区の労働者も市内の労働者の医療保険待遇を受けられるようになり，全市の労働者の医療保険待遇は大きく改善された。

　2007年8月には「大連市都市住民基本医療保険実施方法に関する通知」が公布され，正式労働者以外の都市部住民も基本医療保険制度の対象となった。具体的には，「中山区，西岡区，沙河口区，甘井子区の非農村戸籍かつ都市労働者基本医療保険の適用範囲以外」の高齢者，未成年者，大学生，最低生活保障受給者などがこれに含まれる。これにより，大連市の都市基本医療保険制度は真の「皆保険」を達成したことになる。現在，大連市都市住民基本医療保険の保険料と給付の基準は表6－1の通りである。

収支の概況

　基本医療保険基金は「収支均衡，若干余剰」の原則で運用されており，15％

第6章　大連市都市基本医療保険基金の持続可能な発展

表6-1　大連市都市住民基本医療保険の保険料と給付基準

都市住民の分類	保険料基準	給付基準
高齢者，最低生活保障受給者，低所得者，身体障害者	前年度全市現役労働者の年平均賃金の25％	3級，2級，1級病院の順に55％，60％，65％
未成年者，大学生	年間160元／人（2011年以前は80元／人）	3級，2級，1級病院の順に60％，65％，70％
最低生活保障受給者		3級，2級，1級病院の順に60％，65％，70％。なお，労働能力のない人，収入源・法定扶養者・扶養家族がない人（「三無人員」）の社会基金給付割合は100％

注：基本医療保険の年間最高支給額は，高齢者，最低生活保障受給者，低所得者の場合は10万元，未成年者および大学生の場合は20万元である。
出所：「大連市都市住民基本医療保険実施方法に関する通知」2011年1月25日。

の余剰が求められる。この部分は主として予測外の支払リスク発生時に使用される。余剰過多は医療保険基金が合理的に利用されなかったことを，余剰過少はリスクへの対応力が弱いと見なされる。都市基本医療保険基金は大きく，都市労働者基本医療保険基金と都市住民基本医療保険基金の2つに分かれる。全体的にみて，大連市の都市基本医療保険基金の収入と支出および余剰は安定的とはいえない。

まず，都市労働者基本医療保険基金の収支状況を図6-1に示したが，増加率は年によって異なるものの収入，支出とも拡大傾向を示している。2010年12月末現在，大連市都市労働者基本医療保険の総収入は47億7,041万元（その内，社会基金：25億3,707万元，個人口座：22億3,334万元），総支出は48億8,673万元（その内，社会基金29億6,319万元，個人口座が19億2,354万元）である[3]。余剰額（両グラフの差）は2004年が過少，2008年は逆に過多となった。ただ，2010年になると基金は赤字に陥り，その額は4億2,612万元と過去最高額となった。

一方，大連市の都市住民基本医療保険は2007年7月から正式に実施されたため，まだ制度の年数が短く，収支の状況の資料も少ない。数少ない資料から抽出した2007年から2010年までの同基金の収支は図6-2の通りである。

2007年末の住民基本医療保険基金の余剰は2,733万元，2008年は2,002万元，2009年は－1,259万元，2010年は－6,691万元である。このように大連市の

第Ⅱ部　医療保障制度の改革

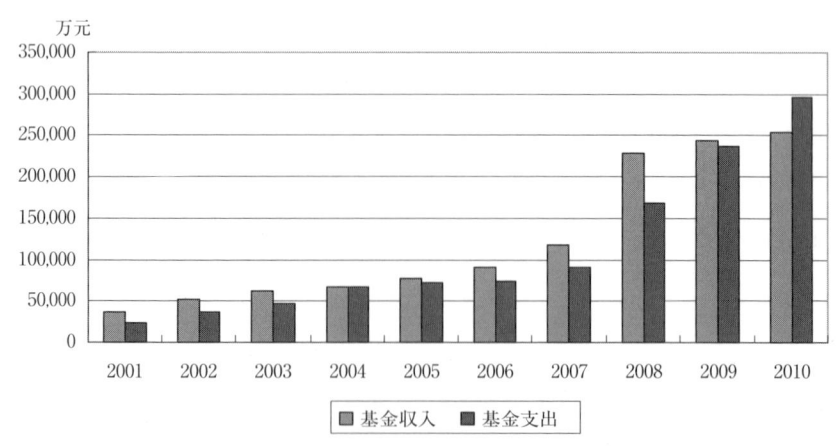

図6-1　大連市都市労働者基本医療保険基金の収支状況
出所：筆者が同基金の資料から作成。

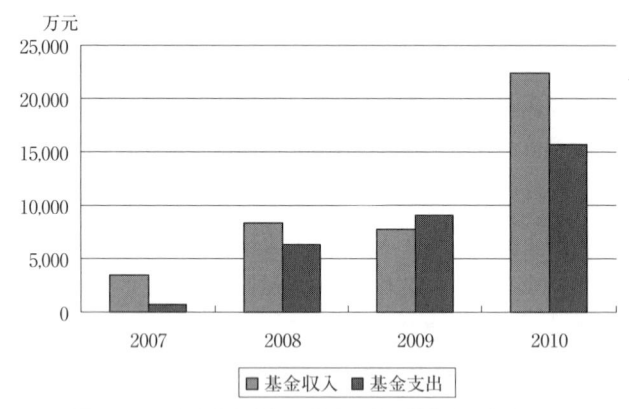

図6-2　大連市都市住民基本医療保険基金の収支状況
出所：筆者が同基金の資料から作成。

住民医療保険基金も不安定な状態であるが，全体的にみれば黒字基調で，基金が十分に活用されていない状況と言える。

収支不均衡の原因

　上述した通り，「収支均衡，若干余剰」の政府原則とずれ，大連市基本医療保険基金の運営は収支不均衡の状態であり，基金は安定的に利用がされている

第**6**章　大連市都市基本医療保険基金の持続可能な発展

とは言い難い。

　都市労働者の個人医療口座は被保険者個人のみが使用できるが，運営状況は相対的に良好で，かなりの余剰がある。問題は主に都市労働者および住民の社会基金にある。

　都市労働者は在職者と退職者の2グループに分かれる。そのなかの退職者は医療保険料を負担しないため，在職労働者は自分たちに加え退職者の医療保険費用も負担しなければならない。大連市でも高齢化が進みはじめ，退職者の比重は今後さらに増えていくのに加え，退職者は疾病の発症率が高いこともあり，医療保険費用は増え続けている。高齢化は都市労働者社会基金に大きな支出圧力をかけることになる。

　2010年の第6回国勢調査のデータによると，大連市は，0～14歳の年少人口比率は9.9％で，全国に15ある副省級都市の平均値より1.45ポイント，全国平均よりは6.7ポイント低い。15～64歳の生産年齢人口比率は79.4％である。高齢人口（65歳以上）比率は10.7％で，15都市平均より2.5ポイント高く，高齢化が進展している。2000年から2010年の10年間で60歳以上の高齢者数は31.3万人増え，その年平均増加率は3.6％に達し，2011年の大連市人口計画出産会議の専門家は，2015年には高齢者比率は20％に達すると予測した。大連市の高齢化ペースは速く，医療保険基金の健全性を脅やかす大きな圧力となっている。

　都市住民基本医療保険は2007年から実施され，まだ初期の発展段階であることから，政府補助の割合が総収入の中でも大きな割合を占めている。都市住民医療保険は都市の高齢者，未成年者，大学生および最低生活保障受給者を対象とするが，高齢者を除く他のグループは医療保険に対するニーズが相対的に少ないため，基金の支出が比較的少なく，黒字基調となっている。

3　大連市都市基本医療保険基金の収支への影響要因

基金収入の影響要因

　都市労働者基本医療保険基金における収入に影響を与える要因は主に加入者

数,保険料率,労働者の平均賃金水準,死亡率,在職者の割合,政府補助などである。一方,都市住民基本医療保険基金に関しては「大連市都市住民基本医療保険実施方法」に定める保険料の基準は,高齢者および最低生活保障受給者の場合は前年度の現役労働者の平均年間賃金の25%,未成年者および大学生は年額160元（2007～10年は年間80元）である。つまり,都市の労働者および住民の基本医療保険基金における収入はともに加入者および現役労働者の平均賃金の影響を受ける。したがって,この2つの要因と基金収入の関係を通じて,収入にもたらす影響を分析する。

加入者数

　加入者数は医療保険基金の収入にとって重要な要因である。大連市都市基本医療保険制度の目標は「皆保険」,すなわちすべての都市労働者および住民をカバーすることである。都市基本医療保険の加入者数は増加を続け,2010年には289万人となった。

　加入者数は医療保険の基金収入に対しプラスの相関をもつ。大数法則により,加入者数が多ければ多いほど疾病リスクを分散できるだけでなく,医療保険基金の収入増にもつながる。したがって,加入者数は都市労働者および住民基本医療保険収入の重要な要素である。大連市のここ10年間の都市基本医療保険基金のデータから,加入者数と基金収入との関係を観察することができる。図6－3はそのパラレルな関係を表しているが,図6－3に見るように,2007年から2008年に基金収入は大きく上昇したが,同期間の加入者数と平均賃金自体はそれほど急激な変化がなかった。ただ,大連市の資料によると,2007年の大連市の現役労働者の割合は退職も合わせた全労働者の69.9%であったが,2008年には75.1%となっており,増加幅が大きい。具体的には同期間の労働者数の増加は56万人となる。この期間中の基金収入の大幅な増加の主な原因は現役労働者の割合の上昇であると考えられる。

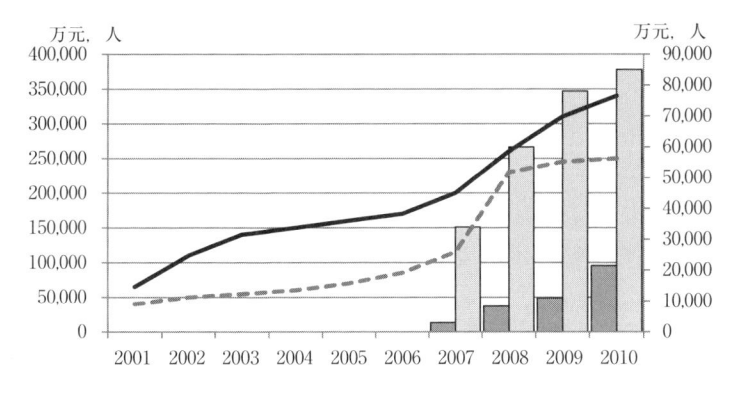

図6-3　都市労働者および都市住民基本医療保険の収入
出所：筆者作成。

現役労働者の平均賃金水準

都市労働者基本医療保険基金の徴収は労働者の賃金水準を基に計算される。大連市都市部の保険参加企業が拠出する企業負担保険料は従業員の賃金総額を基準とし，労働者個人負担保険料は前の月の賃金を基準に拠出する。したがって，労働者の平均賃金水準は医療保険基金の収入に直接影響する重要指標であり，賃金水準の上昇にともない基金の収入も増加する。

一方，大連市都市住民基本医療保険では，高齢者と最低生活保障受給者の場合は前年度の現役労働者の平均賃金の25％を基準に保険料を拠出し，政府が一定の補助を行う。そのため，同住民保険の基金も労働者の賃金水準と正の相関関係が存在する。

保険料率

中央政府は，基本医療保険の保険料率を，雇用主は賃金総額の8％，個人は前月の賃金の2％と定めており，大連市も同じ基準を適用している。ただ，各地の経済社会発展水準に違いがあり，保障水準は経済発展水準に相応するために，各地の保険料率は若干異なる。保険料率は政策的に操作可能な要因で，適

切かつ長期的に実行可能な保険料率を設定することにより基本医療保険基金の安定を維持することができる。

死亡率

加入者が死亡した時点で，医療保険の義務と権利はともに消滅する。死亡する人のなかには医療保険の給付を受ける高齢者もいれば，保険料を拠出している都市住民や労働者もいる。また，死亡原因も疾病以外に交通事故や犯罪事件など様々な突発的な要因もある。これらの死亡は医療保険基金の支出には影響がないが，保険料拠出の減少により基金の収入（支出にも）に影響する。したがって，ここでは都市被保険者の死亡率を医療保険基金の収入の影響要因と見なす。

現役労働者の割合

基本医療保険制度では退職者は保険料の拠出義務がないため，都市部労働者基本医療保険基金の主な収入源は都市の現役労働者の支払う保険料である。一般的に，現役労働者の割合が増えると都市労働者基本医療保険基金の収入も増える。

政府補助

都市住民基本医療保険基金の収入は加入者の保険料に加え政府補助がある。たとえば高齢者の住民の場合，政府は保険料の40％を補助する（現在は50％に引き上げられた）。また，最低生活保障受給者に対し政府は保険料の100％を補助する。そのため，政府補助の割合の引き上げは基金の増収につながる。

以上見てきたように，大連市医療保険基金では，被保険者数と平均賃金の変化は基金の収入と正の相関関係がある。なお，図6－3をみると，2008年から2010年にかけて大連市都市労働者基本医療保険基金の収入は増加が鈍いものの，基金自体は赤字となっている。都市住民基本医療保険に関しては，大連市は2007年9月1日からこの制度を正式にスタートしたため，4年間のデータしかなく，

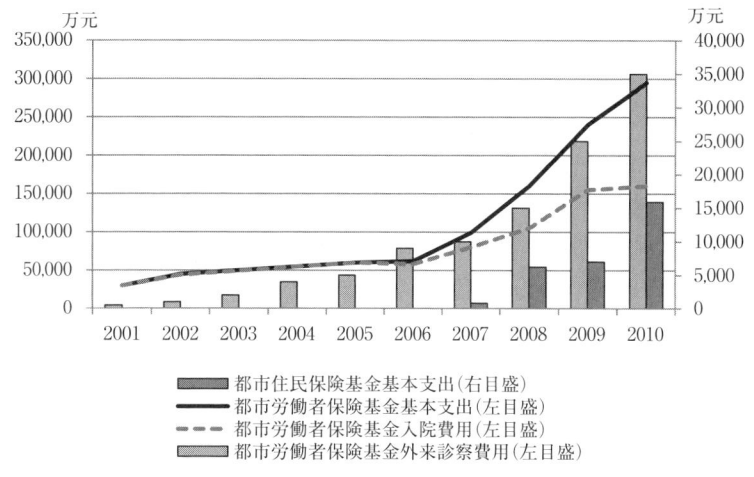

第6章　大連市都市基本医療保険基金の持続可能な発展

```
万元                                                                          万元
350,000                                                                       40,000
300,000                                                                       35,000
250,000                                                                       30,000
                                                                              25,000
200,000                                                                       20,000
150,000                                                                       15,000
100,000                                                                       10,000
 50,000                                                                        5,000
      0                                                                            0
        2001 2002 2003 2004 2005 2006 2007 2008 2009 2010
```

　　　　■ 都市住民保険基金基本支出（右目盛）
　　　　── 都市労働者保険基金基本支出（左目盛）
　　　　-- 都市労働者保険基金入院費用（左目盛）
　　　　■ 都市労働者保険基金外来診察費用（左目盛）

図6－4　都市労働者および都市住民基本医療保険の支出
出所：筆者作成。

制度の模索段階にある。しかし，図6－4をみると，都市住民基本医療保険基金の収入の増加ペースは速く，その主要因は加入者の増加である。

基金支出の影響要因

　基本医療保険の支出は，医療保険受給者数や医療費の支払額など様々な要因の影響を受ける。医療保険の受給者数の想定には，被保険者の平均余命を，医療費の支払額の想定には入院・外来と在宅治療の区分，給付額の下限額（スタートライン）と上限額，医療費の給付率，などを考慮しなければならない。

　平均余命は基金の支出にとって統制不可能な外的要因であり，支出に対し正の相関関係がある。給付の下限額と上限額，給付率は統制が可能であり，政策を通じて変動する。このなかで，給付の下限額は支出と負の相関関係があり，下限額の水準が高ければ高いほど基金の支出は少なく済む。上限支給額および給付率も支出と正の相関関係がある。

　基本医療保険基金は主として入院，家庭病床および一部外来の医療費の支払いを対象とする。本章では，基本社会基金の給付対象である入院医療費，家庭

在宅医療費，外来大病および慢性病医療費を分析対象とする。

平均余命

都市労働者基本医療保険では退職労働者も保険料を拠出しないが，給付は受ける。高齢者の寿命が長ければ長いほど必要な医療ニーズが多く，基本医療保険基金の支給額も増える。したがって，平均余命の長さは基金の支出と正の関係がある。

前述の通り，第6回国勢調査によると，大連市の高齢者（65歳以上）の割合は10.7％と15の副省級都市のなかで最も高く，平均より2.5ポイント高い。2015年には大連市は5人に1人が60歳以上の高齢者になると予測されている。医療保険基金はこのような人口構造の変化を視野に入れて，基金の長期的均衡を目指さなければならない。

給付下限（起付線）と上限（最高支払限度額）

医療保険の給付水準が経済発展水準に相応するという原則に基づき，支給額の下限と上限額の設定，加入者の基本医療ニーズの水準と基金の負担能力を考慮し決定される。

下限の引き上げと基金支出は負の相関関係で，上限額の引き上げと基金支出は正の相関関係である。

医療費の給付基準（外来，入院，家庭病床）

基本医療保険の給付額は，外来，入院，在宅医療に分けて給付基準が決められている。また，個人口座は小さい病気と外来医療費に対し給付を行い，社会基金は重病や入院，在宅治療にかかわる医療費に給付を行う。重病や慢性病は治療期間が長く，長期の入院もしくは在宅治療のための看護人を雇うなどの必要があり，多額の医療費がかかる。現在，労働条件の悪化や市の環境汚染などにより都市労働者および住民が重病や慢性病に罹患する確率が高まっている。大連市の労働者基本医療保険からみても，このグループの医療ニーズが増えて

第6章　大連市都市基本医療保険基金の持続可能な発展

いる。大連市労働医療保険基金の各種費用と基金支出の状況は図6－4の通りである。

　図6－4をみると，2001年からの10年間，大連市都市労働者基本医療保険基金の支出は年々増えており，特に2008年以降増加のペースが速く，2010年の基金の支出は2007年に比べ，約25万元増加した。2008年に年間最高支給の規定改正があったため，2007年に外来の重大疾病に支払われた基金支出7,424万元が，2008年末には1億5,099万元に倍増している。これは，2007年の大連市労働社会保障局と財政局が「医療保険の最高給付限度額の調整に関する通知」を発表し「基本医療保険の社会基金の年間最高給付限度額を5万元から7万元に引き上げる」としたからである。[4]

　2008年には，大連市政府は，慢性病外来医療費補助対象病種を15種類に拡大，同時に給付下限水準の引き下げや診察費の補助範囲組み入れなどの一連の医療保険政策を実施した。[5]2010年に同基金は赤字となったが，その理由は，①大連市政府が被保険者の負担を軽減させるための措置，②企業の医療保険保険料率の1ポイント引き下げ，③給付上限額の引き上げと給付下限額の引き下げなどによって，基金の収入の減少と支出の増加が発生したことによる。

　図6－4の住民基本医療保険基金の支出も増え続けている。とりわけ入院医療費が占める比重が大きく，在宅治療や外来の重病，慢性病の比重はきわめて小さい。入院医療費の給付率および給付下限や上限などの調整が基金の安定には重要となる。

　大連市都市住民基本医療保険制度はまだ導入してまもなく，基金は大幅な黒字となっているが，今後，各種基準を適切に調整することにより給付の引き上げなど資源の合理的配分を検討する必要がある。

　2011年3月17日に大連市は，「三険（医療保険，労災保険，出産保険）事業会議」を開催し，4月1日より都市住民基本医療保険の社会基金の給付水準を調整すると発表した。その主な内容は，①各級病院の入院医療費の給付率の引き上げ，②社会基金からの外来医療費に対する年間給付額の300元までの引き上げ，③新生児の給付対象を出生時からに変更することなどであった。これらの

政策は基金支出のさらなる増加を意味し，都市住民基本医療保険基金の支出は今後増加すると思われる。

4　大連市都市基本医療保険基金における収支の実証分析

大連市の都市住民基本医療保険は制度の経過年数が浅く分析データも限られるため，推計精度が低い。そこで，ここでは大連市の都市労働者基本医療保険基金の影響要因について実証分析を行う。なお，同住民保険については現行の収支の計算方法について紹介するに留めたい。

基金収支の計算方法

都市労働者保険

分析対象は大連市「都市労働者」基本医療保険の社会基金である。そのうち個人口座については外来医療費，薬剤費，保険給付以下の諸出費，などに使われるものの，基本医療保険基金の収支に影響は小さいため，ここでは割愛する。

基金の収入は都市部労働者の賃金，被保険者数と保険料率の積である。

すなわち，基金収入 $R_t = \sum L^{(j)} \cdot b \cdot I^{(j)}$

ここで，$L^{(j)}$ は j 年の労働者保険の被保険者数

b は保険料率

$I^{(j)}$ は j 年の労働者平均賃金を示す。

基金の支出は主に被保険者が資格取得から死亡までの期間中に，毎年の給付下限から上限までの入院医療費，在宅治療医療費および外来の重病，慢性病の医療費を含む。在宅治療の費用は基金の支出に対し影響が少ないので，ここでは基金の支出を入院医療費と外来の重病，慢性病との合計とする。[6]

基金支出 $D_t = \sum L_1^{(j)} \cdot C^{(j)}$

ここで，$L_1^{(j)}$ は医療保険の給付対象者の人数，

$C^{(j)}$ は医療費の給付額，を示す。

仮に，ある年度を t，都市労働者の保険料率を c，基準年度の平均賃金を W_0，

被保険者数を P_t とする。将来の基金収入を計算するために,毎年の平均賃金の上昇率を g とすると,t 年の賃金は次のようになる。

$$W_t = W_0(1+g)^t \quad (3-1)$$

次に,入院医療費を HE_t,外来大病・慢性病の医療費を OE_t,g_{HE} と g_{OE} をそれぞれこの2種類の医療費の年平均増加率,f_{HE} と f_{OE} は1回あたりの入院医療費と外来大病・慢性病の医療費の金額,P_{HE} と P_{OE} は入院回数と外来大病・慢性病の診察回数とすると,以下の式が成立する。

$$HE_t = f_{HE} * P_{HE} = HE_0(1+g_{HE})^t \quad (3-2)$$

$$OE_t = f_{OE} * P_{OE} = OE_0(1+g_{OE})^t \quad (3-3)$$

基金収入が I_t,基金支出 E_t がであれば,それぞれ次のようになる。

$$I_t = c * W_t * P_t \quad (3-4)$$

$$E_t = HE_t = OE_t \quad (3-5)$$

なお,基金の収支均衡を分析する際は主として基金の余剰を通じて観察するが,その余剰を Y_t とすれば,

$$Y_t = I_t - E_t \quad (3-6)$$

都市住民保険

大連市「都市住民」基本医療保険は,都市住民を高齢者,最低生活保障受給者,未成年者および大学生の4種類に分類し,異なる保険料拠出基準と政府補助率を設定している。基金収入はこれら4種類の住民の保険料の総額で,基金支出は入院医療費と外来の重病・慢性病の医療費の総額である。

仮に p_1,p_2,p_3,p_4 がそれぞれ高齢者,最低生活保障受給者,未成年者および大学生を指し,現在の規定にしたがい,未成年者および大学生の保険料は年間80元,高齢者および最低生活保障受給者の保険料は労働者の年平均賃金の25%とする。労働者の年平均賃金は上の式3-1,入院医療費と外来大病・慢性病の医療費は上の式3-2と式3-3を採用する。

R_t が基金収入,D_t が基金支出だとすると,基金の収支はそれぞれ次のようになる。

$$R_t = 0.25*(p_1+p_2)*W_t + 80(p_3+p_4) \tag{3-7}$$

$$D_t = HE_t + OE_t \tag{3-8}$$

したがって，基金の余剰S_tは，

$$S_t = R_t - D_t \tag{3-9}$$

となる。

前提

① 2010年を基準年として，2011年から2050年までの都市労働者基金の収支を計算する。計算期間内の保険料率cは8％と不変であると仮定する。

② 賃金の年平均上昇率は，大連市の過去の都市労働者の平均賃金水準から9％とする。

③ 2001年から2010年のあいだ，大連市都市労働者基本医療保険の社会基金から給付された入院医療費，外来の重病・慢性病の医療費は**表6-2**の通りである。ここから年平均増加率を計算すると，入院医療費は21％，外来大病・慢性病は24％である。両費用は今後もこのスピードで増えると仮定する。

④ 2010年の大連市の都市化率は65％であるが，この数値は今後さらに高まると予測される。2011年4月に公表された「都市化建設に関する中国共産党大連市委員会と大連市政府の意見」は，2015年末に大連市の都市化率は75％を上回る見込みとしている。都市化にともない，大連市の被用者の人数（被保険者数）は増加すると考えられる。

2010年の大連市の「政府活動報告」は全市範囲で都市化を推進すると表明し，全市都市化は経済の移行と発展の趨勢である。都市と農村の利害関係を調整しつつ都市と農村の一体化を実現し，農村住民の収入を都市と同じ水準まで引き上げ，すべての市民が大連市の経済発展の成果を享受できるようにすることを目的にしている。農村住民の都市住民化や産業構造の調整にともない，多くの農民が都市被用者となる。大連市内の4区分の労働者数の変化をみると都市労

第6章　大連市都市基本医療保険基金の持続可能な発展

表6－2　大連市都市労働者の医療費

年	入院医療費（万元）	外来の重病・慢性病医療費（万元）	現役労働者数（万人）
2001	21,537	1,687	102
2002	32,160	1,739	106
2003	44,352	2,445	107
2004	54,999	3,036	115
2005	67,634	4,549	121
2006	67,574	5,699	125
2007	82,909	7,424	145
2008	103,458	15,099	150
2009	153,920	26,220	152
2010	172,479	36,910	172

出所：大連市医療保険基金センター「統計資料（2001〜2010）」。

働者の人数は**表6－2**の通り増加を続けており，計算期間中に都市労働者の人数は増加すると仮定する。

計算結果

　以上の前提に基づき，2011年から2050年までの期間中の基金収支を計算する。計算の結果は，同基金の収支は2020年から単年度赤字に転落する。この時点から基金の支出が収入を上回り，その後両者のギャップがますます拡大する。2050年の基金の単年度赤字は3兆29億元に達すると予測される。2011年から2019年は社会基金の累増期といえ，同期間中の総余剰金は91.7億元であるのに対し，2020年から2050年は基金の支出超過期で同期間中の総赤字額は15兆6,000億元になると予測される。計算期間全体において基金の不足はきわめて深刻である。赤字に対する影響要因を分析し，基金の財政収支均衡に向けた対応を検討する必要がある（計算結果は**章末表6－5**を参照）。

　基金の将来余剰額（赤字を含む）を2010年現在の実質値に換算すると2050年の名目赤字累計額15兆6,000億元は2010年基準で1兆5,000億元となる（インフレ率は6％と仮定）（叢 2007）。

影響要因の弾力性

　収支改善に向けては，基本医療保険制度の運営目的から，被保険者への医療保険給付水準の切り下げは選択肢にはならず，基金収入を増やし無駄な支出を削減することが重要になる。

人口の高齢化の影響

　第6回全国人口普査（国勢調査）によると，2010年11月1日現在，大連市の常住人口は669万人である。そのなかで60歳以上の高齢者人口は105.7万人で総人口の15.5％を占めるが，これは全国平均水準より2.54ポイント高い。2000年（65歳以上の高齢者は71.6万人，高齢化率は10.7％）に比べ，60歳以上の高齢者人口は31.3万人増加し，年平均増加率は3.6％である。この増加率は遼寧省や全国平均の増加率を上回る。『半島晨報』（2011）によると，2015年の大連市の高齢者は総人口の2割に達し，高齢化のスピードはさらに加速すると予測されている[7]。

　人口の高齢化の下で医療保険の給付を受ける高齢者も増加する。大連市医療保険センターの統計資料によると，表6-3に見るように2001年の退職労働者数25万人は，2010年には47万人に増えた。退職労働者は医療保険の保険料を負担しないため，その人数の増加は支出の増加を意味する。2001年，大連市の退職労働者の基本医療保険支出は1.2億元であったが，2010年には15.2億元と10年間で13倍となった。なお，退職労働者の医療保険支出が都市労働者医療保険基金総支出に占める割合も2001年の52.6％から2010年には73.1％まで上昇している。退職者の医療費が基金支出の大半を占めているが，この割合は今後も上昇すると考えられる。日本の高齢者医療保険制度と同じ悩みを抱えている。。

　大連市の退職労働者数と基本医療保険支出の関係を計量ソフトEviewsで分析すると表6-4の通りとなる。

$$Y_t = AX_t^\alpha \ell^{\mu_t}$$

ここで，Y_t：退職労働者の基本医療保険支出
　　　　X_t：退職労働者数

第6章　大連市都市基本医療保険基金の持続可能な発展

表6-3　大連市退職労働者数および医療保険基金の支出状況

年	退職労働者数（人）	退職労働者基本医療保険支出（万元）	退職労働者支出／総支出（％）	退職労働者1人あたり支出（元／人）
2001	251,067	11,545	52.6	459.8
2002	284,993	23,340	67.0	818.9
2003	302,431	33,243	69.7	1,099.2
2004	322,899	41,507	71.4	1,285.4
2005	347,462	51,111	70.4	1,470.9
2006	369,248	51,810	70.2	1,403.1
2007	391,307	64,182	70.3	1,640.2
2008	413,578	79,362	70.1	1,918.9
2009	451,971	123,485	71.6	2,732.1
2010	469,744	151,746	73.1	3,230.4

出所：大連市医療保険基金センターの統計資料（2001-2010）より。

表6-4　退職労働者と基本医療保険支出の検証結果

Variable	係数	標準誤差	t値	p値
C	-31.26931	4.486358	-6.969866	0.000
X1	3.298946	0.348316	9.471127	0.0001
AR(1)	0.329746	0.269167	1.225063	0.2665
R^2	0.976696	被説明変数の平均		10.97837
調整済R^2	0.968928	被説明変数の標準偏差		0.600288
回帰式の標準誤差	0.105814	赤池情報基準		-1.393073
残差平方和	0.067179	ベイズ情報量規準		-1.327332
対数尤度	9.268830	F値		125.7349
ダービン・ワトソン検定	0.987154	P値（F検定ベースの）		0.000013

出所：著者作成。

μ_t：退職労働者基本医療保険支出の他の影響要因

この計算結果から次のようなモデルが成立する。

$Y_t = 10.032 X_t^{3.299}$

ダービン・ワトソン（Durbin-Watson stat）の値が小さいのは気になるものの，自由度調整済みR^2（R-squared）は0.968928と良好なフィットを示している。退職労働者数が1ポイント変化すると，基本医療保険支出は3.299ポイント変

化することを意味する。退職労働者数の基本医療保険の支出に大きな影響を与えることがわかる。

第6回国勢調査のデータと上記のモデルに基づき2010年から2020年のあいだの大連市の60歳以上の高齢者数、および基本医療保険基金支出の変化を計算したものである。

保険料率の影響

保険料率が8％と仮定すると、今後40年間の基金の総収入は5,296.8億元（実質ベース）である。保険料率を9％に引き上げれば、基金の総収入は5,959億元（2010年基準）となり、10％に引き上げると6,621億元（同）となる。つまり、保険料率を1％引き上げると基金の総収入は約662億元（同）増える。

一般に、保険料率は経済成長水準によって決められ、無理な保険料率の引き上げは、従業員や企業の経済負担を増やし、医療保険制度の趣旨に反することとなる。したがって、保険料率の調整は慎重に行い、数年ごとに調整して最終的に収支均衡の目的を達成するという長期の考え方が重要である。

ここでは8％から12％までの水準が基金の余剰に対する影響を計算した。保険料率を12％に引き上げた場合、基金の赤字化は2028年で、8％の時（2020年）から8年後ろ倒しとなる。12％時の基金の総余剰は1兆2,547億元（同）で8％時に比べ2,500億元の改善が見られる。基金の余剰額に対する保険料率の影響は限定的であるが、赤字時期を後ろ倒しにする効果は大きい（計算結果は**章末表6-6**を参照）。

賃金水準の影響

賃金の上昇には硬直性があり、今後も経済の成長にあわせて上昇する。大連市の現在の状況と企業賃金上昇に対する政府の指導から、今後大連市の賃金上昇率は現在の9％（実質増加率）を超える可能性がある。

賃金上昇率を10％と仮定した場合、2010年を基準にした基金の総収入は7,184億元で、9％の場合に比べ1,887億元の増加となる。賃金上昇率を13％とする

と，基金が赤字になるのは2041年と大きく後ろ倒しとなり，その時の基金の総余剰は－2,507億元である。黒字の維持は賃金上昇率14％時に達成され，その時の総余剰は＋3,930億元となる。賃金水準の上昇は基金の収支均衡の大きな要因である（計算結果は章末表6－7を参照）。

1回あたり医療費の影響

基金支出に大きく影響するのは社会基金給付対象の入院医療費，および外来の重病・慢性病の医療費である。大連市都市労働者医療費支出の関連データから，2010年における医療保険給付範囲内の1回あたり入院医療費は7,684元，1回あたりの外来の重病・慢性病の医療費は500元である。

入院医療費と外来大病・慢性病医療費の変化の視点から基金の収支均衡に対する影響を分析する。1回あたり入院の医療費が76.8元，すなわち1％増え，外来の重病・慢性病医療費が変わらなければ，基金支出額は2兆7,726億元（同）で，総余剰は－2兆2,429億元と赤字が増加する（自然体は－1兆5,195億元）。また，1回あたりの外来費用が5元（1％）増え，入院医療費が変わらなければ基金支出の現在値総額は2兆1,9082億元で，総余剰額は－1兆6,611億元となる。もし，入院医療費と外来医療費がともに1％増えれば，基金支出の現在値は2兆9,142億元，総余剰額は－2兆3,845億元となる。したがって，1回あたり医療費の増加は基金の赤字を大きく増加させる要因である（計算結果は章末表6－8を参照）。

5 大連市都市基本医療保険基金の収支均衡のための対策

大連市都市基本医療保険基金の収支金均衡に向けて，まず医療保険制度の関連法規を改善する必要がある。先進国の社会医療保障制度の運営は医療保障関連の法制によって保障され，政府，雇用主，従業員，住民および医療機関などの責任，権利，義務が統一的かつ明確に定められている。現在の都市労働者医療保険制度は行政指導方式で進められ，短期的には有効かつスピーディだが裁

量余地が多すぎ，長期的な健全性確保には制度運営の法制化が求められる。

収入面

現在，大連市都市基本医療保険制度はほぼ「皆保険」を実現し，基金の収入も安定的に増加している。中央政府が定めた毎年15％の余剰金を確保するために，大連市政府および医療保険関連部門は引き続き基金の収入項目に注目し，各種調整措置を講じその充足を保証することが重要である。

都市基本医療保険の保険料徴収システムの改善

都市労働者基本医療保険制度の発展は成熟段階に入っており，従来の収支状況に基づいてシミュレーションで取り上げた影響要因を調整し，基金収入の確保を目指す。

次に，医療保障の対象をさらに広げ，私営企業や非正規労働者，そして失業者に対しても制度を適用することが重要である。また，労働者の直系家族の保障も考慮すべきであろう。対象カバー率の拡大は収入増とともに年齢構成のばらつきの改善，疾病発生リスクの分散を通じて基金の安定に寄与する。

また，医療保険管理機関による基金収入への監督能力の強化が必要である。保険料徴収過程において，加入者の保険加入意識の低さや企業の保険料の滞納など基金が減収し予算額を下回るケースが多い。医療保険管理機関の徴収力の強化を通じて，加入者や雇用主の保険料滞納を減少させることが重要である。

他の方策による増収

収入面に関しては，シミュレーション結果から，以下のような基金増収提案が提案できる。

① まず，退職年齢の引き上げ。労働期間の延長と退職年齢の引き上げは医療保険基金の財政圧力を緩和する。画一的な退職年齢の引き上げではなく，退職年齢が遅いほど年金給付が多いなど健康な労働者にできるだけ長く働いてもらうための措置が必要である。

② 次に，保険料率の引き上げである。過度な保険料率の引き上げは企業負担の増加，企業の競争力の弱体化につながるため，成長に見合う引き上げを行う。
③ 退職者からも少額の保険料を徴収する。現在保険料支払いが免除されている退職者が負担できる範囲内で保険料を負担する。日本をはじめ多くの国で退職者も保険料を負担している。
④ 政府の財政補助を適度に増やす。

医療保険基金の資産運用効率の向上

医療保険基金の余剰金の資産運営方法の拡大と効率化に関して，医療保険制度の実施初期には基金に一定の余剰が存在するが，規制緩和し投資対象や投資手法を増やし，基金の資産価値を増加させることが必要となる。

支出面

現在大連市の基本医療保険基金の支出の精算方法は主に，外来の重病・慢性病医療費，入院医療費および在宅医療費に区分される。

基金支出に関する管理を強化し，基金の濫用，流用を慎重にチェックし，基金の非合理的な支出と流失を防止する。それには①行政による監督，②法律による透明性，③社会による外部チェックの3つが必要である。病院と医師は自身の利益のために，非合理的な医療行為により経済利益を求める可能性がある。本書の第4章が参考になる。

また，都市基本医療保険制度の実施以降，大連市は給付下限，上限および給付割合を状況に合わせ調整し，2011年7月までに都市労働者および住民の医療保険保障水準はかなり引き上げられた。ただし，「収支均衡，若干余剰」の原則と離齟のない範囲で実施することが肝要である。

基金の赤字化の目途が予測されれば，早い段階から対応策を打てる。医療保険財政収支警報予測システムは基金に想定外のリスクが発生した場合に作動するとともに医療保険管理部門に基金運営に関する日常的な情報や判断根拠を提

第Ⅱ部　医療保障制度の改革

供することができる。

　そして，医療保険リスクのバッファー基金を設立する事も重要である。

　コントロール不可能な出来事——たとえば重大伝染病の流行，高齢化の急加速など——が発生し，様々な対策を講じたにもかかわらず，基金の収支均衡が難しい場合，リスクバッファーがあれば，順調な危機対応が可能となる。中国の医療保険加入者の高齢化のピークは2020年ごろから2030年ごろとなるため，残された10年間の時間を利用してリスクバッファー基金を準備する。

　すなわち，基金の収入面，支出面の個々要素の動静や財政収支維持のためのシステムを常に先を読みながら整備していく姿勢が重要である。

注
(1) 『半島晨報』2008年11月29日。
(2) 『中国日報』2011年7月1日。
(3) 本章のデータは大連市医療保険基金センター2010年の統計資料による。
(4) 大連市労働社会保障局，大連市財政局「医療保険の最高給付限度額の調整に関する通知」2007年1月9日。
(5) 遼寧省政府のHP（http://www.ln.gov.cn/zfxx/qsgd/200803/t20080319_174415.html）より。
(6) 基金収支の計算方法に関しては，叢（2007）を参照。
(7) 『半島晨報』2011年4月1日記事。

参考文献
中国語文献
陳涛（2007）『健康保険精算——模型，方法和応用』中国統計出版社。
黄占輝・王漢亮（2006）『健康保険学』北京大学出版社。
李恒琦・張運剛（2009）『社会保険精算教程』西南経済大学出版社。
汪泓（2008）『社会保険基金的良性運営——系統動力学模型，方法，応用』北京大学出版社。
王桂勝（2008）『社会保険精算』中国労働社会保障出版社。
王暁軍（2009）『社会保険精算原理与実務』中国人民大学出版社。
呉忠・汪泓（2008）『社会保険基金予警予報系統開発研究』北京大学出版社。
叢春霞（2007）「中国全国社保基金資産負債分析」『財経問題研究』2007年11月号。

英語文献

Joseph, P.（2004）"Consumer-Directed Health Plans and the RAND Health Insurance Experiment," *Health Affairs*, 23(6)：107-113.

Li, Masako and Ohkusa, Yasushi（2002）"Should the Coinsurance Rate Be Increased in the Case of the Common Cold? An Analysis Based on an Original Survey," *Journal of the Japanese and International Economics*, 16(3)：353-371.

Nussbaum, N. J.（2005）"Improving Elder Care by Integrating Geriatric Expertise into Medicare : a Proposal," *Drugs Aging*, 22(5)：371-374.

第Ⅱ部　医療保障制度の改革

表6-5　大連市都市労働者医療保険基金の収支および余剰状況　（単位：億元）

年度	収入	支出	余剰
2011	36.5	22.3	14.2
2012	41.0	26.9	14.1
2013	46.2	32.5	13.7
2014	52.3	39.2	13.1
2015	59.4	47.4	12.1
2016	67.7	57.2	10.5
2017	77.4	69.1	8.3
2018	88.6	83.5	5.1
2019	101.6	100.9	0.7
2020	116.7	121.8	−5.2
2021	134.1	147.2	−13.1
2022	154.3	177.9	−23.5
2023	177.6	214.9	−37.3
2024	204.5	259.7	−55.1
2025	235.5	313.8	−78.3
2026	271.2	379.3	−108.1
2027	312.2	458.4	−146.3
2028	359.2	554.1	−194.9
2029	413.1	669.8	−256.7
2030	475.0	809.7	−334.8
2031	545.7	979	−433.3
2032	626.6	1183.7	−557.1
2033	719.0	1431.4	−712.4
2034	824.4	1731	−906.6
2035	944.6	2093.5	−1148
2036	1081.6	2532.1	−1450.5
2037	1237.5	3062.9	−1825.5
2038	1414.8	3705.4	−2290.6
2039	1616.2	4483	−2866.8
2040	1845.0	5424.3	−3579.3
2041	2104.6	6563.9	−4459.3
2042	2399.0	7943.8	−5544.8
2043	2732.5	9614.7	−6882.2
2044	3110.1	11638.2	−8528.1
2045	3537.5	14089.2	−10551.7
2046	4020.8	17058.1	−13037.4
2047	4566.9	20655	−16088
2048	5183.9	25013.1	−19829.2
2049	5880.2	30294.1	−24413.9
2050	6665.9	36694.5	−30028.6

第6章　大連市都市基本医療保険基金の持続可能な発展

表6-6　保険料率の変化が基金余剰に与える影響　　　　　（単位：億元）

保険料率	8%	9%	10%	11%	12%
2011	14.2	18.8	23.4	27.9	32.5
2012	14.1	19.2	24.3	29.4	34.6
2013	13.7	19.5	25.3	31.1	36.8
2014	13.1	19.6	26.2	32.7	39.2
2015	12.1	19.5	26.9	34.3	41.8
2016	10.5	19.0	27.4	35.9	44.4
2017	8.3	17.9	27.6	37.3	46.9
2018	5.1	16.2	27.2	38.3	49.4
2019	0.7	13.4	26.1	38.8	51.5
2020	-5.2	9.4	24.0	38.6	53.2
2021	-13.1	3.7	20.5	37.2	54.0
2022	-23.5	-4.2	15.1	34.4	53.6
2023	-37.3	-15.1	7.2	29.4	51.6
2024	-55.1	-29.6	-4.0	21.6	47.1
2025	-78.3	-48.9	-19.4	10.0	39.5
2026	-108.1	-74.2	-40.3	-6.4	27.5
2027	-146.3	-107.2	-68.2	-29.2	9.8
2028	-194.9	-150.0	-105.1	-60.2	-15.3
2029	-256.7	-205.0	-153.4	-101.7	-50.1
2030	-334.8	-275.4	-216.1	-156.7	-97.3
2031	-433.3	-365.1	-296.9	-228.7	-160.4
2032	-557.1	-478.8	-400.5	-322.2	-243.8
2033	-712.4	-622.5	-532.6	-442.8	-352.9
2034	-906.6	-803.5	-700.5	-597.4	-494.4
2035	-1148	-1030.8	-912.7	-794.6	-676.5
2036	-1450.5	-1315.3	-1180.1	-1044.9	-909.7
2037	-1825.5	-1670.8	-1516.1	-1361.4	-1206.7
2038	-2290.6	-2113.8	-1936.9	-1760.1	-1583.2
2039	-2866.8	-2664.7	-2462.7	-2260.7	-2058.6
2040	-3579.3	-3348.7	-3118.1	-2887.4	-2656.8
2041	-4459.3	-4196.3	-3933.2	-3670.1	-3407.0
2042	-5544.8	-5245.0	-4945.1	-4645.2	-4345.4
2043	-6882.2	-6540.6	-6199.1	-5857.5	-5516.0
2044	-8528.1	-8139.3	-7750.6	-7361.8	-6973.0
2045	-10551.7	-10109.5	-9667.3	-9225.1	-8783.0
2046	-13037.4	-12534.8	-12032.2	-11529.6	-11027.0
2047	-16088	-15517.2	-14946.3	-14375.4	-13804.6
2048	-19829.2	-19181.2	-18533.2	-17885.3	-17237.3
2049	-24413.9	-23678.9	-22943.8	-22208.8	-21473.8
2050	-30028.6	-29195.4	-28362.1	-27528.9	-26695.6
余剰現在値	-15195.4	-14533.3	-13871.2	-13209.1	-12547.0

第Ⅱ部　医療保障制度の改革

表6-7　賃金の上昇が基金余剰に与える影響　　　　　　　　（単位：億元）

賃金上昇率	9%	10%	11%	12%	13%	14%
2011	14.2	14.6	14.9	15.2	15.6	15.9
2012	14.1	14.8	15.6	16.4	17.1	17.9
2013	13.7	15	16.3	17.6	19	20.4
2014	13.1	15	17	19.1	21.2	23.4
2015	12.1	14.8	17.7	20.7	23.8	27
2016	10.5	14.3	18.3	22.5	26.8	31.4
2017	8.3	13.4	18.8	24.4	30.5	36.8
2018	5.1	11.8	19	26.6	34.7	43.3
2019	0.7	9.4	18.8	28.9	39.7	51.3
2020	-5.2	6	18.1	31.2	45.5	60.9
2021	-13.1	1.1	16.6	33.6	52.2	72.5
2022	-23.5	-5.6	14.1	35.9	60	86.5
2023	-37.3	-14.9	10.1	37.9	68.9	103.4
2024	-55.1	-27.3	4.1	39.4	79.1	123.6
2025	-78.3	-43.7	-4.5	40.1	90.6	147.7
2026	-108.1	-65.4	-16.5	39.4	103.4	176.5
2027	-146.3	-93.8	-33.2	36.8	117.6	210.7
2028	-194.9	-130.7	-55.8	31.5	133.1	251.2
2029	-256.7	-178.4	-86.2	22.2	149.6	298.9
2030	-334.8	-239.6	-126.5	7.7	166.8	355
2031	-433.3	-317.9	-179.6	-13.9	184.2	420.6
2032	-557.1	-417.7	-249	-45.1	200.9	497
2033	-712.4	-544.3	-339.1	-88.8	215.7	585.7
2034	-906.6	-704.5	-455.5	-149.2	226.9	688
2035	-1148	-906.6	-605.2	-231.2	232.3	805.4
2036	-1450.5	-1160.7	-796.8	-341.1	228.5	939.2
2037	-1825.5	-1479.4	-1041.1	-487.2	211.5	1090.9
2038	-2290.6	-1878.4	-1351.5	-679.5	175.6	1261.4
2039	-2866.8	-2376.7	-1744.6	-931.1	113.3	1451.4
2040	-3579.3	-2997.8	-2240.9	-1258.1	15.2	1660.9
2041	-4459.3	-3770.6	-2866	-1680.7	-131.4	1888.9
2042	-5544.8	-4730.6	-3651.3	-2224.4	-342.5	2133.2
2043	-6882.2	-5921.2	-4635.7	-2920.8	-638.9	2389.8
2044	-8528.1	-7395.7	-5867.1	-3809.5	-1047	2652.1
2045	-10551.7	-9219.4	-7404.6	-4939.7	-1600.6	2910.3
2046	-13037.4	-11472.3	-9321	-6372.4	-2342.5	3150.1
2047	-16088	-14252.1	-11705.5	-8183.7	-3327	3351.3
2048	-19829.2	-17678.6	-14668.3	-10467.5	-4622.6	3486
2049	-24413.9	-21898.1	-18344.4	-13340.4	-6315.7	3516.3
2050	-30028.6	-27089.3	-22899.6	-16946.6	-8514.7	3391.7
余剰現在値	-15195.4	-13307.9	-10740.1	-7249.3	-2506.7	3930.2

第6章 大連市都市基本医療保険基金の持続可能な発展

表6-8　1回あたりの医療費が基金余剰に与える影響　　（単位：億元）

1回あたり医療費の変動	(0.01, 0)	(0.01, 0.01)	(0, 0.01)
2011	14.0	14.0	14.2
2012	13.6	13.5	14.0
2013	12.8	12.7	13.7
2014	11.6	11.5	13.0
2015	9.8	9.6	11.9
2016	7.2	7.0	10.2
2017	3.7	3.3	7.9
2018	-1.3	-1.8	4.5
2019	-7.9	-8.7	0.0
2020	-16.8	-17.9	-6.2
2021	-28.6	-30.1	-14.5
2022	-44.1	-46.1	-25.5
2023	-64.2	-66.9	-40.0
2024	-90.3	-94.0	-58.8
2025	-123.9	-128.8	-83.2
2026	-167.1	-173.6	-114.6
2027	-222.2	-230.8	-154.8
2028	-292.3	-303.6	-206.2
2029	-381.2	-396.1	-271.6
2030	-493.5	-513.1	-354.3
2031	-635.2	-660.8	-458.9
2032	-813.4	-846.8	-590.5
2033	-1037.0	-1080.5	-755.9
2034	-1316.9	-1373.5	-963.2
2035	-1666.6	-1740.1	-1222.3
2036	-2102.9	-2198.2	-1545.8
2037	-2646.2	-2769.5	-1948.8
2038	-3321.7	-3481.1	-2450.0
2039	-4160.5	-4366.3	-3072.6
2040	-5200.7	-5466.1	-3844.7
2041	-6489.2	-6831.1	-4801.2
2042	-8083.4	-8523.3	-5984.7
2043	-10053.9	-10619.3	-7447.6
2044	-12487.2	-13213.4	-9254.3
2045	-15489.4	-16421.3	-11483.6
2046	-19190.7	-20385.5	-14232.2
2047	-23750.3	-25281.1	-17618.8
2048	-29363.6	-31323.4	-21789.0
2049	-36269.7	-38777.0	-26921.2
2050	-44761.5	-47967.2	-33234.3
余剰現在値	-22429.3	-23845.2	-16611.4

第7章

大連市新型農村合作医療制度の実証分析

夏　敬

1　はじめに

　中国は世界最大の人口を有する発展途上国であり，近年，医療保障分野における矛盾が顕在化している。「医療費が高い，診察を受けにくい」という現象が目立ち，注目を浴びている。とりわけ，人口の大半を占める農村住民に経済発展にふさわしい医療保障制度をどのように提供するかという問題が国の最大の懸案事項となっている。

　中国の農村部における伝統的な医療制度である農村合作医療制度は1950年代に形成され，長いあいだ多くの農村住民に基本的な医療保障を提供し，農村保健医療の「3種の神器」の1つと言われてきた。しかし，1970年代末に，中国農村部の経済改革の推進にともない合作医療制度は相次いで瓦解した。その結果，農村住民の医療リスクは急速に高まり，医療サービスへのアクセスビリティは大幅に低下した。また病気による貧困の問題がますます目立つようになった。

　中国共産党中央と国務院は2002年に「農村衛生工作をさらに強化することに関する決定」を公布し，全国規模で新型農村合作医療制度（以下，新農合と呼ぶ）を構築するよう求めた。新農合は2003年から施行され，2008年には全国に普及した。この制度は政府，地域集団，個人が共同で出資し，社会医療保険の基本原理に沿って「重病時医療費の社会保険化」（「大病統籌」）として運用され

てきた。世帯を単位に自発的に加入する新農合は，「農民が病気治療にかける経済的な負担を軽減し，農民の健康水準を改善する」ことを目的とし，2010年にはカバー率を90％にする目標を立てた。

　2002年から2012年までの10年間に加入率は著しく増加するとともに，保険の適用範囲や基金総額，そして受益者数も毎年大きく増加した。2011年まで全国で新農合に加入した人口は8.32億人で加入率は97％に達している。新農合は，供給主体や管理方式等の面において伝統的な農村合作医療とは根本的に異なる。「小範囲のコミュニティ」医療保障から「社会」医療保障制度へ移行し，農村基本医療保険制度の空白を埋める，いわば初めて農村で構築した国家社会保障制度になった。

　新農合は世界で保険カバー人口が最も多い基本医療保障制度であり，中国の特色のある農村住民健康保険制度でもある。なお，新農合はその後推進されたその他の社会保障制度，すなわち都市住民医療保険や新型農村養老保険などのモデルとなった。

　新農合の普及にともない，この政策について客観的な評価を行い，将来の目標と方向性を定める必要があると考えている。その中で，本章は新農合の現状に対して段階的な評価を行い，同制度の効果をまとめるとともに，一方で発展を制約する問題を抽出し，新農合をより水準の高い医療制度に昇華させるための政策提案を行うことを目的とする。それにより，新農合の持続可能な発展を促進させたい。

　新農合は県（日本の市に相当）を単位とするが，各地域ごとの差が大きい。全国的な政府の統計データが不足しているだけでなく，現地調査もきわめて難しいのが現実である。本章は，筆者が2012年2月から6月中旬にかけて大連市の一部農村で実施した現地調査をもとに分析，考察を加えたものである。この調査は，①質問紙によるアンケート調査，②インタビュー調査，③座談会などの方式を取り，医療の需要側と供給側双方から新農合効果について調査分析を行った。医療サービスの提供側では，①新農合の適用範囲と保障範囲，②財源の調達，③支払制度などの目標値の達成度，および④農村基層医療資源配置と

サービスのアクセスビリティに重点をおいて分析を行った。また，サービスの需要の面では，新農合や指定医療機関に対する満足度等の調査を行い，実情を摑んだ。

2 現地調査から明確になった新農合の評価

大連市は中国で15ある副省級都市の1つで，国家の社会経済発展計画で定められた5つの特別市のうちの1つである。また，遼寧省の沿岸経済ゾーンの金融センターや水上運輸物流の中心地，東北アジアの国際水上運輸の中心地でもあり，東北地方最大の港湾都市でもある。総面積は1万2,574平方キロ，海岸線は1,906キロである。大連市は6つの区（その中で，普湾新区と普蘭店市は共同で事務を行う），3つの県級市，1つの島県，および4つの国家級の対外開放先導区をもっている。2011年末現在の戸籍人口は588.5万人，その内農業人口は220.8万人で全体の37.5％を占めている。戸籍人口の中で他省からの転入者は5.1万人である。

総生産は6,100億元で，都市住民の1人あたり可処分収入は2万4,300元であるのに対し，一方，農村住民の1人あたりの純収入は1万4,213元である。農村住民の年間の消費支出額は7,599元であるため，家庭のエンゲル係数は41.3％と高い水準にある。大連市の平均寿命は81.23歳，人口の自然成長率は1.48‰である。

中国共産党中央委員会と国務院による「農村衛生事業をさらに強化することに関する決定」（中発［2002］13号），「国務院弁公庁が伝達した衛生部等の部門による新型農村合作医療制度の構築に関する意見の通知」（国弁発［2003］3号），「国務院弁公庁が伝達した衛生部等の部門による新型農村合作医療の試行事業をさらに展開することに関する意見の通知」（国弁発［2004］3号），および「遼寧省人民政府弁公庁が伝達した省衛生庁等の部門の新農合医療試行事業方案に関する通知」（遼政弁発［2004］35号）の主旨を受け，大連市衛生局，財政局，農村委員会は共同で「大連市新型農村合作医療実施方案」を制定した。それに

表7－1　大連市の新農合への加入状況

年度	農業人口（万人）	加入人数（万人）	加入率（％）
2005	244.85	107.0	43.7
2006	242.59	211.7	87.3
2007	241.4	211.5	94.7
2008	235.54	218.0	98.0
2009	227.0	217.0	98.0
2010	222.92	217.0	99.0
2011	217.75	215.5	99.0

出所：『大連市統計年鑑2006・2011』，衛生局の関連データより整理。

基づき，新農合事業は2005年から全市内で点から面へと展開された。2005年には一部の地域で試行的に実施され，2006年5月にはすべての農村に普及し，**表7－1**に見えるように，その年に加入者数は211万人に達し新農合制度を構築するという国の目標を2年繰り上げて実現した。現在，大連市は11の農業にかかわる区市県を有しているが，すでに215.5万の農民が重病医療費を主な対象とする新農合に加入し，加入率は99％と皆保険を実現している。

調査地区の農村住民の基本状況

　この調査は，①質問紙によるアンケート調査，②インタビュー調査，③座談会等の方式により，医療サービスの需要側と提供側双方の新農合の実施効果に対する意識を調べることを目的としている。調査対象は主に，農村部の①村民，②村衛生所の医者，③村の幹部，④郷鎮衛生院の院長，⑤新農合管理室の責任者等とした。加えて，市，区（県）衛生局，郷鎮衛生院の関連政策情報を参考にした。偏在を避けるサンプル抽出を行うために，①地域の経済発展レベル，②地理的な交通状況，③農民の収入の差異を考慮し，大連市の「近郊」，「中郊」，「遠郊」の農村地域を選択し，各年齢層の農民を調査対象とした。また，アンケートの偏りを無くすため，ランダムでサンプル抽出し，特定の地域に偏らないように配慮した。近郊，中部，遠郊の各地域の状況は**表7－2**に示した。
　調査対象は600世帯の農家に1,600部のアンケート調査質用紙を配布し，1,568

第7章　大連市新型農村合作医療制度の実証分析

表7-2　2010年調査地域の大連市の農村住民の基本状況

	総人口（万人）	農村人口（万人）	農村世帯数（世帯）	地域生産総額（億元）	財政総収入（億元）	農村住民1人あたりの純収入（元）
大連市全体	586.4	222.9				12,317
近郊	60.3	25.3	92,298	1,100	295	16,850
中郊	20.5	11.4	45,099	180	73	15,681
遠郊	90.5	70.9	216,315	501	41	10,210

出所：「大連統計年鑑」よりデータ抽出のうえ作成。

部（有効回収率は98％）を回収した。その中には重病あるいは慢性病の患者がいる世帯が8.1％あり，調査の目的が達成しやすい分布となっている。

なお，大連市の新農合は区・市・県を単位として実施内容を決めている。大連市が発表した「大連市新農合医療実施方案」に基づき，現地の実情と特徴を考慮して，2005年に各地域の施行方案を配布し，①新農合制度の指導思想，②財源調達基準，③運営組織管理，④給付範囲および基準，等の内容を明確に示している。

調査地区の新型農村合作医療制度の実施状況に関する分析

加入率と財源調達水準

(1)制度の加入率の上昇は，カバー範囲の拡大と農民の自発的な参加，という面で意義がある。

「大連市新型農村合作医療実施方案」において，加入者は，政府の指針に基づき，農民が自発的に参加するとしている。大連行政区域内において農業戸籍をもっている人は誰でも新農合に参加できる。つまり，農業戸籍をもつ諸年齢層の中で都市医療保険に参加していない人は，世帯単位で戸籍所在地の大連市の新農合に参加でき，保険料を拠出すれば，新農合の医療保険給付を受けられる。

本章のアンケート調査でもこのことは裏付けられる。調査地域の加入率は97％（中郊），100％（近郊），99％（遠郊）で，被調査世帯の加入率は100％で

あったことから，大連市が発表した99％の新農合への加入率と基本的に一致している。

先進国の医療保険制度とは異なり，中国では初期段階の新農合は世帯を単位とした「自主参加」を原則とした。本調査から加入時期等をみると，制度発足時から自発的に新農合に参加した農民の比率はさほど高くなく62％程度であった。自発的ではないが参加した農家の参加理由は，村の宣伝が48.5％，幹部の説得が32.9％，他の人が加入したからが12.3％である。この結果から，初期段階において，新農合管理室や村の委員会の新農合に対する宣伝は有効であったことがわかる。宣伝様式は多様で，指定医療機関におけるパンフレットの配布，家庭訪問による説明，ラジオなどを通じた宣伝，などがあった。

数年間の試行実施の期間を経て現在は新農合への加入率は100％に達した。大方の意見は，「新農合に積極的に参加している。親族，近隣住民，親戚，友達などが新農合の医療給付を受けるのを見て，よい政策だと感じている」という状況である。新農合は民意を得ており，大連市は基本的に農民をカバーする医療保障制度を運営していると言える。

(2)新農合の財政面は，政府による財政支援が強化され，農民個人の負担は少ない。

また，財源支援額は連続して増加し，1人あたりの同金額も増え続けている。財源は，新農合が幅広くかつ合理的に調達することを原則とし，①農民個人の拠出，②村など集団の支援，③政府からの補助，を統合したものである。

加入した農民は関連規定に基づき合作医療費を拠出し，郷（鎮）・村などが追加的な資金支援を行い，市・県・郷政府が低額の補助を行う。大連市の最低財源調達基準は2005年の35元から2012年には320元にまで引き上げられた。その中で市，県，郷の政府支援は1人あたり年額260元であり，農民個人は毎年1人あたり60元を拠出する。農村の「五保」世帯（孤老，孤児，寡婦などの世帯），最低生活保障世帯，特別貧困世帯，労働能力喪失の障害者などもすべて新農合医療の対象になり，区，市，県の財政予算から保険料を全額補助する。新生児

表7-3 大連市の新農合の財源調達状況

	農民1人あたりの純収入（元）	最低財源調達基準（元／人次）	個人の年間拠出（元）	農民個人の拠出比率（％）
2005	5,904	35	10	28.57
2006	6,984	55	10	18.18
2007	8,369	80	10	12.50
2008	9,818	120	10	8.33
2009	10,725	140	20	14.28
2010	12,317	160	25	15.62
2011	14,213	230	30	13.04

出所：『大連統計年鑑』大連市衛生局統計資料（2005～2011）より。

表7-4 調査地域の新農合の財源調達状況（2011年）

	1人あたりの平均調達資金（元）	市財政からの1人あたり補助（元）	区財政からの1人あたり補助（元）	郷鎮財政からの1人あたり補助（元）	農民個人の拠出（元）	農民個人の拠出比率（％）
中郊	260	150	60	20	30	11.5
近郊	300	150	100	20	30	10
遠郊	230	150	45	5	30	13

出所：大連市衛生局統計資料より。

は親が加入していれば個人拠出をしなくて済む。最低調達基準と個人拠出の状況は表7-3に示している。

　調査地区の新農合の1人あたりの財源調達基準および各政府レベルの財政支援と農民の拠出の割合は表7-4の通りである。

　表7-4から，新農合医療の主財源は政府の財政補助であることがわかる。現行の政策のもとで，合作医療の財源は各レベルの政府の財政補助に大きく依存している。市レベルの財政支援は固定金額制であるため，問題もはらんでいる。つまり，富裕地域（たとえば近郊）は農業人口の比率が低く基層政府の財政力も強いため，合作医療に補助できる資金も多い。それに対し，貧困地域（たとえば，遠郊）は農業人口の比率が高く，政府の財政力が弱く，合作医療財政を支援できる資金も少ない。そのため，財政支援額は1人あたりの支援額か

らみれば逆進的と言える。

　なお，農民個人の負担は少なく，1人あたりの年間収入の0.1％～0.2％程度であり，農民にとってさほど大きな経済的負担とは感じない。この個人負担については，一定の引き上げ余地がある。

　中国国内の研究者が比較的一致しているところは個人負担額の水準が1人あたりの年間純収入の1％から2％と適切である点である。[1] 2011年大連市農民の1人あたりの純収入は1万4,213元で，合理的な保険料率を1％で計算すると，最低拠出額は142.13元となる。しかし，実際の拠出額は30元であり，この額の5分の1しかない。そのため，農民個人の保険料を引き上げることで新農合の基金を増やし，給付範囲と保障水準を高めることは可能である。

　本章の調査でも，「新農合の現在の保険料水準は適切だと思いますか」の問いに対して，「低い」あるいは「ある程度引き上げ給付を増やしてもいい」と答えた人の割合は71.4％に及ぶ。したがって，農民個人の保険料水準を適切に引き上げることは可能であると考えられる。

　現在，新農合制度は定額保険料方式を採っているが，1人あたりの拠出額が少ない状況ではこの拠出形式に大きな問題はないが，長期的にみた場合この拠出方式は公平ではない。拠出能力の差異は考慮せず，このような拠出方式のもとでは貧困家庭の拠出負担が実質的に重くなる。

給付（補償）方式と資金使用状況

　新農合の給付対象範囲は徐々に拡大され，入院補償，外来補償から入院出産定額補償，特殊病種高額外来補償などに拡大している。ただ，入院補償の支出が一番多く，次が外来補償支出である。

　新農合は基金の収入によってサービスの範囲や支出を決めることになっている。区・市・県を単位として資金を集め，それらを統一的に管理する。収支均衡の原則を堅持し，合理的に最低給付水準や補助比率および最高限度額を決め，加入者が最も基本的な医療サービスを享受できるようにする。

　新農合の実施初期においては，入院費用を補償することに限られており，1

第7章 大連市新型農村合作医療制度の実証分析

年間の内に医療基金を使用しなかった農民は衛生院（村の診療所）で無料の健康診断を1回受けることができた。一方で，外来診療や村の衛生所・薬局で購入する費用については一切補償しなかった。このような設計であったため，利用率は低く，多額の余剰金が発生し，疾病負担の軽減にはかる新農合の役割は果たしていなかった。ちなみに，2005年の基金使用率は47.8％であった。

2007年に大連市は関連規定を調整し，資金状況は勘案するものの，外来補償まで保障範囲を広げることとした。また，①計画出産政策に協力する女性を対象に，入院出産と退院後の一時的な補償金の支出，②血液透析および悪性腫瘍の化学療法，放射線治療患者の外来医療費を入院医療費とみなした一時金の支給，③肺結核や精神病とハイリスク妊娠の外来治療の補償水準の引き上げ等を実施した。その結果，2007年の基金使用率は74.7％に達し，前年から利用率は約25ポイント上昇した。

医療基金の健全化のため，大連市は基金残額を一定水準に維持する政策を強化し基金の残高は当該年度の財源総額の25％を超えないこと，当該年度の利益は財源総額の10％（リスク調整金を含む）を超えないこととした。残った資金は，多額の医療費によって生活に大きな影響が出た加入者への補助金に使用した。加入者の受益を拡大し，ひいては制度加入意欲を高めることとなった。2011年の地域別基金の余剰率をみると近郊，中郊，遠郊とも10％以内に収まっている。大連市新農合医療基金の資金収支の状況は**表7-5**で示した通りである。

加入者の入院先および入院補償資金は主に区（県）内に集中し，外来と外来補償支出は主に，村と郷の医療機関に集中している。

新農合がスタートして以来2011年までに大連市は延べ784.7万人に13.78億元の医療費を補填したが，うち，入院補償は延べ71.75万人，11.21億元である。アンケート調査を通じて加入者の入院先および入院補填費用を調べると主に区（県）内に集中していることがわかった。**表7-6**に見るように，地域別には医療水準が相対的に劣る中郊と遠郊において区（県）レベル以上の指定医療機関の比率が一番高く，近郊の基金は郷（鎮）レベルの指定医療機関の比率が最

167

表7-5 大連市およびアンケート実施地域の基金余剰率

年	基金収入 (万元)	基金支出 (万元)	基金余剰率 (％)
2005	3,252	1,554	52.2
2006	11,024	5,443	50.6
2007	18,714	13,980	25.3
2008	28,547	24,285	14.9
2009	31,829	31,643	0.6
2010	38,011	36,301	4.5
2011	51,650	46,043	10.8
調査地域計	21,072	19,180	9.0
近郊	5,538	5,176	6.5
中郊	1,747	1,608	7.9
遠郊	13,788	12,397	10.0

出所：大連市衛生局，および調査地域の管理機構の統計データより筆者が整理。

も高い。

　また，大連市は延べ612.19万人の農民に1.52億元の外来診療補償を，93.68万人の農民に1,976.4万元の健康診断補償を，7.1万人の農民に8,574.71万元のその他の補償を行った。そのための外来補償を支払った先は，村と郷の地元の医療機関に集中した。

　調査では，「病気になったとき，どこに行って診察を受けたいか」と聞いたところ，外来に関しては多くの村民が村や郷鎮の衛生院に行くと答えた。一方，入院に関しては，中郊の農民は県レベル以上の指定医療機関に行くと答えた比率が最も高く，近郊と遠郊に住んでいる人は郷（鎮）レベルの指定医療機関を選んだ比率が最も高いが，主に区（県）内に集中した。調査結果は図7-1で示した通りである。

　新農合の実施により農民は地元の診療所である郷鎮衛生院に行って診察を受けるようになっており，基層医療機関としての役割を果している。その背景には，新農合の傾斜的な補償政策や農村の医療インフラへの資金投入がある。病

表7-6 調査地域の新農合医療基金の支払先（2011年）

	入院補償費用（万元）	異なる医療機関の割合					
		区（県）以上の指定医療機関		区（県）の指定医療機関		郷（鎮）の指定された医療機関	
		金額（万元）	比率（％）	金額（万元）	比率（％）	金額（万元）	比率（％）
近郊	4,145.7	1,006.3	24.3	863.2	20.8	2,276.3	54.9
中郊	1,494.0	408.4	27.3	817.6	54.7	268.0	17.9
遠郊	9,885.0	2,060.9	20.8	5,851.0	59.2	1,973.1	20.0

出所：大連市衛生局，調査地域の管理機構の統計資料より，筆者が作成。

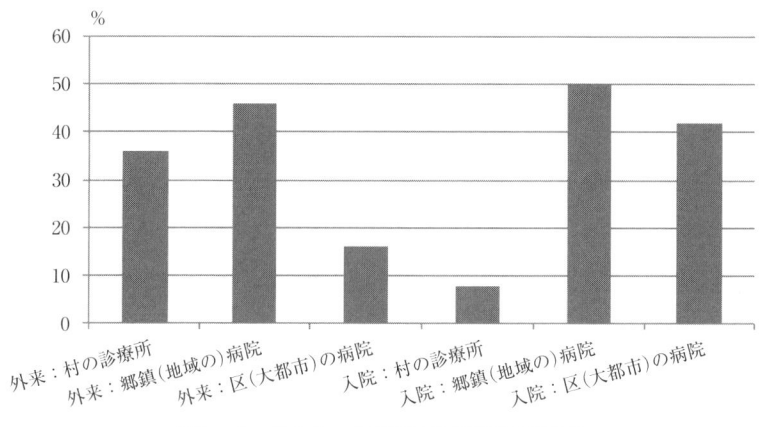

図7-1 アンケート調査に見る医療の受診先
出所：筆者のアンケート調査による。

院，診療所へのアクセス理由を調査すると図7-2の通りであり，距離（近さ）と医療技術が重要であることがわかる。

「距離」は医療機関の分布が合理的かどうかを表す，医療資源の偏在度とも言える。「医療技術」は主に指定医療機関の診察環境や医療施設と医療サービス技術のレベルおよびサービスの提供態度のよさを示している。「費用」は指定医療機関の診察費，薬剤費，新農合の費用補償比率および診察コストなどを表している。

本来は「距離」の割合がもっと高くてもよいが56％程度しかなく，「診察が

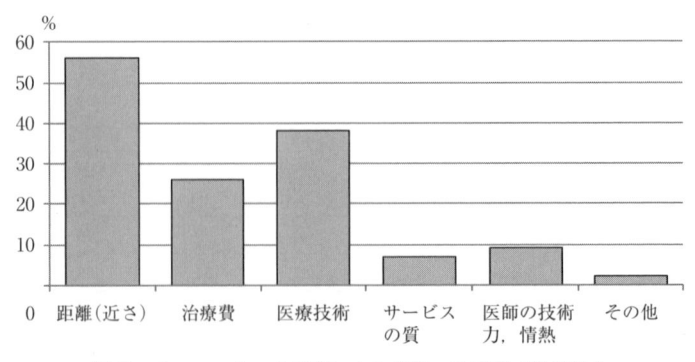

図7-2 アンケート調査による病院，診療所の選択理由

受けにくい」，「近くの病院は医療水準が心配」など医療資源の分布の不均等が背景にあると考えられる。一般的には，90％の医療資源が都市に集中し，大半の農村では医療資源の不足と医師の専門能力の低さ，スタッフの人手の不足，医療インフラ・設備不足などの問題を抱えているとされる。また，基層の医療機関（村の診療者や郷鎮の病院）と都市部の大病院のあいだに必要な連携メカニズムがなく，農村とへき地の住民の医療アクセスを悪化させている。

これを受け大連市は，農村住民が，安価かつ身近なところで診察を受ける，「軽い病気は村で，一般的な病気は郷内で，重病は県で」という農村医療改革の目標を実現するために，農村基層三級医療ネット建設を強化するなど農村医療提供システムの改善に努めてきた。

また，全市の郷鎮衛生院の類型，数量と分布を合理的に計画し，区市県，郷鎮，村の医療機関の関係を調整し，農村の医療ネットワークの全体的な機能を発揮し，「診察を受けにくい」問題を解決することも重要である。

「合作医療，三級医療ネットワーク，はだしの医師（情熱的医師）」はかつて中国が農村医療問題を解決した「3種の神器」であったが，1980年代以降は多くの地域で消滅した。新農合では，農村医療ネットワークを再建し，かつその「網」の密度を高める必要がある。大連市は地域医療の企画と郷鎮行政区域を調整し，人口，地理的位置，交通と技術管理レベルなどの諸要素を考慮し，市

衛生局と発展改革委員会が全市の郷鎮衛生院の分類型や医院数と地域分布を確定した。72の農村郷鎮と23の農村を抱える街道についての「一郷一院」の原則と区市県病院のある郷鎮は衛生院を設置しないという2つの原則に基づき，3類型の95ヶ所の郷鎮衛生院を設置し，農民の診察アクセスを大幅に改善した。各区，市，県政府も事業単位の改革方案を次々と打ち出し，郷鎮衛生院の管理体制の改善を図った。

政府が運営する区市県レベルの医療機関は，農村医療と予防・保健の中心であるのに加え，医療技術の指導と医師研修の中心でもある。農村医療，予防，保健，転院，救急などのサービスを担いつつ基層医療機関への技術指導，研修の責任も有している。

郷鎮衛生院は公共医療サービスを中心とし，予防，保健と基本医療などのサービスを総合的に提供する。そして，区，市，県の医療行政部門の委託を受け公衆衛生管理機能も担っている。郷鎮衛生院は，中核郷鎮衛生院と一般郷鎮衛生院に分けられる。中核郷鎮衛生院は一定地域範囲内での予防，保健，医療および技術指導を中心として，所在地域の中心地に設置されている。10万人あたりに1ヶ所を設置するという原則に則り，郷鎮衛生院は村，家庭，学校に関与し，予防保健と基本的な医療サービスを提供するなど病院とは異なる発展モデルをとっている。同時に，「大連市全域都市化」計画の進行度合いによっては，中核郷鎮衛生院の建設を強化することになる。

村の衛生室は伝染病の発生状況報告，予防接種，母子保健，保健教育，一般的な病気の診察と治療，転院サービスおよび一般リハビリなどを担当し，区の病院を頂点とする中核衛生院，そして一般衛生院につながる公共医療ネットワークを形成する。

2011年末現在，大連市の各種医療機関はの総数は2,357ヶ所で，その内，病院は125ヶ所（三級甲等病院7ヶ所，二級総合病院39ヶ所），衛生院95ヶ所，コミュニティ衛生サービスセンターは143ヶ所である。規定ベッド数は3万439床，実際に使用できるベッド数は3万4,395床であり1,000人あたりのベッド数は5.6床となる。スタッフは4万9,000人いるが，その中で医療専門スタッフが4万

表7-7 調査地域の医療機関および1,000人あたりのベッド数と医者数（2010年）

	病院, 保健所の数（ヶ所）	1,000人あたりの平均	
		病院, 衛生院のベッド数（床）	資格（助手）をもつ医者数（人）
大連市	216	5.16	2.71
中郊	13	4.66	2.31
近郊	62	4.28	2.48
遠郊	41	2.38	1.54

注：調査地区の新農合指定医療機関リストは章末の付録を参照。
出所：『大連統計年鑑』，大連市衛生局統計資料（2011）より。

人，1,000人あたりの医者数は2.71人である。全市総診療人数は延べ2,352万人で，ベッド使用率は82.8％である。このように近年，大連市は多くの財源を医療へ投入し，都市と農村の公衆衛生と医療サービスの水準は大きく改善されている。**表7-7**にアンケート調査地域のベッド数と医師数をまとめた。

調査地域における1,000人あたりのベッド数と医者数は大連市平均水準より低く，特に遠郊である「庄河」地域は医療資源が不足し，農民の診療ニーズを満たしていない。

村の衛生室は，中国農村の三級医療ネットワークの最も基層的な組織として村民の一番身近にある指定医療機関であり，その存在が農村基本医療サービスのアクセスに直接かかわる。本章の調査では村衛生室の詳しい調査を行った。

調査地域においては1つの行政村に少なくとも1つの村の衛生室があり，その中で2割の行政村は2つ以上の村衛生室をもつ。なお，一般的には2キロ以内に位置し，いつでも診察を受けられる。基本的には，どの鎮にも病院があり，どの村にも医者がいる形となっている。条件を満たしている村衛生室は新農合の指定医療機関に含まれ，新農合の外来診療の対象となっている。

しかし，調査では69.8％の村民が新農合の指定医療機関（村および郷鎮衛生院）の利用が少なく，とりわけ，郷鎮衛生院が少ないと回答している。郷鎮衛生院や村の衛生室の現在の医療サービス機能では農民の高まりつつある医療ニーズに対応できないことがわかった。同時に，村の衛生室は一般的に設置環

境が悪く，その多くは村の委員会事務室所または医者の自宅に併設され，医者と看護師の技術レベルも低い。加えて，精算手続きが比較的面倒（新農合はまず農民が医療費を払い，領収書をもって政府に精算をしてもらう）であるとともに，村の衛生室の薬は相対的に高いとされ，多くの村民は村衛生室で診察を受けたがらない。年配者等は遠い道を歩くのが嫌で村の衛生室に行く。ただ，近いといっても地域差があり，ある地域の郷鎮衛生院から一番遠い村は15キロも離れている。農村基層医療のアクセシビリティの改善に力を入れる必要がある。

一方で，医療費の社会化パターンを調整し，補償比率を高め，基本薬品制度を着実にし，「医療費が高い」問題を緩和することも重要である。

新農合基金の過剰の収支黒字額を抑える（リスク調整期基金の黒字を年間収入額総額の10％以下）ため，大連市の各地域は新農合の医療費支給要件を調節し，補償の下限の引き下げと給付限度額，補償比率の引き上げや給付対象診療項目と薬品種類を増やすなど医療保険の補償範囲を拡大する措置を取った。

大連市の新農合の医療費支給要件は区，市，県を単位に決定される。補填割合は以前より高まり，単純な入院医療費から徐々に一部外来医療費にまで拡大され，重病の際の高額医療費の補填まで広がっている。これにともない外来の家庭口座は徐々に廃止された。

また，表7－8，表7－9にあるように医療機関間の転診制度を導入し，異なる級別の医療機関に填補率の差を設け，一次アクセスとして区レベル（大病院）以下の医療機関で診察を受けることを奨励した。基礎医療サービスの利用を強化するために，2010年2月25日に大連市は国家基本薬物制度を実施し，郷鎮衛生院および政府管轄下の行政村の衛生室にはすべて国家基本薬物制度を導入し，基本薬物を仕入れた価格で販売する等衛生院での薬品価格の引き下げを推進した。

各地域の新農合の保険金は，一般的には入院費填補と外来費填補の2つに分かれる。外来時の重病補償，妊婦出産費用填補などの様々な方式もあり，それらは表7－10，表7－11にまとめた。

また，医療サービスの受益状況は改善している。新農合の実施以来，大連市

第Ⅱ部　医療保障制度の改革

表7-8　大連市新農合医療補償形態（2011年）

補償方式	地域
入院補償＋外来補償	普蘭店，瓦房店，庄河，金州新区，旅順口区，甘井子，長興島，花園口，高新園区，保税区
単純入院補償	長海県

出所：大連市新農合実施方法および衛生局の関連資料に基づき整理。

表7-9　大連市新農合医療補償基準（2005-2011年）

年度	外来診療			入院治療					
	基金に余剰がある場合の外来補償比率（％）	一般外来年度最高給付限度額（元）	年間最高給付限度額（万元）	区級以上病院		区級病院		街道衛生院	
				下限（元）	補償比率（％）	下限（元）	補償比率（％）	下限（元）	補償比率（％）
2005			1.5	800	30	300	40	100	50
2006			1.5	800	30	300	40	100	50
2007	30	100	2	800	35	300	45	100	60
2008	30	100	2	1000	35	500	45	100	60
2009	30	200	3	1000	40	500	50	100	65
2010	30	200	5	800	40	300	55	100	70
2011	30	200	6	800	45	300	55	100	75

出所：大連市新農合実施方法および衛生局の関連資料に基づき整理。

は延べ784.7万人の農民に13.78億元の医療費を保障し，その中で延べ71.75万人に11.21億元の入院補償，612.19万人の農民に1.52億元の外来補償，93.68万人の農民に1976.4万元の健康診断補償，7.1万人の農民に8574.71万元のその他の補償を支出した。

　新農合医療の関連統計では入院または外来填補を受けた人数の加入数に占める割合（補償率）を**表7-12**に示した。

　また，**表7-13**には外来診療にかかわる補償率等を掲載した。

　多くの加入者は新農合から医療費の補填を受け，それは，入院，外来の双方で増加している。ただ補償率は4割にとどまり，入院，外来いずれでもかかっ

表7－10　調査地域の新型農村医療入院補償の受益率（2011年）

	加入者数	補償人数	受益率（％）
大連市	2,155,798	1,628,076	75.5
近郊	172,317	196,745	114.2
中郊	67,301	12,639	18.8
遠郊	597,051	500,876	83.9

出所：大連市衛生局，調査地域の管理機構の統計資料より。

表7－11　調査地域の新型農村医療入院補償状況（2011年）

	総費用（万元）	補償金額（万元）	補償率（％）
大連市	90,539	39,320	43.4
中郊	3,858	1,494	38.7
近郊	9,020	4,145	45.95
遠郊	22,964	9,885	43.0

出所：大連市衛生局，調査地域の管理機構の統計資料より。

た医療費の6割の費用を農民自身が負担している現実がある。農民は依然，「病気のために貧困になる」，「病気のために貧困に戻る」というリスクに常に向き合っている。重病患者に対してはいくつかの傾斜的支援策（たとえば2次補償，外来の重病填補，妊産婦出産填補）も実施しているが効果は小さい。新農合基金の支出は主に入院補償に使われ，基金全体の76％を占める。外来診療の填補率は10％にも満たない。それは多くの農民にとって給付が低レベルにとどまっていることを示す。

調査で新農合の入院補償比率についての満足度を聞いたところ，「満足している」と答えた比率が9.46％，「ほぼ満足している」と答えた比率が67.45％と両方を合わせて76.9％に達し，入院費填補についても満足度は高い。一方，新農合に対して期待することを聞くと，「補償比率をある程度高めるべきだ」と答えた比率が72.2％を占め，外来診療を中心に日常的に使う医療の填補率を上げて欲しいという要求が強い。

大連市は「貧困農民」の医療問題を解決するために，貧困住民の定義に合う

表7-12 調査地域の新型農村医療入院補償状況(2011年)

	総費用 (万元)	補償金額 (万元)	補償率 (％)
大連市	90,539	39,320	43.4
近郊	9,021	4,146	46.0
中郊	3,858	1,494	38.7
遠郊	22,964	9,885	43.0

出所:大連市衛生局,調査地域の管理機構の統計資料より。

表7-13 調査地域の新農合医療外来およびその他の補償状況(2011年)

	外来				その他の補償		
	補償人数	総費用 (万元)	補償金額 (万元)	補償率 (％)	補償人数	総費用 (万元)	補償金額 (万元)
大連市	1,433,375	12,263	4,750	38.7	16,055	482	626
近郊	181,870	1,738	627	36.1	1,929	148	106
中郊	5,131	64	22	33.9	39	18	1
遠郊	452,606	4,013	1,695	42.2	1,064	257	97

出所:大連市衛生局,調査地域の管理機構の統計資料より。

住民への優遇政策を打ち出した。すなわち,病気による外来と入院費用は新農合の補償基準で補償を受けた後,残りの個人負担部分は農村貧困救済資金(社会福祉制度)から追加で支援される。これにより,新農合と農村医療救済制度が接合し,社会的弱者に対する支援が高まった。現在,大連市農村医療救助の対象人数は4万9,758人で,全農業人口の2.25％,新農合加入者の約2.3％を占めている。

また,アンケート調査からは,農民患者の多くは初診の場所を郷鎮衛生院にしていることが明らかになった。基層医療サービスの質が農民の医療サービスの水準を決める。新農合における補填率は基層病院に厚く大病院に低い傾斜配分となっている効果が出ている。

一方,大連市の農村地域のほとんどの衛生院は1960年代に建設されたもので設備が老朽化している。このため,大連市は人口分布と地理を考慮し,郷鎮衛生院建設基準を策定した。区,市,県の各レベルの政府では郷鎮衛生院への資

金投入を強化し，設備の改善に努めている。2010年に，大連市政府は3億元余りの資金を農村に投入し，農村の保健医療環境の改善と医療スタッフの技術水準の向上を図った。また，93の郷鎮衛生院，5ヶ所の救急センター，27の救急スポットに対して増改築と修理を行い，医療設備を更新した。市と区の政府および医療行政部門は管理体制を強化し各種規定の見直しなど郷鎮衛生院のサービス機能の改善を目指している。

農村医療スタッフの能力を高めるために，大連市は都市医療機関による郷鎮衛生院への技術援助を実施した。2010年に大連市では百数名の都市の医師が農村に直接出かけ農村の医療スタッフに医療技術を指導した。また市衛生局は農村医療従事者に対する職場研修プロジェクトを立ち上げ，農村医者研修と郷鎮衛生院の医者，そして看護師に対する職場研修トレーナー資格研修を10期余り実施した。さらに，都市の医療従事者が昇級前に一定時期を農村で勤務する制度や，医学部卒業生を招請する「一村一人の大学生」計画などを実施し，衛生院の人材育成と医療スタッフの増加を促進している。

一方で，大連市衛生局は農村の辺鄙な地域をカバーする遠距離医療援助システムの構築に着手した。大連の都市と農村を含む重病患者に対する救急治療システムを導入し，へき地の救急医療水準を高めた。2010年には30ヶ所の郷鎮衛生院で遠隔診察システムを導入して直接大病院の医師が診察できることになり，また，農村衛生院の医療従事者の医学研修もこれにより可能になった。

大連市の郷鎮衛生院の建設，管理は一定の成果を挙げたが，現在の郷鎮衛生院の医療水準では農民の健康ニーズを充足できず，依然いくつかの問題点が存在している。たとえば，①設備と人手の不足，②専門技術人材の不足，③スタッフの質の低さ，④管理上の責任感の欠落，⑤資金投入制度の問題，等である。

一例をあげると，近郊の，ある衛生院は地元の一級病院であり，サービス範囲は鎮の3.2万人にまで及び，ベッド数は20床以上で地元の農民医療救急センターである。しかし，救急治療室はなく，急病重病患者は救命措置も受けられない。設備と人手不足から手術も行えないため，一般的な病気の患者も100キ

口先にある大病院で診察を受ける必要がある。

　また，遠郊地域のある衛生院は一級乙等病院であり，周辺の7つの村，70ヶ所の屯の2.6万人の住民を範囲とし，基層医療，杭州衛生サービスなどの重要な責任を担っている。しかし，設備不備と技術不足からやりたいことは多いが，できないと回答している。病院には30床のベッドがあるが，在職中のスタッフは24人，短期採用や非正規従事者はうち8人である。医者の数は所長を合わせて3人（外来1人，検査1人），看護師も外部から招聘した人を合わせて4人で，専門技術人材はまったく足りていない。医療スタッフの技能水準も低く，カラー画像の超音波検査機器を購入しても扱えず，大連机車病院（大病院）からX線機器を得たが機械操作ができる人がいないという状況である。

　また，政府による農村衛生室の増設計画は数量と設置地域の計画に留まり，財政的な援助はない。村の衛生室は基本的に自給自足で，自然に発生して自然に消滅することとされており，財源的な問題もあり一気に進むような状況にはない。農村部の医師の収入源の主要なものは農村の公衆衛生の提供報酬ではなく，診察をした結果の薬品販売によるものである。「新医療改革法案」は村の衛生室の機能と位置付けを明確にしたが，さらに関連政策を具体化する必要がある。政府は郷鎮衛生院を全民事業単位として明確に位置付けたが，村の衛生室の公共性も明確にする必要がある。現在，中国の農村公共医療ネットワークの性格は，県区の病院と郷鎮衛生院は全民事業単位の公的な位置付けであるのに対し，村衛生室は個人が請け負う私的な位置付けとなっている。そのため，村衛生室で提供するサービスはもっと営利性の高いものとされている。

　農村の医療インフラへの投資と「新農合」の実施は農民の医療サービスに対する意識を変え，医療ニーズを増やし，破綻に直面していた郷鎮衛生院を復活させた。大連市衛生局のデータによると，全市の郷鎮衛生院の年間総収入は，2004年の1.29億元が2007年には2.33億元まで上昇し，とりわけ，遠郊の郷鎮衛生院は総収入の同期間の伸びは139%で，外来患者数が71%，入院患者数が92%増加した。

　その実態を院長にインタビューした。インタビューの対象は遠郊地域のある

中核衛生院の院長と近郊地域のある中核郷鎮衛生院の院長である。

証言1：

　遠郊地域の中核衛生院の院長は，「改修前の昔の衛生院の設備は古く，いくつかのベッドと古い検査機器しかなかった。そのうえ，医師の技術水準には限界があり，建物も古く，保健所を訪ねる患者はあまりいなかった。そのため収入が少なく，従業員の給料も払えなくなり，基本的な業務も行うことができなかった」と話した。

　2005年に政府は郷鎮衛生院建設への資金投入を強化し，中核衛生院は新しい建物を建てただけでなく，化学検査設備を増やし，超音波CTスキャナー，X線機，手術室および救急設備などを揃え，一般的な病気は衛生院で診察を受けられるようになった。現在，この衛生院は24時間患者を受け付け，平均毎日30〜40人の診察を行っている。「新農合を実施する前は，衛生院の毎月の収入は3万元ぐらいだったが，いまは毎月7万元余りである。農民の医療負担の軽減だけでなく，郷鎮衛生院も救った」。

証言2：

　「なぜ農民は大病院に行かなくなったのか？」との質問に対し，「郷鎮衛生院は填補率も高く，現在の郷鎮衛生院の医療水準は相対的に高くなったので，何時間もかけて車に乗って市内の大病院に行くことはない」と回答し，近郊の地域のある中核衛生院は，「新農合を実施する前，農民は入院する際には一般的に1,500〜2,000元，あるいはもっと必要であったが，新農合を実施後は内科患者は600〜700元しかかからず，外科は1,200元ぐらいあれば入院できる。重病で1,500元ぐらいかかる」としている。自己負担する医療費は半分になり農民の負担を確実に軽減した。

　ある貧しい村にある中核衛生院の院長は，「農業が主な経済収入源とし，1人あたりの年間収入6,000元の地元の農民は軽い病気は対処せず，重病の治療は遅延することが多く，病院に行くことを怖がっていた。しかし現在，街道の

２万2,651人の農民はすべて新農合に参加し，外来は35％，入院は70％の補填を受けられることから，2011年1月1日から7月31日まで，中核衛生院は延べ１万1,286人の患者を診察し，うち，248人の患者が入院し，補償した医療費は合わせて63万元であった」とした。

前述した通り，近郊の新農合の拠出金は遼寧省が最も高く，1人あたり300元であるが，そのうち市政府の補助額は150元，区政府の補助額は100元，街道補助額は20元であり，農民の個人保険料はわずか30元を拠出すればよい。年間補償限度額も市平均より2万元高く，8万元に達した。「診察を受けに行く人が増えたのは病気になった農民が増えたのでなく，農民が診察に行けるようになったからだ」と院長は話した。同郷鎮衛生院は2005年に比し入院患者数が41％，外来患者数は32％増えた。農民が郷鎮衛生院で支払う個人負担の割合は68.1％から41.3％まで低下した。

管理状況

大連市は，国家の関連規定にしたがい，責任者を主任とする「新型農村合作医療管理委員会」を設立した。メンバーは衛生，財政，農林水産，民政，発展計画，会計監査，薬品監督，人的資源および社会保障部門と農民代表から構成され，地元の新農合医療の組織，調整，管理と指導を担当する。同時に各区（県）委員会と政府は新農合の実施結果を幹部の人事「評価システム」に組み込んだ。

また，各区（県）衛生局のもとで「農村合作医療保険決済センター」を設立し，新農合の管理機構として，日常的な業務を担当させる。管理機構のスタッフと公用経費を地域の財政予算に組み込み，新農合基金と切り離している。同時に，新農合決済センターは定期的に新農合管理委員会に基金の収支，使用状況を報告する。

新農合基金管理を強化するために，各地域では区政府と関連部門および人民代表大会代表，政治協商会議委員と加入者代表から構成される「新農合監督委員会」を設立した。この監督委員会は定期的に農村合作医療基金の使用と管理

状況を検査，監督する。会計監査，監察，財政，衛生などの部門は各自責任をもって，定期的に農村合作医療基金の収支と管理状況を監督する。新農合管理機構と指定医療機関は契約を結んで保険金の支払を行う。

指定医療機関も各種管理制度を尊重し「遼寧省新型農村合作医療指定医療機関管理暫定規定」と「遼寧省新型農村合作医療基本常用薬目録」，「遼寧省新農合医療診療項目範囲」を厳格に守るとともに，労働者基本医療保険の「入退院基準」を実行する。2010年2月に大連市では国家基本薬物制度を実施し，郷鎮衛生院および政府管轄の村の衛生室はすべて国家基本薬物制度を実施し，基本薬物の「ゼロ薬価差」を実施している。基本薬物は省単位でインターネットによる集中入札方式により購入し，統一価格，統一配送としている。なお，基本薬物の比率は全薬剤の80％以上を占める。

同時に，「一証一カード」制度を推進し，特定の範囲内では診察時に医療費の精算ができるようにしている。大連市はまた新農合管理情報システムを導入し，「会計監査は管理機構が行い，農民は指定病院で精算決済をし，精算結果を郷鎮衛生院で掲示する」という利便性の高い新農合管理情報システムを構築した。その情報ネットワークシステムを各指定医療機関に拡大し，ネット上で登録，精算，監査，公示を行い，農民が退院と同時に医療費を精算できるようにした。「十二五期間」（2011年から2015年）中に，大連市は全市統一的な新農合情報管理プラットフォームを構築し，すべての加入者に診察券を作り，加入者は市級の指定医療機関でも即時精算可能にする計画である。

アンケート調査でも，各郷鎮衛生院は国家および地方の関連政策を厳格に実施している。2010年に郷鎮衛生院で基本薬物制度を全面的に実施して以来，各郷鎮衛生院では国家基本薬物制度およびネット購入制度を全面的に実施した。国家，省の基本薬物と補充薬品の規定を遵守し，すべての薬品を統一的にネット上で入札・購入し，統一価格によってマージンを廃止し，仕入れ価格で販売している。各郷鎮衛生院は治療に際し国家基本薬物（60％を占める）を優先的に使用し，薬剤価格は平均40％低下し，農民の医療費負担は大きく軽減された。

しかし，未だ一部地域の管理機構の体制が整わず，責任者不在，業務分担が

曖昧で，管理が不十分などの問題が生じていることもわかった。特に，郷鎮レベルでは同級の行政機構の中に組み込まれておらず，事務職員の多くは出向者もしくは兼職の人であった。指定医療機関が毎年の外来医療費総額を確定し，指定医療機関が投薬，費用徴収，サービス，医療の質などに対する評価および会計監査を行うには専門性の高い技術や専門知識が必要とされる。しかし，調査を通じてこの専門人材は遥かに不足していることが判明した。同時に，郷鎮の基層プラットフォームの建設が遅れていることも明らかになった。とりわけ，情報連携，統計処理，評価，報告，コンサルティングや関連部門との協業などは非常に弱い。

調査地域の農民の新農合に対する評価

　新農合に対する満足度については，満足あるいは基本的に満足と答えた比率はそれぞれ13.6％と79.3％と高い。新農合が農民の健康レベルを高め，医療費負担を軽減し，病気による貧困化・再貧困化の防止に重要な役割を果たしていることが以下のとおり確認できた。

① 約7割の農民が導入前と比べ早めに診察を受けた。調査では，「あなたやあなたの家族は新農合に加入して以降も，診察や入院を怖がっていますか？」と聞いたところ，73.4％の農民はいいえと答え，基本的には経済的理由から診察を躊躇することはなくなっている。依然17.2％の農民は怖がってはいるが，以前よりよくなった，と答えた。14.2％の農民は以前と変わらないと答えたが，その中には，家族に重病あるいは慢性病患者がいるためと回答した人が29.1％含まれる。

② 9割近い農民は病気による貧困化・再貧困化リスクが減少したと回答した。新農合による医療補助は農民の医療費負担を効果的に軽減し，病気による貧困化・再貧困化をある程度防止したと言える。本章の調査では，17.3％の農民が病気による貧困化・再貧困化の防止に非常に効果的であると答え，ある程度有効との回答も69.9％を占めた（知らないが7.1％，

効果的でないが5.7％）。
③　8割の農民が実際のメリットを感じている。新農合に加入してから，一部の農民は医療費の塡補や無料の健康診断を受けていることから，10.7％の農民は大変役立ったと答えた。なかでも家族に重病者あるいは慢性病患者がいる農民の20.4％は受益は有効と回答した。72.8％の農民はまずまず有効と回答した。

調査の中で見つけた問題点
一方，アンケート調査の中で次の問題点も浮上した。

①新農合政策に対する農民の理解はやや不十分で，新農合の詳しい内容を宣伝する必要がある。「新農合について知っている」と回答する農民は多いが，その詳細について知っている人はきわめて少なかった。多くの農民の認識は，新農合は国家が近年スタートさせた農民医療優遇政策という程度で，その具体的な塡補計算や塡補方法，転院，地域外診察時の保障の受け方，入院費塡補，外来費補償の差などについては，自ら保険金を受給した人以外はほとんど理解していない。制度の理解を進める広報活動が足りず，年末の農民からの保険料徴収時に慌てて広報活動するという状況である。保険料の徴収が始まると広報活動が開始し，徴収が終わると同時に終了し，継続的に周知するという考えがない。すべての農民が医療保険管理機構の従業員と同じく新農合政策に詳しい必要はないものの，その効果を確認する意味でも知識教育は必要である。

②土地収用で「農転非」（農業戸籍から非農業戸籍への転換）なっている農民は都市戸籍であるにもかかわらず新農合の中に組み込まれている。土地収用によって非農業戸籍に変わった家族メンバーは，戸籍だけが農業戸籍から住民戸籍へ変わっただけで，生計を維持する手段は本質的に変わっていない。大連では現在，土地を失った農民も従来どおり新農合に加入している。

③農民工の重複加入と地域外での受診問題。調査やフィールドワークを通じて，現在農村の常住者は，主に老人や子どもと一部の女性であり，多くの若者

は出稼ぎに出ていることが判明した。調査対象世帯の内，73％の家庭は出稼ぎに出ている家族がいるとしている。ある村の現在の人口は3,200人だが，1,200人は他の地域で働き，その20％が都市と農村で重複的に医療保険に加入している，もしくはどちらに加入したらいいかわからない状況で，病院での診察費用の精算が非常に面倒で難しいと感じている。

随時保険料の納付ができ，出稼ぎ農民の新農合への加入に際しての利便性を高める仕組み作りも重要である。農民が集中しているある都市の地域では，新農合管理機構と都市医療管理機構が協力し，新農合の指定医療機関を指定して契約を結ぶことで，農民工が働く都市で診察を受けた場合に，医療費の填補をスムーズに受けられることが重要である。また，農民工が分散している地域や医療機関の指定条件が備わっていないところでは，遠隔補助などの形式を考える必要がある。

④農民の医療ニーズは，重病もあるが一般的な病気と多発性疾患に対するニーズが高い。本章のアンケート調査から，7割以上の農民の年間医療費は2,000元以内であり，年間医療費が500元以下の世帯が全体の24.3％，500元超1,000元までの世帯は32.5％，1,000元超2,000元までの世帯は20.7％，2,000元超4,000元までの世帯は13.6％，4,000元超8,000元までの世帯が5.9％，8,000元超の世帯が3.0％であった。この結果は，新農合が農民の医療費負担をある程度軽減している一方で，農民の最大の医療ニーズは一般的な病気や多発性の疾患など「小病」であることが多い。

⑤給付対象の診療項目や薬品の種類が農村住民の需要とが一致していない。医療改革では，基本薬物と診療項目の拡大を推進している。調査では，基本薬品リストのうち70％〜80％は農民が利用する可能性が高いが，それ以外の薬は患者のニーズに合っていないという結果になった。値段が高い薬は給付範囲内に含まれているが，効き目がよく安価なビタミン剤や風邪薬などは含まれておらず，実際には農民の医療支出を増やしている。また，合作医療の給付対象病種の認定に合理的とは言えない部分がある。給付対象の大半は手術関連であり，たとえば，利用度が高いリウマチ性関節炎，気管支炎などの一般的な慢性病に

対する給付は含まれない。農民は重病になったとき，都会の大病院に行ってより良い治療を受けることを希望している。しかし，大病院の診察サービスとそこで使用する薬品の大部分は新農合の給付範囲内に含まれず，医療保険による塡補金額は限られている。

⑥新農合適用範囲の薬は一般に薬価が高く，単価の安い常用薬は不足している。調査中，郷鎮衛生院の責任者は仕入れ価格で販売するとしているが，患者側は一部の薬は一般の薬局で購入する価格よりも高いとしている。たとえば，「藿香正気口服液（風邪薬）」は薬局では4.5元だが，新農合の指定医療機関では4.7元であった。これは新農合と加入者の負担増につながるだけでなく，新農合が定める薬品統一的購入の原則に反する。同時に，薬品の統一的購入がスタートして以来，「甘草片（咳止め薬）」，「頭痛粉（鎮痛薬）」など値段が安く効用が高い常用薬は逆に姿を消すことになった。また，薬の配送遅延が多く，治療に支障が出ている。現在，郷鎮衛生院への配送は毎月一回であるが，これは農民の需要を満たしていない。そのため，地方政府の医療，物価担当部門は随時市場価格調査を行い，統一購入に伴う問題を直ちに責任者に伝え，基本薬品購入価格を確定する際に参考にすることが重要である。

⑦新農合の基金を乱用するケースが多発している。患者の診察時，病状を誇張して入院を勧め，不要な薬を処方したり入院期間を延長するなど，新農合の基金を乱用している。また，一部の郷鎮衛生院ではカルテを偽装し新農合にその塡補を求めるケースも発生している。医療費の精算の際，農民の情報格差を利用し，故意に給付範囲を制限したり，詐欺・隠蔽等の方法によって農民の権利を侵害する場合もある。逆に，医療スタッフと患者，新農合の管理者が結託して処方箋を偽造したりあるいは偽の領収書を使用することにより，不正請求する場合もある。

⑧医療費自体が高くかつその上昇率も高いため，新農合が農民の経済負担軽減効果を大きく減殺している。農民の医療費の支払総額は予想されたほど減少していない。診療機会自体が増えた面と医療機関に対する政府の監督不足により，十分な減殺効果が現れていない。医療機関が患者に高額の処方箋を出した

り，不適切だが利益の厚い薬を処方したり，不要な検査を受けさせたり，入退院基準を無視して入院患者の選別的な受け入れを行ったりするからである。また，重病患者を受け入れない，政府の規定に反した事項の設定や医療費基準を独自に作るといった事態も生じ，命にかかわる問題となっている。

　新農合の指定医療機関は農民に医療サービスを提供する主体であり，指定医療機関の行為の不正は新農合制度の存続にかかわる問題である。全体の医療費用の不必要な増加や農民の救済に支障が出る。そもそも基本指定医薬品の範囲とその価格は都市部の基準により決定されており平均収入が遥かに低い多くの農民にとって医療費用は絶対的に高いことから，非合法な費用の徴収による農民の負担増は避けなければならない。

　⑨基本薬品の「ゼロ薬価差政策」は医師・医療機関の経営の「薬品依存」を根本から変え，農民の負担を軽減した一方で，基層医療機関の収支に大きな差を発生させることとなった。たとえば，ある郷鎮衛生院で販売する基本薬品の種類は制度導入前とほぼ同じであるが，基本薬物の平均価格は41％低下しており，経営への大きな圧力となっている。

　国務院は「基層医療機関の補償メカニズムを構築・改善することに対する意見」を出達した。これは，医療機関の効率的な運営と健全な発展，医療スタッフの合理的な待遇を保障することを原則としている。単なる医療費の塡補政策ではなく，この仕組みを通じ，基層医療機関の改革を推進し，基層医療機関が自主的に運営することをめざしている。

　大連市は各種の公衆衛生サービスに対して「価格の明示」を郷鎮衛生院に指示した。住民のカルテの作成費用，高血圧，糖尿病などの慢性病の治療費用，高齢者の保健，60歳以上の高齢者に対する無料健康診断費用，農村女性の入院出産補助金額などである。これらは郷鎮衛生院の大きな収入源となり，各郷鎮衛生院が特色のある医療サービスを提供しようとするインセンティブになっている。

3 新農合の改善に向けて

　新農合の実施は農民の医療サービスに対する意識変化をもたらし，一部の家庭の経済的負担を軽減し，病気による貧困化・再貧困化のリスクを明らかに低減した。農民の潜在化していた医療ニーズ顕在化させ，外来・入院とも総患者数の増加と医療サービス利用水準が上昇した。また，新農合の実施は医療の供給側である郷鎮衛生院の医療サービスの価格や品質，効率性を劇的に変えた。このことは医療サービスの需要者である農民にも高く評価されている。

　新農合のカバー率がほぼ100%となる中で新農合をさらに発展させるには，新農合を構成する各主体，すなわち各層の政府，管理機構，指定医療機関そして加入者の4者間の利益相反を緩和していくことが重要となる。

基金の安定的な収入確保に向けた負担基準の見直し

　長期的に安定的した基金収入を確保することは最も大きな問題点の1つである。新農合の設立以来，政府は保険制度の収入額を1人あたり30元から290元まで引き上げてきた。しかし，一律徴収と固定額徴収の見直しの時期にきている。

　まず，一見公平に見える画一的な定額基準は，①経済状況の異なる地域の地方政府の財政能力や②農民個人負担能力や医療サービスの使用水準に合わず，③財源負担の公平性を失っている。新農合の普及率が低いときは定額徴収は必要不可欠であったが，制度が一定の普及を見た現在，異なる地域状況に基づいた財源調達手段が求められる。たとえば，1人あたりの保険料の引き上げに際し，農民世帯の1人あたりの純収入の格差を考慮するなどが考えられる。

　中国の社会・経済は農村と都市という「二元化」を特徴とし，農村は経済の発展水準と農民収入が低く，政府が主要な財政責任を担っている。所得以上に医療格差が大きいことから新農合への政府支援が大きいことは制度の安定運用に寄与する。区，市，県の各層の政府は加入者の所得属性，医療サービスの地

域水準に基づき補填基準を高めたうえで新農合予算を徐々に増大していくことが必要である。また，移転支出として貧困地域に傾斜した配分が求められる。

　また，基金の財源調達の多様化は，今後の重要な課題である。現在，新農合の基金の80％は政府補助で，各層政府の財政資金が主要財源である。しかし，8億人の農民に医療サービスを届けるには未だ不足しており，財源調達の手段を多様化することは，新農合の重要な課題となる。

　また，新農合の組織運営をすべて政府が引き受ける必要はない。新農合のための政府管理機構の新設は県レベルの地方政府の財政に過大な負担をかけ，その事務処理能力も懸念がある。また，ハード・ソフトの設備も不足していることから，政府主体の運営方式はサービスの効率性とサービスの質において問題が多い。民間の保険会社等は保険業務の運営面で豊富な経験と資源をもち，政府と民間保険会社が新農合制度の運営で協力することが望まれる。保険会社に新農合の財政資金管理と医療費審査・支払業務を委託し，地方政府は，新農合の宣伝と監査管理業務に専念する形である。

填補の方法，支払基準を明確に設定する

　重病の経済リスクに対応することを目的とした新農合の医療費の填補基準は適切であった。すなわち，広く農村住民にあった「診察を受けにくい」状況の改善や「病気による貧困化・再貧困化」の防止などを解決してきた。しかしながら農民の本来の医療ニーズは，発生が限られた「重大疾病」だけにあるのではない。

　むしろ，普通の常発病や多発病に対する填補にある。軽い病気が重大な病気になることは農村で繰り返されてきたことであり，財源を勘案しつつも新農合の適用範囲は拡大すべきである。

医療機関に対する監督の強化と支払方法の改革

　医療という公共性の高い分野で医療サービスの提供者のモラルを高める施策が求められる。過剰な投薬や不必要な診療や規則と異なる医療費用の値上げな

どの問題が生じている。医療サービスの提供コストを厳格にコントロールすることが重大な課題となっている。

まず，入院費用については，各地域によりサービス項目によって異なるものの，一般的には，指定された基本薬物と診察項目の下で，医療機関で提供しているサービスの量により填補額を決定している。しかし，このような基準は，指定医療機関の自主的かつ効率的な医療提供に結び付かない。本書の第4章で指摘した医療提供者が良質な医療提供に自主性を発揮するような費用コントロールの仕組みの導入が急がれる。

患者に受診の自由を与える

新農合は，効率的な資源配分もあり，郷鎮衛生院や県レベル病院での受診を促すように，支払基準の下限引き下げや填補率の傾斜政策を進めている。また，指定された医療機関でしかできない医療転院制度は医療への自由なアクセスを制約している。

しかしながらこの政策の過度の運営は，経済的に豊かではない重病患者が医療技術が高い都会の大病院を診療する道を閉ざすリスクもある。本章のアンケート調査でも，填補比率の傾斜方式が重病患者の治療の質やアクセスを低下させたことを示している。

また，地域内の指定された医療機関および医師が地域の医療システムの中で患者の情報や利権に繋がる選択権を有することになる。このような医療機関や医者・看護師の個人的な利益を抑制するには，加入者に地域を越え医療機関の自由選択権を与え，政府の監督下で適切な市場競争が行われる仕組みが重要である。新農合は制度定着のため，まずは，「指定医療機関受診制度」を採用し診察秩序の規範化を進めたが，長期的には競争抑制的なこの制度の緩やかな見直しが必要である。

都市と農村の医療保険の一体化を進め，管理水準を高める

新医療改革方案では，「都市と鎮（農村）の住民医療保険，従業員医療保険

そして新農合を適切に運営し，同時に都市と農村との連携を促進して両者が一体となった基本医療保障管理制度を模索する」としている。現在，新農合の事務機構は異なる主管部門によって管理されているが，市レベル，区レベル，郷と鎮レベルの事務機構の関係を見直し，都市と農村の一体化管理を実施すべきである。誰でもどこでも基本医療保障を受けることができ，異なる保険制度への重複加入の解消や重層的かつ非効率的な事務運営資源の節約が必要であろう。

まず，都市と鎮の住民や職員の医療保険管理機構とを統合し，医療費支払インフラや事務体制を共有化することが，将来，都市と農村の一体化された医療保障制度をスタートするときの基礎となる。

次に，県と郷の統合組織を設置し，人事政策や経費分担などの問題を解決する。基金の財源調達や支払，管理組織の経費に対する会計監査，転院，薬品管理，医療機関管理などの管理監督ができる制度が必要である。

また，基層医療に従事する事務員に対する管理を強化し，精算手続き方式を簡素化して適時精算とすると同時に事務職員の職務権限が乱用されるのを防ぐ。

新農合医療制度と農村医療救助システム（福祉医療）との連携を推進する

現在，大連市の農村医療救助システムは，政府資金による福祉医療と一般医療機関による診察と治療費の優遇の2つからなる。この2つの部分を円滑に統合し，農民に有効な福祉医療を提供する医療救助体系を構築してきた。

しかし，この福祉医療政策は，貧困層と非貧困層とのあいだの「潜在的な貧困者層」には注目していなかった。「潜在貧困層」は自己負担の医療費が思うように払えず，新農合からの受益が無いもしくはかなり小さいものとなっている。この層に属する農民が新農合からより受益しやすくするように福祉医療との接合が重要である。

都市と農村を統合するなど多様な医療保険制度を模索する

農村労働力の都市部など異なる地域への移動は当面は避けられないと考えられる。国の固定的な医療制度では，農民の移動をスムーズに受け入れることが

できない状況である。都市と農村との医療保険の統合は，理論的には，①利便性の拡大，②「大数の法則」にしたがうリスク分散が可能で，基金のリスク対応力が強化される。

また，中国の東部（沿海部），中部，西部の3地域間には大きな経済的格差が存在し，また，農村と農村とのあいだにも大きな格差が存在する。このため，異なる地域の経済水準と特性に合う医療保険制度という考え方も重要である。

さらに，都市と農村の住民を包括する基本医療保障制度は，大きく3つに分けられる。すなわち，①都市と鎮の従業員は基本的に医療保険，都市住民も基本的に医療保険，鎮の住民は新農合である。組織的には，衛生部門が新農合の全体管理を行い，人事部門と社会保障部門が都市と鎮の職員の基本医療保険を管理し，民政部門が医療救助（福祉医療）に責任をもつ。

都市と鎮の従業員医療保険制度の基金収入がその他の2つの制度より圧倒的に高く，すぐに全民医療保険制度としてこの3つを統合するのは難しい状況である。しかしながら，現在，経済発展地域の多くでは，新農合を都市と鎮住民の医療保障の1人あたりの保険料と提供医療サービス水準に接近させる試みも進んでいる。試験的に経済発展地域で，この2つの保障制度の統合を進められる条件が整ってきている。統合に際しては，中国で言われる「大きい魚が小さい魚を食べる」原則を取り入れる。農業人口比率が高い県では都市と鎮の住民医療保障を新農合へ組み込むのである。医療保険が統合されたエリアを順次広げていくことで，中国全土での医療保険統合を完成させるという流れである。

具体的には2008年に，「浙江嘉興」エリアは新農合と都市住民医療保険を統一し，「都市と農村住民合作医療保険制度」を打ち出し，農村住民と都市住民に対して，保険料や補填水準，医療費の精算方法，保障基準等において統一的な基準を敷いている。多重管理組織，部門間利益の対立，資源浪費などを防止するため，嘉興市の衛生部門は医療保険と医療サービスを両方管理できるシステムを作り，1回あたりの平均入院費用を数年間抑制し，毎年の基金収支も収入の10％以内にコントロールされている。

大連市については，都市と鎮の住民基本保険と新農合の加入者の属性，とり

わけ，1人あたりの保険料水準や塡補率が比較的近接し，「都市の全域化」政策を推進し，産業の形成地の拡散と技術の地域への波及，人口構造の急速な変化により都市と農村のあいだの境界線が曖昧になってきている。したがって，他都市の例を参考に将来大連市でも新農合と都市と鎮の住民の医療保険の統合が進む可能性はある。

注
(1) 「新型农村合作医疗制度存在的问题与对策」，『山西财经大学学报』2007年1期。

参考文献
「新型农村合作医疗可持续发展的前提」『中国农村卫生事业管理』2006年10期。
「新型农村合作医疗框架中政府角色的理性定位」『行政与法』2008年7期。
「新型农村合作医疗支付方式的路径选择」『中国农村卫生事业管理』2011年1期。
「新型农村合作医疗可持续发展的基本要素」『中国农村卫生事业管理』2007年4期。
「保证新型农村合作医疗制度可持续发展的调查研究」『中国初级卫生保健』2009年6期。
「我国新型农村合作医疗制度设计缺陷分析及对策研究」『中国卫生经济』2008年10期。
「论新型农村合作医疗的可持续发展」『卫生经济研究』2005年12期。
「浅议新型农村合作医疗制度可持续发展的对策」『中国农村卫生事业管理』2007年5期。
「新型农村合作医疗可持续发展问题分析」『法制与社会』2007年5期。
「政府在新型农村合作医疗可持续发展中的责任」『安徽农业科学』2008年21期。
董黎明 (2011)『我国城乡基本医疗保险一体化研究』经济科学出版社。
赵曼・张广科 (2009)『新型农村合作医疗保障能力研究』中国劳动社会保障出版社。
『大连统计年鉴』2008-2011年。

付録1　新型農村合作医療調査質問票

皆様：

　こんにちは。

　このアンケートは，新型農村合作医療の基本状況を調査し，あなたの医療保障に対する期待と新型農村合作医療の実態を把握することを目的とします。私たちがあなたの考え方を正確に理解できるように，少し時間を割いて，客観的かつ公正に答えていただけたら幸いです。私たちはデータ保護法を遵守し，すべてのデータを厳重に取り扱います。ご協力のほど宜しくお願いいたします。

年齢_____　　性別_____
家族のなかに重病あるいは慢性病患者はいらっしゃいますか？_____
家族のなかに外地で働いている人はいますか？_____

調査へのご協力，ありがとうございます。適切な選択肢を選んで（○）を入れてください。

1．あなたとあなたの家族は新型農村合作医療に加入しましたか？
　　　　はい（　　）　　　いいえ（　　）

2．加入しなかった場合，その理由は？
　　　　体が丈夫だから，参加する必要がない（　　）
　　　　合作医療は役に立たない（　　）
　　　　外地で働いているため，病院に行っても精算するのが面倒（　　）
　　　　すでに他の保険に加入した（　　）
　　　　個人拠出額が高く，負担できない（　　）

3．加入した場合，その理由は？
　　　病気になった時医療費が補償できるので，経済的負担が軽くなる（　　）
　　　他の人も加入するので，私も加入した（　　）
　　　村委員会の宣伝（　　）　　　　幹部の誘導（　　）

4．あなたは合作医療政策をどのような方法で知りましたか？
　　　政府宣伝（　　）　　テレビ・新聞（　　）　　他人の紹介（　　）
　　　その他（　　）

5．あなたは新型農村合作医療の関連政策について
　　　詳しい（　　）　　わかる（　　）　　少しわかる（　　）
　　　わからない（　　）

6．新型農村合作医療政策の拠出基準，精算基準，精算プロセスについてわかっていますか？
　　　よくわかる（　　）　　わかる（　　）　　少しわかる（　　）
　　　わからない（　　）

7．あなたの家族は新型農村合作医療保険に加入した後も，病院に行ったり入院したりすることを怖がっていますか？
　　　いいえ，基本的にはすぐ病院に行く（　　）
　　　まだ怖がってはいるが，以前よりよくなった（　　）
　　　以前と変わらない（　　）

8．あなたが外来診療に行く時，優先的に行く医療機関は？
　　　村衛生室（　　）　　鎮衛生院（　　）　　区レベルの病院（　　）

9. もしあなたまたは家族が入院する必要があるなら，優先的に選択する医療機関は？
　　村衛生室（　　　）　　　鎮衛生院（　　　）
　　区レベルの病院（　　　）　　　その他（　　　）

10. あなたまたはあなたの家族が病気になった時に，これら医療機関を選ぶ理由は？
　　距離が近い（　　　）　　　医療費が安い（　　　）
　　技術レベルが高い（　　　）　　　サービスがよい（　　　）
　　知り合いの医者がいる（　　　）　　　その他（　　　）

11. 入院中，あなたが医療保険政策に疑問があって病院のスタッフに聞いたとき，彼らは医療保険政策について回答できましたか？
　　解答できた（　　　）　　　解答できていない（　　　）
　　まだ行ったことがない（　　　）

12. あなたは指定医療機関（指定病院と指定薬局）の医療保険サービスに満足していますか？
　　とても満足（　　　）　　　満足（　　　）　　　普通（　　　）
　　満足していない（　　　）　　　わからない（　　　）

13. 医療保険管理機構による医療費の精算は迅速に行われますか？
　　受診のときその場で引かれる（　　　）
　　受診後比較的迅速に精算される（　　　）
　　受診後長い時間が経ってから精算でき，迅速ではない（　　　）
　　わからない（　　　）

14. あなたは医療費精算の手続きは面倒だと思いますか？
　　　面倒だ（　　）　　　面倒でない　　（　　）　　　便利だ（　　）
　　　とても便利だ（　　　）

15. あなたは入院医療費の補償比率に満足していますか？
　　　満足している（　　）　　　基本的に満足（　　　）
　　　満足していない（　　　）　　　わからない（　　　）

16. 新型農村合作医療制度は，病気による貧困を緩和しましたか？
　　　ある程度緩和した（　　　　）　　　わからない（　　　）
　　　緩和してない（　　　）

17. あなたは新型農村合作医療からメリットを受けましたか？
　　　大きく受けた（　　）　　　普通（　　）　　　少しだけ受けた（　　）
　　　受けていない（　　　）

18. あなたは現在の20元の個人拠出額は適当だと思いますか？
　　　多すぎる（　　　）　　　少なすぎる（　　　）　　　ちょうどいい（　　）
　　　少し引き上げてもよい，そうしたら補償額も多くなる（　　　　）

19. あなたは村衛生室の「合作医療掲示板」を見たことがありますか？
　　　見たことがあるが，非常によいと思う（　　　　）
　　　見たことがあるが，役に立たないと思う（　　　）
　　　見たことがない，興味がない（　　　）　　　合作医療掲示板がない（　　）

20. あなたの新型農村合作医療に対する意見は？
　　　新型農村合作医療の指定医療機関が少なすぎる（　　　）
　　　分布が合理的でない（　　　）　　　サービス態度が悪い（　　）

その他の考え方（　　）

21. あなたは新型農村合作医療に満足していますか？
　　　満足している（　　）　　　基本的に満足（　　）
　　　わからない（　　）　　　満足していない（　　）

22. あなたは新型農村合作医療保険に対して，さらなる要望もしくは期待がありますか？
　　　補償比率を適切に高めるべきだ（　　）
　　　補償できる薬と検査の範囲を適切に高めるべきだ（　　）
　　　給付下限を低くすべきだ（　　）
　　　柔軟な保険加入基準を定めるべきだ（　　）

23. 過去一年間で，あなたの家族の医療費はどれぐらいですか？
　　　500元より少ない（　　）　　500－1000元（　　）
　　　1000－2000元（　　）　　2000－4000元（　　）
　　　4000－8000元（　　）　　8000元より多い（　　）
　　　この金額が家庭収入で占める割合は大体＿＿＿＿％である。

24. あなたは現段階実施している合作医療の問題は何だと思いますか？

25. あなたは合作医療の実施方案について，何か提案または期待をもっていますか？

第Ⅱ部　医療保障制度の改革

付録2　アンケート調査対象とした大連市新型農村合作医療指定医療機関リスト（中国語）

	名称	病院等級	病院区分性質
1．旅順口区			
地市級新农合定点医疗机构名单	大连市医科大学附属第一医院	三级	综合医院
	大连市医科大学附属第二医院	三级	综合医院
	大连市中心医院	三级	综合医院
	大连市友谊医院	三级	综合医院
	大连市妇产医院	三级	专科医院
	大连市骨伤科医院	三级	专科医院
	大连市肛肠专科医院	三级	专科医院
	210医院	三级	综合医院
	大连市传染病医院	三级	专科医院
	大连市结核病医院	三级	专科医院
	大连市精神病医院	三级	专科医院
	大连市儿童医院	三级	专科医院
县级新农合定点医疗机构名单	大连市旅顺口区人民医院	二级	综合医院
	大连市旅顺口区中医医院	二级	中医院
	大连市旅顺口区第二人民医院	二级	专科医院
	中国人民解放军第四〇六医院	二级	综合医院
	沈阳军区大连疗养院二一五医院	二级	专科医院
	大连市蛇岛医院	二级	专科医院
	大连市旅顺口区疾病预防控制中心	二级	专科医院
	大连市旅顺黄河路老年病医院	二级	专科医院
乡镇级新农合定点医疗机构名单	大连市旅顺口区第二人民医院	一级	综合医院
	大连市旅顺口区江西街道卫生院	一级	综合医院
	大连市旅顺口区铁山街道中心卫生院	一级	综合医院
	大连高新技术产业园区龙王塘医院	一级	综合医院
	大连市旅顺口区双岛湾街道卫生院	一级	综合医院
	大连市旅顺口区三涧堡街道中心卫生院	一级	综合医院
	大连市旅顺口区北海街道卫生院	一级	综合医院
	大连市旅顺口区长城街道卫生院	一级	综合医院
	大连市旅顺口区龙头街道卫生院	一级	综合医院

2．金州区

地市级新农合定点医疗机构名单			
	大连市金州区第一人民医院	二级	综合医院
	大连市金州区中医医院	二级	中医院
县级新农合定点医疗机构名单	大连市金州区妇幼保健院	一级	专科医院
	大连市金州区第四人民医院	一级	专科医院
	大连市金州区口腔医院	一级	专科医院
	大连市金州区传染病医院	一级	专科医院
	大连金州斯大林路血栓病医院	一级	专科医院
	大连金州长庚老年病医院	一级	综合医院
乡镇级新农合定点医疗机构名单	大连市金州区第二人民医院	二级	综合医院
	大连市金州区第三人民医院	一级	综合医院
	大连市金州区亮甲店中心卫生院	一级	综合医院
	大连市金州区向应卫生院	一级	综合医院
	大连市金州区二十里堡卫生院	一级	综合医院
	大连市金州区大魏家卫生院	一级	综合医院
	大连市金州区华家卫生院	一级	综合医院
	大连市金州区杏树卫生院	一级	综合医院
	大连市金州区石河卫生院	一级	综合医院
	大连市金州区七顶山卫生院	一级	综合医院

3．普兰店市

地市级新农合定点医疗机构名单			
	大连市中心医院	三级	综合医院
	大连医大附属一院	三级	综合医院
	大连医大附属二院	三级	综合医院
	大连大学附属中山医院	三级	综合医院
	大连市友谊医院	三级	综合医院
	大连市儿童医院	三级	专科医院
	大连市第三人民医院	三级	综合医院
	大连大学附属新华医院	三级	综合医院
	大连市第六人民医院	三级	综合医院
	大连市皮肤病医院	二级	专科医院
	大连市妇产医院	三级	专科医院
	大连市第四人民医院	二级	专科医院

第Ⅱ部　医療保障制度の改革

	大连市口腔医院	三级	专科医院
	大连市第七人民医院	二级	专科医院
县级新农合定点医疗机构名单	普兰店市中心医院	二级	综合医院
	普兰店市中医院	二级	综合医院
	普兰店市第二人民医院	二级	综合医院
	普兰店市第三人民医院	一级	综合医院
	大连市结核医院	一级	专科医院
	普兰店市第六人民医院	一级	专科医院
	普兰店老年病医院	一级	综合医院
	大连市安波理疗医院	一级	综合医院
乡镇级新农合定点医疗机构名单	普兰店市星台镇卫生院	一级	综合医院
	普兰店市星台镇徐大屯卫生院	一级	综合医院
	普兰店市瓦窝镇卫生院	一级	综合医院
	普兰店市同益乡卫生院	一级	综合医院
	普兰店市元台中心卫生院	一级	综合医院
	普兰店市莲山中心卫生院	一级	综合医院
	普兰店市夹河中心卫生院	一级	综合医院
	普兰店市四平中心卫生院	一级	综合医院
	普兰店市双塔中心卫生院	一级	综合医院
	普兰店市大谭镇卫生院	一级	综合医院
	普兰店市墨盘乡卫生院	一级	综合医院
	普兰店市大刘家镇卫生院	一级	综合医院
	普兰店市太平卫生院	一级	综合医院
	普兰店市丰荣卫生院	一级	综合医院
	普兰店市城子坦镇卫生院	一级	综合医院
	普兰店市泡子乡卫生院	一级	综合医院
	普兰店市南山办事处社区卫生服务中心	一级	综合医院
	普兰店市铁西卫生院	一级	综合医院
	普兰店市元台镇大田卫生院	一级	综合医院
	普兰店市安波镇俭汤卫生院	一级	综合医院
	普兰店市沙包镇卫生院	一级	综合医院
	普兰店市乐甲满族乡卫生院	一级	综合医院
	普兰店市杨树房镇卫生院	一级	综合医院
	普兰店市皮口镇卫生院	一级	综合医院

第7章　大連市新型農村合作医療制度の実証分析

	普兰店夹河卫生院	一级	综合医院
4．瓦房店市			
地市级新农合定点医疗机构名单	大连医科大学附属二院	三级	综合医院
	大连市中心医院	三级	综合医院
	大连大学附属中山医院	三级	综合医院
县级新农合定点医疗机构名单	瓦房店市中心医院	二级	综合医院
	瓦房店第二医院	二级	综合医院
	瓦房店第三医院	二级	综合医院
	瓦房店市妇婴医院	二级	综合医院
	瓦房店中医医院	二级	中医院
	瓦房店轴承医院	二级	综合医院
乡镇级新农合定点医疗机构名单	瓦房店第四医院	一级	专科医院
	瓦房店市复州城镇中医医院	一级	中医院
	大连大学附属瓦房店医院	一级	综合医院
	瓦房店市杨家满族乡卫生院	一级	综合医院
	瓦房店市三台满族乡卫生院	一级	综合医院
	瓦房店市老虎屯镇中心卫生院	一级	综合医院
	瓦房店市得利寺镇卫生院	一级	综合医院
	瓦房店市万家岭镇卫生院	一级	综合医院
	瓦房店市谢屯镇中心卫生院	一级	综合医院
	瓦房店市东岗镇卫生院	一级	综合医院
	瓦房店市泡崖乡卫生院	一级	综合医院
	瓦房店市驼山乡卫生院	一级	综合医院
	瓦房店市结核病防治所	一级	专科医院
	瓦房店市阎店地区中心卫生院	一级	综合医院
	瓦房店市仙浴湾镇卫生院	一级	综合医院
	大连复州湾盐场职工医院	一级	综合医院
	瓦房店市炮台镇中心卫生院	一级	综合医院
	瓦房店市土城乡卫生院	一级	综合医院
	瓦房店市复州湾镇卫生院	一级	综合医院
	瓦房店市李店镇卫生院	一级	综合医院
	瓦房店市松树地区中心卫生院	一级	综合医院
	瓦房店市永宁镇卫生院	一级	综合医院
	瓦房店市太阳街道办事处卫生院	一级	综合医院

第Ⅱ部　医療保障制度の改革

	大连大学医学院老年病医院	一级	综合医院
	瓦房店市赵屯乡卫生院	一级	综合医院
	大连纺织集团瓦房店纺织有限责任公司医院	一级	综合医院
	大纺集团松树医院	一级	综合医院
	瓦房店市李官镇中心卫生院	一级	综合医院

5．庄河市

地市级新农合定点医疗机构名单	大医附一	三级	综合医院
	大医附二	三级	综合医院
	大连中心医院	三级	综合医院
	大连友谊医院	三级	综合医院
	大连儿童医院	三级	专科医院
	大连市各公立专科医院		
县级新农合定点医疗机构名单	庄河市中心医院	二级	综合医院
	庄河市中医院	二级	综合医院
	庄河市第二人民医院	一级	综合医院
	庄河市第三人民医院	一级	综合医院
	庄河市第四人民医院	一级	专科医院
	庄河市妇幼保健院	一级	专科医院
	庄河市结核病防治所	一级	专科医院
乡镇级新农合定点医疗机构名单	徐岭卫生院	一级	综合医院
	吴炉卫生院	一级	综合医院
	黑岛卫生院	一级	综合医院
	鞍子山卫生院	一级	综合医院
	高岭卫生院	一级	综合医院
	花院卫生院	一级	综合医院
	栗子房卫生院	一级	综合医院
	城山卫生院	一级	综合医院
	大营卫生院	一级	综合医院
	三架山卫生院	一级	综合医院
	太平岭卫生院	一级	综合医院
	仙人洞卫生院	一级	综合医院
	蓉花山卫生院	一级	综合医院
	步云山卫生院	一级	综合医院
	桂云花卫生院	一级	综合医院

	长岭卫生院	一级	综合医院
	荷花山卫生院	一级	综合医院
	南尖卫生院	一级	综合医院
	光明山卫生院	一级	综合医院
	塔岭卫生院	一级	综合医院
	大郑卫生院	一级	综合医院
	高阳卫生院	一级	综合医院
	石城卫生院	一级	综合医院
	王家卫生院	一级	综合医院
	兰店卫生院	一级	综合医院

6．开发区

地市级新农合定点医疗机构名单	大连大学附属中山医院	三级甲等	综合医院
	中国人民解放军210医院	三级甲等	综合医院
	大化集团有限责任公司医院	二级	综合医院
	辽渔医院	二级	综合医院
	大连市妇产医院	三级甲等	专科医院
	大连市第七人民医院	三级甲等	专科医院
	大连市皮肤病医院	三级甲等	专科医院
	大连市中心医院	三级甲等	综合医院
	大连市第二人民医院	三级甲等	综合医院
	大连市第六人民医院	三级甲等	专科医院
	大连市口腔医院	三级甲等	专科医院
	大医附属一院三部	三级甲等	综合医院
县级新农合定点医疗机构名单	开发区医院	二级甲等	综合医院
	金州传染病医院	一级	专科医院
	金州中医院	一级	中医院
	金州四院	一级	专科医院
乡镇级新农合定点医疗机构名单	开发区湾里医院	一级	综合医院
	开发区董家沟医院	一级	综合医院
	开发区得胜卫生院	一级	综合医院
	开发区大李家卫生院	一级	综合医院
	开发区金石滩医院	一级	综合医院
	保税区医院	一级	综合医院

第Ⅱ部 医療保障制度の改革

7．长海县

地市级新农合定点医疗机构名单	与城镇职工医保定点医疗机构相同		
县级新农合定点医疗机构名单	长海县人民医院	二级	综合医院
乡镇级新农合定点医疗机构名单	长海县獐子岛镇卫生院	一级	综合医院
	长海县广鹿岛乡卫生院	一级	综合医院
	长海县海洋岛乡卫生院	一级	综合医院
	长海县小长山岛乡卫生院	一级	综合医院

8．长兴岛临港工业区

地市级新农合定点医疗机构名单	与瓦房店确定定点医疗机构一致		
县级新农合定点医疗机构名单	与瓦房店确定定点医疗机构一致		
乡镇级新农合定点医疗机构名单	长兴岛乡镇卫生院	一级	综合医院
	交流岛乡镇卫生院	一级	综合医院

9．甘井子区

地市级新农合定点医疗机构名单	与城镇职工医保定点医疗机构相同		
县级新农合定点医疗机构名单	甘井子区医院	二级	综合医院
乡镇级新农合定点医疗机构名单	营城子地区医院	一级	综合医院
	革镇堡地区医院	一级	综合医院

10．花园口工业园区

地市级新农合定点医疗机构名单	与城镇职工医保定点医疗机构相同		
县级新农合定点医疗机构名单	与庄河市县级定点医疗机构相同		
乡镇级新农合定点医疗机构名单	明阳地区中心卫生院	一级	综合医院
	尖山卫生院	一级	综合医院

第8章

中国の医療保障システムにおける民間医療保険

李　蓮花

1　はじめに

　本章は，中国の医療システムのなかで比較的外周的な問題ではあるが，近年世界各国で関心が高く，中国の医療改革においても必要不可欠である民間医療保険について考察する。

　OECD諸国では，医療や健康のための支出はいまやGDPの約1割を占めている。平均寿命の延長や高齢化率の上昇，そして医療技術の発展にともないこの比重は今後もさらに高まると予測される。世界各国で民間医療保険に対する関心が高まっている背景には，いうまでもなく，公的医療保障制度の負担能力を超える医療費の増加がある。多くの国で医療費の増加率は経済成長率上回っており，増えつづける医療費を「誰が」「どう」負担するのかが重要な政治的問題となっている。もし公的制度の保障範囲の拡大が新しい医療技術や新薬の開発ペースに追いつかない場合，結果的に患者の自己負担は増加する。近年のドイツや日本のように，公的制度の財政圧力を緩和するために患者負担を新たに導入したり，引き上げたりする場合もある。こうした背景のもとで，家計に対する医療費のリスクを軽減する代替保障として民間医療保険が注目されている。もちろん，保険会社側の市場戦略や新たなニーズの発掘もこうした変化の一因である。

　中国の場合，つい最近まで多くの国民が完全に無保険の状態であったし，

「皆保険」がほぼ実現された現在もその給付水準が低く，医療費は依然として一瞬にして家計の破たんをもたらす最大のリスクの1つである。今後，公的医療保険制度の給付水準は徐々に引き上げられると予想されるが，中国の人口規模や地域格差，現在所得水準と残された時間などを勘案すると現在の先進国と同じ水準に到達することはきわめて困難であると思われる。1989年に皆保険を実現した韓国の例をみるとこのことは明らかである（後述）。中国政府も早い時期からこのことを認識し，1993年以後一貫して「多層的」な医療保障システム（および社会保障システム）の構築を政策の目標としてきた。民間医療保険はその「多層的」な医療保障の中に組み込まれている。中国政府としては，公的制度は最も基本的な医療のみを保障し，それ以上またはそれ以外の部分は民間医療保険など他の制度に任せることで，公的制度に対する圧力を減らそうとしている。民間医療保険が「減圧閥」と言われるのはそのためである（孫・鄭 2010：94）。

　医療保障における民間保険の役割において，近年もう1つの動きがある。すなわち，社会医療保険の審査支払などの業務の民間保険会社への委託（アウトソーシング）である。とりわけ，公共サービスのインフラ不足が深刻な農村や都市住民の制度では，保険会社の参入が積極的に提唱された。社会保険制度の管理業務への参加は保険会社にとってどのようなメリットとデメリットがあるのかは保険会社の経営戦略ともかかわる。

　本章は，医療保障における公私ミックスの視点から民間医療保険の位置づけや役割を比較分析し，中国の民間医療保険の現状および課題を明らかにすることを目的とする。まず第2節で国際比較といくつかの国の事例を通じて民間医療保険の位置づけと役割を分析し，第3節で中国の民間医療保険に関する政策の変遷と現状を考察する。最後に第4節で若干の考察を行い，結論を導出する。

2 医療保障における民間保険
――国際比較と各国の事例――

民間医療保険の国際比較

　民間医療保険とは

　まず，民間医療保険（private health insurance）の定義，およびその特徴から確認しておこう。堀田一吉（2006）は公的医療保険と民間医療保険の違いについて次のように整理している（表 8 − 1 ）。すなわち，公的医療保険は社会連帯と弱者救済の理念のもと，強制加入，統一の給付水準，所得に基づいた保険料設定などを通じてリスクの分散と所得再分配を図る。それに対し，民間医療保険は自己責任と自助努力の理念のもと，任意加入やリスクに応じた個別保険料などを通じて被保険者のあいだでリスクを分散する。

　このような理論的整理と比較は非常に説得的でわかりやすい。他方で，民間医療保険について包括的な国際比較を行った OECD の報告書（OECD 2004）によると，民間医療保険の定義は国によって異なり，公的保険との境界も曖昧な場合が多い。たとえば，強制加入か任意加入かはしばしば社会保険と民間保険を区別する基準とみなされているが，スイスやオランダなどでは民間保険への加入が法律によって強制されている。また，保険者の性格をみると，保険会社以外の非営利組織が民間保険を提供するケースも多い。[1] さらに，アメリカのオバマ大統領による医療保険改革のように，民間医療保険の保険料に対し政府による財政補助が設けられる場合もある。このような多様性を踏まえ，OECDの報告書では「財源調達のメカニズム」を公私保険の区分の基準として採用している。すなわち，公的保障は税または所得にリンクした保険料を主な財源とするのに対し，民間保険は所得にリンクしない保険料を主な財源とし，給付は契約によって個別的に定めている（OECD 2007：27）。[2]

表8-1　公的医療保険と民間医療保険の比較

	公的医療保険	民間医療保険
加入の自由性	強制加入	任意加入
給付水準	法律で定められた給付水準（相対的に決められた統一水準）	契約で定められた給付水準（個人のニーズ・負担能力によって自由に設定）
保険集団	異質なリスク集団	同質なリスク集団
保険料設定	所得に基づく平均保険料	リスクに応じた個別保険料
危険選択	原則として認められない	原則として自由
逆選択	原則としてなし	発生の可能性あり
モラルハザード	発生の可能性大きい	発生の可能性あり
制度理念	社会連帯性・弱者救済	自己責任・自助努力
指向性	平等（均等）化	差別（個別）化
制度の性格	連帯主義による社会制度	個人主義による経済制度

出所：堀田（2006）を基に筆者作成。

民間医療保険のタイプ

　上述のように民間医療保険の定義や性格が国によって大きく異なるため，民間医療保険の国際比較は公的制度以上に困難で，包括的な国際比較は非常に少ない。ここでは上のOECD報告および最新のOECDのデータに基づいて，先進国における民間医療保険の全体像を大まかに捉えてみる。

　民間医療保険は**表8-2**が示すように役割によって大きく主要型，二重型，補足型，追加型に分けることができる。現実には，どの国の民間医療保険も様々な被保険者を対象に様々な商品が存在し，複数の役割を併せもつことも一般的であるが，ここでは最も重要な役割によって分類を行う。

　「主要型」（primary）は，被保険者にとって民間医療保険が医療費の保障において最も主要な役割を果たすことを意味する。民間医療保険に代替しうる公的制度が存在するか否かによって主要型はさらに「主導型」（principal）と「代替型」（substitutive）に分けられる。前者では，民間保険に代替する公的制度が存在せず，民間保険が支配的な役割を担っている。その典型はアメリカの現役労働者およびその家族を対象とする民間医療保険であるが，民間医療保険への加入が強制されているスイスや，2006年の医療保険改革以後のオランダもこのタイプに入れることができよう。一方，ドイツおよび2006年以前のオランダでは公的な制度が存在しているものの，一部の人が公的保険の代わりに民間保険

第8章　中国の医療保障システムにおける民間医療保険

表8-2　民間医療保険の多様な役割

役割		例
主要型 (primary)	主導型 (principal)	アメリカ（現役労働者）， スイス，オランダ
	代替型 (substitutive)	ドイツ（完全保険） (2005年までのオランダ)
二重型 (duplicate)		オーストラリア，アイルランド，イギリス， ニュージーランド，南欧
補足型 (complementary)		フランス，(韓国) アメリカ（高齢者）
追加型 (supplementary)		日本，ドイツ（部分保険） カナダ，北欧

出所：OECD（2004）*Private Health Insurance in OECD Countries*, Ch. 2に基づき筆者作成。

を選択することができる「代替型」に属する。

「二重型」（duplicate）は税を財源に公営医療サービスを提供する国に多く，待機期間の短縮や公的保障以外の薬・サービスの利用のために，民間の医療機関を利用する際の費用を保障する。その場合，被保険者は民間医療保険に加入していても公的保健サービスを受ける権利を有しているため，二重の制度から保障されることになる。オーストラリアやイギリス，南欧などの民間保険がこのタイプに属する。

「補足型」（complementary）は，医療費の保障，とりわけ患者自己負担（cost-sharing）の補償において民間医療保険が重要な補足的役割を果たす場合を指す。たとえば，フランスにはすべての国民をカバーする公的医療保険制度が存在するが，公的保障外の費用も多く，また社会保険が償還払い方式を採用しているため，補足的な医療保険が必要不可欠な役割を果たす。また，後述する韓国でも混合診療が広く存在し患者負担が多いため，多くの人にとって民間保険はなくてはならない重要な保障手段となっている。

最後の「追加型」または「上乗せ型」（supplementary）は民間医療保険の役割が最も小さいタイプである。ここでは，医学上必要とされている医療行為や薬，そして費用は基本的に公的制度によって保障され，かつ「二重型」のような長い待機期間やサービスの質の格差が存在しない。民間医療保険は公的保障

の上乗せとして差額ベッド代や先端治療，美容歯科などいわゆる「贅沢」な医療ニーズを保障する。ドイツの「部分保険」や日本，カナダ，北欧などの民間医療保険はこちらに属する。

総保健支出に占める民間保険の割合と加入率

次に，各国の総保健支出（total health expenditure）に占める民間医療保険の比重を見てみよう。表8－3は医療費の国際比較で最もよく使われるOECD Health Dataの最新データをまとめたものである。一番上のグループは税方式の公営医療制度をもっている国，真ん中のグループは社会保険方式を採用している国，そして一番下のグループは民間保険方式を主とするグループである。

この表を見ると，総保健支出における民間医療保険の比重はそれぞれのグループ内でもばらつきが大きい。オーストラリアやカナダは公営医療制度を有するが，民間医療保険が比較的大きな役割を果たしており，イギリスや北欧とは明らかに異なる。社会保険方式を採用している国のなかではフランスとドイツにおいて民間医療保険の比重が高い。日本の民間医療保険の割合は2.5％と，この表では北欧諸国に次いで小さい。[3]

次に，2000年におけるそれぞれの国の民間医療保険の加入率は，オーストラリアが45％，カナダ65％，フランス92％，ドイツ18％（うち9.1％が代替型），オランダ92％（うち28％が代替型），アメリカが72％となっている（OECD2004：50-52）。日本と韓国に関してはデータの不足からか，日本は「ごく少数」（negligible），韓国は「データ不足」（n.a.）となっている。詳細は後述するが，これは明らかに日韓の実態と異なっている。

いくつかの事例

大まかな全体像を確認したうえで，ここではドイツ，フランス，日本および韓国の例を取り上げ，それぞれの国の医療保障システムにおける民間医療保険の役割を簡単に考察する。ここで取り上げる国はいずれも社会保険方式で公的医療保障を提供している国であり，民間医療保険を中心とするアメリカや，公

表8-3 主要国の総保健支出の財源別構成（2010年）

	一般政府	社会保障基金	民間医療保険	家計負担	対家計民間非営利団体	企業（医療保険以外）	合計
オーストラリア*	69.0	0.0	8.2	19.4	0.4	3.1	100.0
カナダ	68.8	1.4	13.2	15.0	−	1.6	100.0
スウェーデン	81.1	−	0.3	17.8	0.2	0.7	100.0
デンマーク	84.6	0.0	1.7	13.7	0.1	0.0	100.0
イギリス	−	−	3.3	9.4	3.9	−	100.0
フランス	3.9	73.7	14.2	7.6	0.0	0.7	100.0
ドイツ	6.7	70.5	9.6	12.4	0.4	0.4	100.0
日本*	8.6	71.6	2.5	16.3	0.0	1.1	100.0
韓国	12.0	47.5	5.9	33.8	0.6	0.1	100.0
オランダ	8.5	77.2	5.2	5.5	1.4	2.2	100.0
スイス	18.9	46.3	8.6	25.1	1.0	−	100.0
アメリカ	5.8	43.3	34.7	12.3	3.7	0.2	100.0

注：＊は2009年のデータ。
出所：OECD, *Health Data*. 2012年12月13日アクセス。

営医療をもつイギリス，北欧，オーストラリアなどと比べ，中国との比較可能性が相対的に高い国々である。

ドイツ

　周知のようにドイツは公的医療保険発祥の地であるが，当事者自治の伝統が根強く，また当初の制度が社会主義運動対策の一環として一定の所得水準以下の労働者を対象としていたこともあって，官吏や高所得者は社会保険への強制加入から免除された。戦後，他の国ではこれらの階層も社会保障制度に加入させることが多かったが，ドイツは現在も全員強制加入の方針を取っておらず，人口の約1割は社会保険の代わりに民間の医療保険に加入している（完全保険と言われる）。また，社会保険加入者のなかでも社会保険の上乗せとして民間医療保険に加入している人が少なくない（部分保険と言われる）。ドイツの民間医療保険の加入者は2010年現在約2,700万人で，その内31％が完全保険，69％が部分保険の加入者である。一方，保険料収入に関しては完全保険が72％を占め，民間医療保険の主な収入源となっている（川端 2008；水島 2010）。

古くからの社会保険国家であるドイツでは、近年、高い失業率などを背景に各種社会保障制度の「負担の限界」が問題視され、労働市場の規制緩和とあわせて給付の削減が進められてきた。医療保障の分野では、2003年の「公的医療保険近代化法」によって公的給付の削減と患者の自己負担の導入・引き上げが行われ、その結果、民間の部分保険の契約者数が急増している。いまは社会保険加入者の約2割が部分保険を購入していると言われている。さらに、2007年には「公的医療保険競争力強化法」が制定され、社会保険または民間保険への強制加入が義務化される（すなわち、ドイツ版の「皆保険化」）と同時に、民間医療保険への公的介入・規制がより強化された。とりわけ社会保険を代替する完全保険に関しては、基礎タリフの導入による給付・保険料の公的医療保険への同一化、疾病リスクに応じた保険料加算や保険給付の除外の禁止、保険者による契約拒否および解約の禁止、公的医療保険から民間医療保険に変更する際の所得基準などの加入条件の厳格化（基準の引き上げ）といった規制強化が行われた。これらの措置は民間医療保険に公的な医療保障と同じような役割をいままで以上に強く求めるものであった。要するに、未だに全員社会保険方式を採用しないドイツでは、公的医療保障を代替する民間保険に対し公的制度と同じような規制を課すことを通じて、「社会保険＋民間保険」による事実上の皆保険を達成し、医療保障を維持しようとしているのである。

フランス

公的制度がすべての人々をカバーしながらも、民間医療保険が補足的な制度として重要な役割を果たしているのがフランスである。

フランスの民間医療保険の起源は社会保険登場以前の共済組合にまで遡る（笠木 2012）。20世紀に入り国家主義的な社会保険の導入・拡大が進む過程で共済組合は社会保険の上乗部分をほぼ独占するようになった。日本と異なり、（公的保険の保険者と協約医師とのあいだの）協約外報酬の請求が広く認められていること（すなわち混合診療）、公的医療保険が原則として償還払方式を採用していること、高額療養費制度が存在しないこと、医薬品の自己負担率が均一で

はなく全体的に高いことなどにより，家計にかかる医療費負担が大きく，民間保険のニーズが大きい（笠木 2012：27）。補足医療保険をもっていない人は基本的な医療サービスへのアクセスが制限されるほど，フランスでは民間医療保険の存在感は大きい。総保健支出に占める民間医療保険の割合も14.2％と，先進国のなかではアメリカに次ぐ高水準である（代わりに家計負担は7.6％と低い。表8－3を参照）。

このようにフランスでは民間医療保険が患者負担の軽減において重要な役割を果たしているが，上の歴史的経緯からもわかるように，民間医療保険の保険者の多くは保険会社ではなく共済組合である。たとえば2003年現在，民間医療保険の保険者別シェアは，一般保険会社（銀行を含む）が25％，相互扶助組合が16％で，共済組合が59％となっている（中村 2006）。共済組合の場合，医療保険が保険料収入の80％を占めているが，一般保険会社の場合は4％程度にすぎない。共済組合は主な業務が補足医療保険の提供であると言える。一方，加入ルートに関しては企業などの団体契約が約7割を占め，勤務先を通じた加入が中心である。

フランスでは社会保険が職域別に分立し，1990年代半ばまでは公的保険制度から排除されている無保険者が一定数存在していたが，1997年に「普遍的医療保障に関する法律」（CMU）が制定され，フランスに住むすべての人が公的医療保障の対象となった。低所得層の医療アクセスを実質的に保障するために，CMUは低所得が理由で補足保険を購入できない人々には特設基金から補足保険の保険料を支援する仕組み（補足的CMU制度）を導入した。この補足的CMU制度は人口のおよそ7.5％をカバーしている（笠木 2012：28）。

フランスの補足的医療保険は純粋な私保険というよりは社会保険と私保険の中間に位置付けられており，そのために保険者によるリスクの選択や保険料の設定などに関して様々な規制が存在する。たとえば，共済組合は加入希望者の健康状態についてアンケートを行ったり，職業別のリスクに応じて保険料を変えたりすることは法律的に禁止されている。なお，補足的CMU制度に参加した保険者は加入希望者に対し条件を設けたり，加入を拒否したりすることが禁

じられている（笠木 2012：127−132）。

日本

　フランスとは対照的に，日本は民間医療保険が普及する前に公的医療保険が導入・普及され，しかも混合診療禁止や高額療養費支援制度の導入などが制度化されているため，患者の自己負担が低く抑えられている。民間医療保険に残された制度的空間が少なく，典型的な「追加型」または「上乗せ型」の構造となっている。また，日本では生命保険契約の特約という形で，実際に発生した費用の塡補よりも入院や特定の疾病を罹患した場合の定額保障が主力商品となっており，所得保障の性格が強いと言われている。また，雇用主を経由した団体保険ではなく個人保険が中心であること，保険者は主に民間保険会社であること（共済も3割ぐらいのシェアをもつ）も日本の民間医療保険の特徴である。

　1990年代以降，公的医療保険制度の財政悪化や度重なる自己負担率の引き上げを背景に，医療費に対する人々の不安が高まった[6]。そして，1996年の新保険業法による第三分野（医療保険）の規制緩和，単品型医療保険の開発・普及により，公的保障が充実している日本でも民間医療保険市場は近年急速な成長を見せている。図8−1に見るように民間医療保険の加入率は2010年現在がん保険・特約が33.1％，特定疾病保障保険・特約が29.8％であるが，これはドイツの部分保険より高い加入率である。1990年代半ば以降生命保険市場が縮小するなか保険会社も医療保険市場の開拓に力を入れ，いまや新契約の2割以上を医療保険が占めるようになったが（生命保険文化センター 2009：79），それでも全体の医療費で占める割合は小さい[7]。

　近年，エコノミストや保険業界を中心に，民間医療保険のさらなる拡大にとって最大の制度的障壁となっている混合診療禁止の解除を求める声が高い。しかし，日本では医療の平等性に対する国民の支持が高く，医療の格差に対する社会的な許容度も低いと考えられる。そのため，近い将来に混合診療が全面的に解禁され，民間医療保険が基本的な医療保障においてドイツやフランスと同じような役割を果たす可能性は低い。ただし，何らかの形で増えつづける医

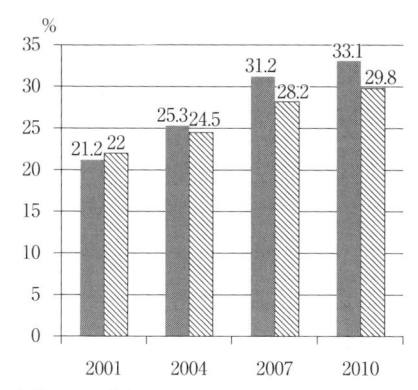

```
    %
35                              33.1
                        31.2
30              25.3         28.2  29.8
           21.2 22   24.5
25
20
15
10
 5
 0
      2001    2004    2007    2010
■ がん保険・がん特約   ▨ 特定疾病保障保険・特定疾病保障特約
```

図8-1 日本のがん保険・特定疾病保険の加入率の推移
出所：生命保険文化センター（2010：43-44）。

療費を負担しなければならないので，もし公的保障を維持しようとすれば消費税の増税や高額医療費の基準の厳格化などの措置は避けられない。

韓国

韓国は1977年に初めて公的医療保険制度を導入した後発国であるが，わずか12年後の1989年には皆保険を達成した。経済成長とともに急速に公的制度を整備したという意味で，韓国は，これから社会保障システムを構築しようとする国にとって先進国とは異なる参考にすべき価値をもっている。韓国の医療保障システムの特徴は公的保障制度の保障が低く，家計の負担が重いことである。前出の**表8-3**をみると，2010年現在総保健支出に占める公的セクター（政府＋社会保障）の割合は59.5％にすぎず，家計負担は33.8％とOECDの中では最も多い。

韓国の公的医療保険の保障率が伸び悩む理由の1つに従来からの「低負担-低給付」構造がある。公的医療保険の保障率が低く，また混合診療が許容され，多くの保険外診療と保険外薬品が存在することは，民間医療保険の発展に絶好の条件となる。加えて，年金も含めて社会保障制度の整備が全体的に遅れていたため，民間保険が人々の生活に深く浸透したことも，社会保険の保険料率の

引き上げを通した給付改善の制約条件となっている。

　定額保障が主流の日本と違って，韓国の民間医療保険市場では損害保険会社が提供する実損填補型の医療保険（患者が実際に負担した医療費を補償する）が大半を占め，2000年代に入りこの保険の加入者が急激した。実損型医療保険の加入者は2006年の377万人から2010年の1,756万人と約5倍近くとなり，保険料総額も0.6兆ウォンから2.1兆ウォンへと3.5倍になった。[8]なお，「韓国医療パネル」によると，2009年現在では全世帯のうち77.8％の世帯が民間医療保険に加入し，1世帯あたりの平均契約件数は3.62件，加入者1人あたりの平均保険料は6万6,408ウォンである（チョンほか 2010）。ちなみに，すべての国民が加入する国民健康保険制度の1人あたり平均保険料は5万3,096ウォンである。民間保険に加入できない低所得層を除き，韓国の一般的な家庭は社会保険の保険料を上回る金額を民間医療保険に払っているのである。

　このような韓国の民間医療保険は公的制度に対し「補足」と「追加」の両方の機能をもち，急速に膨張する公的制度の給付拡大を抑制する効果をもつ。また，実損型保険の普及によって患者も医療機関も医療費節約のインセンティブが少ないことから，医療費の高騰が激しく，その増加率はOECD平均の約2倍となっている。公的医療保障の充実を求める市民団体などは民間保険に払う保険料を公的医療保険に移転させればより公平で質の良い医療保障を提供できると主張するが，民間医療保険が社会構造と市民の生活に深くビルトインされているだけに，現状を変えるのは容易ではない。

　以上，ドイツ，フランス，日本，韓国といった社会保険方式をメインとする国における民間医療保険の役割および最近の動向をごく簡単に考察した。それぞれの国の社会医療保険の歴史や医療システムの構造により民間医療保険の様相も様々であるが，各国の経験から以下3点の示唆を導き出すことができる。

　すなわち，①民間医療保険が公的医療保障の代替もしくは実質的な補足役割を果たす国では，政府による厳格な規制が行われる場合が多い。②民間医療保険の発達が医療費全体の抑制に必ずしもつながらず，逆に全体の医療費を押し

上げる可能性もある。③各国の医療保障システムのなかで民間医療保険がどれほどの位置を占めるかは，公私制度の導入時期と公的制度の給付範囲が決める。

3 中国における民間医療保険
― 政策と実態 ―

　先進国ほど歴史が長くないものの，中国の民間医療保険（中国語では「商業健康保険」）もここ20年～30年のあいだに目覚ましい発展を遂げ，「多層的な」医療保障システムのなかで重要な一翼を担うようになった。言うまでもなく，こうした民間医療保険の発展は公的医療保障制度の改革と密接に繋がっている。本節では，まず公的医療保障改革との関連から1980年代以降の中国の民間医療保険の発展を整理し，マクロデータを通して民間医療保険の全体像を確認する。その後，具体的な事例を取り上げて，補足的な民間医療保険および，社会保険の委託管理の現状と問題点について考察する。

民間医療保険に関する政策の変遷

　中国における保険業の歴史は19世紀初めまで遡る。広州に「広州保険行」が設立されたのは1805年であった。その後，19世紀前半まではイギリス系を中心とする外資系保険会社がほとんどだったが，19世紀後半になると「義和保険公司」(1865年)，「仁和保険公司」(1875年)，「済和保険会社」(1876年) など国内資本による保険会社も現れ，保険業の本格的な発展が始まった。20世紀初頭には上海だけでも4,000社前後の保険会社が存在していたと言われている。ところが，1949年に社会主義革命政権の成立以後，外資系保険会社は相次いで中国本土から撤退し，中国に残った保険会社は国有の「中国人民保険公司」に統合された。さらに1950年代半ば以降，私有制がほぼ消滅し公有制が確立すると，保険業はその存在基盤を失った。1958年には中国人民保険公司が中国銀行に吸収され，保険業自体が中国大陸から姿を消すことになった（徐 2008：31）。中国人民保険公司が業務を再開したのは改革開放直後の1979年のことである。当初

は中国人民保険公司1社による独占状態であったが，1988年に中国平安保険公司，1991年には太平洋保険公司が設立された。また，1992年にはGATT加盟のための開放政策の一環として保険業が外資に開放され，海外の大手保険会社が相次いで中国に進出した（渡辺 2000）。その後今日に至るまでの20年間，市場化の深化と急速な経済成長を背景に中国では数多くの保険会社が設立され，保険業も短期間に目覚ましい成長を遂げた。世界の保険料収入に占める中国市場のシェアは1982年にはわずか0.07％にすぎなかったが，2010年には4.95％まで急成長し，アジアでは日本についで2番目に大きい市場となった（孫祁祥 2012：7）。

　計画経済時代，人々の「生，老，病，死」は国による生活保障システムまたは「人民公社」のなかに組み込まれ，個人の責任の範囲はきわめて小さかった。1980年代，農村では人民公社の解体と生産請負制の実施により農村合作医療制度が急速に崩壊したが，都市では依然雇用関係の抜本的な改革には触れず，社会保障改革も部分的な手直しにとどまっていた。したがって，80年代には民間医療保険に対するニーズはまだ非常に小さく，1989年に中国人民保険公司が「外資系企業従業員健康保険」を導入したのも外資系企業の誘致政策の一環にすぎなかった。医療保険を含む民間生命保険の本格的な発展は1993年の「社会主義市場経済」論の確立と，その一環としての社会保障改革の本格化を待たなければならなかった。

　1993年の中国共産党第14次3回大会が採択した「社会主義市場経済体制の構築の若干問題に関する中共中央の決定」（以下，「決定」）は，経済改革の総目標を「社会主義市場経済の構築」とし，それと関連して社会保障改革の目標を「多層的な社会保障システムの構築」に定めた。また，「社会保険の補完として商業保険業を発展させる」ことも明記した。これにより，社会保険と民間保険の関係をめぐる80年代の混乱に決着が付けられ，民間保険の位置づけがほぼ確定したと言える。ただ，社会保障制度がまだ抜本的な改革の最中にあり，保障の範囲や給付水準が不明確であったため，民間保険が対象にできる範囲や内容は明確ではなかった。いずれにしても，1993年以降，市場経済システムに向け

た改革が一気に加速するにつれ，従来の生活保障システムが急速に縮小し個人責任の範囲が急激に拡大したことは，民間の生命保険全体にとっては大きなチャンスとなった。こうして1995年には「中華人民共和国保険法」が制定された。

　医療保険に限定してみると，平安保険が1993年に24の団体医療保険，1994年には5つの個人医療保険商品を発売するなど，90年代半ばから民間医療保険が本格的に登場してきた。そして，1998年の「都市労働者基本医療保険」の導入により公的医療保険の保障水準が「基本的」な医療保障に限定されると同時に給付に上限が設けられると，民間医療保険に対するニーズが一気に増え，公的医療保険とリンクした保険商品（上限以上の医療費の保障）が数多く出現した。また，政府も民間保険の発展を意図的に促進することで社会保険への圧力を軽減させようとした。2000年には，「条件のある企業は従業員に補充医療保険を提供することができ，賃金総額の4％以内の医療保険料は経費として処理できる」という税制優遇政策が制定された(9)（孫祁祥・鄭偉ほか 2010：110）。さらに，基本医療保険の給付上限を超える高額医療費負担を軽減するために各地で「大病保険」（名称は地域によって異なる）が導入されたが，なかには政府の社会保険管理部門が保険会社から医療保険を購入する方法で大病保険を提供するところも少なくなかった。また，がん保険，重大疾病保険，入院保険などの純粋な民間医療保険商品も数多く登場するようになった。

　多層的な医療保障システムの一環としての民間医療保険の位置づけは2009年の新医療改革法案でも基本的に継承されている。そこでは，「民間保険機構が多様なニーズに合わせた医療保険商品を開発することを促進する」，「企業と個人が民間保険やその他の様々な補充保険を通じて基本医療保障以外のニーズを解決することを促進する」と明記した。最近では，2012年8月に，被用者に比べ給付水準の低い都市と農村の住民医療保険において，基本医療保険の給付上限以上の医療費保障を目的とする「住民大病保険」の全面実施が決定されたが(10)，社会保険管理機関が入札を通じて民間保険会社から大病保険を購入する方針となった。

一方，2000年代の皆保険化の過程で新たに登場した政策もある。すなわち，民間保険会社による社会保険基金の管理への参加である。2003年から新型農村合作医療の試行事業が始まったが，試行段階で明らかになった最も深刻な問題は，農村における社会保険を管理する資源と人材の不足であった。これは，中国の社会保障制度が長いあいだ都市に偏り，農村は放任状態であったことの結果であり，このインフラ不足を解消するため，2005年ごろから政府は農村医療保険の管理に民間保険会社の力を活用しようとした。[11]2006年6月の「保険業の改革と発展に関する若干の意見」のなかで中央政府は，「保険機構が新型農村合作医療制度の管理に参加できる方法を積極的に模索し，新型農村合作医療の健全な発展を推進する」とし，続く2009年の新医療改革法案でも，「基金の安全と有効的な監督を前提にしたうえで，政府による医療保障サービスの購入を積極的に提唱し，資質のある民間保険機関に各種医療保障管理サービスを委託する方法を模索する」と明記した。農村医療保険の管理部分の保険会社への委託は，管理能力と資源の不足に悩む地方政府にとっては人件費の節約と煩雑な審査・支払業務からの解放に繋がり，また，保険会社にとっては将来の市場開拓に必要な基礎データの取得や認知度の拡大に繋がるメリットがある。

民間医療保険の規模と加入率

公的医療保険の財源の制約や農村の社会的インフラの不備などを背景に，中国の民間医療保険は医療保障システムの重要な一環として大きな役割が期待されている。それでは中国の民間医療保険の発展はこのような期待に応えられているのだろうか。中国の医療保障システムのなかで民間医療保険は現在どのくらいの役割を果たしているのだろうか。残念ながら中国の民間医療保険に関しては入手できるデータが少なく，実態を正確に把握することは困難である。ここでは入手可能な資料およびデータを繋ぎ合わせる「パッチワーク」方法で，中国の民間医療保険の実態にできるだけ近づいてみる。

民間医療保険は社会保障改革が本格化した90年代半ば以降に急速に発展し，医療保険を扱う会社の数は1982年の1社から2008年には98社にまで増加した。

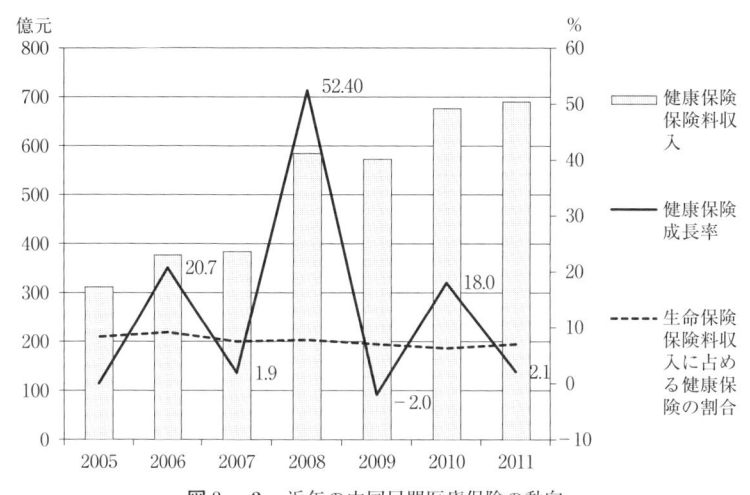

第8章　中国の医療保障システムにおける民間医療保険

図8－2　近年の中国民間医療保険の動向
出所：中国保険監督管理委員会HP（http://www.circ.gov.cn/）より。

　その中の49社が生命保険，45社が損害保険で，内4社は医療保険に特化した健康保険会社である（孔月紅・楊博 2008）。医療保険商品の種類も「疾病保険」，「医療保険」，「所得補償保険」，「傷害保険」，「介護保険」と徐々にではあるが多様なニーズに合わせた商品が出そろってきた。

　図8－2は近年の民間医療保険の発展を示したものである。棒グラフの保険料収入をみると，2005年に312億元であった保険料収入は2011年には700億元近くまで，6年で2倍以上増えた。ただ，その成長率は安定的ではなく年ごとに変動が激しい。2009年の対前年伸率はマイナス2％であるが，その翌年には同18％の上昇となった。また，生命保険（中国語では「人身保険」）の保険料収入に占める健康保険の割合（点線）は近年ほぼ横ばいで7～8％で推移している。

　次に**表8－4**で医療費との比較を見てみよう。民間医療保険の保険料収入の総医療費に対する比率は2000年の1.43％から2008年には4.03％に増加したが，近年は総医療費の急増により2.85％に低下した。また，総医療費のなかの個人負担分との比較では2000年には同比率は2.42％にすぎなかったが，2008年には9.96％，2011年には8.17％を占め，患者負担の軽減に一定の役割を果たしてい

表8-4 民間医療保険と総医療費,患者負担

年	商業健康保険 保険料 (億元)	総医療費 (億元)	総医療費のなか の個人負担 (億元)	商業健康保険／ 総医療費 (％)	商業健康保険／ 個人負担 (％)
2000	65.5	4,586.6	2,705.2	1.43	2.42
2001	61.6	5,025.9	3,013.9	1.23	2.04
2002	122.5	5,790.0	3,342.1	2.12	3.67
2003	241.9	6,584.1	3,678.7	3.67	6.58
2004	259.9	7,590.3	4,071.4	3.42	6.38
2005	312.3	8,659.9	4,521.0	3.61	6.91
2006	376.9	9,843.3	4,853.6	3.83	7.77
2007	384.2	11,574.0	5,098.7	3.32	7.54
2008	585.5	14,535.4	5,875.9	4.03	9.96
2009	574.0	17,204.8	6,570.8	3.34	8.74
2010	677.5	19,980.4	7,051.3	3.39	9.61
2011	691.7	24,268.8	8,465.3	2.85	8.17

出所:中国保険監督管理委員会HP(http://www.circ.gov.cn/),および『中国衛生統計年鑑』より。

ると言える。

　それでは,いったいどれぐらいの人々が民間医療保険に加入し,どれぐらいの保険料を支払っているのか。ここでは,若干データが古いものの最も信憑性が高いと思われる衛生部の全国調査から確認してみよう。表8-5は皆保険政策がまだ本格化する以前の2003年と,皆保険化の途中であった2008年を比較したものである。この表からは民間医療保険の加入率は2003年には9.4％であったが,2008年には6.9％に下がっている。特に民間保険のみに加入している人の割合は,2003年の7.6％から2008年には0.8％に急減した。この期間中に社会医療保険が急速に普及したことが民間医療保険の加入率の低下を招いたことが容易に想像できる。地域別では,都市と農村それぞれの内部において所得が高い地域ほど加入率が高く,とりわけ比較的裕福な「一類農村」の加入率が都市部よりも高いことがわかる。新たに導入された新型農村合作医療制度(農民対象の社会医療保険,以下,新農合と呼ぶ)の給付水準と給付範囲が低いため,民間医療保険への需要が都市部より農村が多く,負担能力のある農村地域ではより多くの人が民間医療保険に加入していると考えられる。ただ,この表からは民間医療保険の種類や加入形式について知ることができない。

第8章　中国の医療保障システムにおける民間医療保険

表 8 - 5　中国における民間医療保険の加入率と保険料

調査時期	加入状況	合計	都市				農村				
			計	大都市	中都市	小都市	計	一類農村	二類農村	三類農村	四類農村
2008	加入率	6.9	6.9	7.9	6.3	6.3	6.9	9.4	7.4	6.8	2.2
	社会保険+民間保険	6.1	5.4	6.2	4.8	5	6.4	8.9	6.9	6.2	2
	民間保険のみ	0.8	1.6	1.7	1.5	1.4	0.5	0.6	0.5	0.6	0.2
	年間保険料(元)	858	1,790	2,134	1,973	1,153	529	671	508	471	119
2003	加入率	9.4	9.3	9.7	11.6	6.9	9.4	12.1	11.5	8.3	3.4
	社会保険+民間保険	1.7	3.7	4.9	4.2	2	1	3.1	0.7	0.3	0.2
	民間保険のみ	7.6	5.5	4.7	7.3	4.9	8.3	8.9	10.8	7.9	3.2
	年間保険料(元)	417	1,021	1,295	957	690	199	355	170	99	50

出所：衛生部統計信息中心編（2009）『2008中国衛生服務調査研究―第四次家庭健康問調査分析報告』中国協和医科大学出版社，15頁。

多様な「補充医療保険」[14]

　第2節では，国際的に民間医療保険の定義や範囲が国によって異なることを確認したが，中国の状況はいっそう複雑である。**図 8 - 3** は中国の多層的医療保障システムを現したイメージ図である。このなかで都市労働者基本医療保険，都市住民基本医療保険，新農合および都市と農村の医療救助制度は「三険一助」と呼ばれる公的医療保障制度である。公的医療保障は2010年ごろにようやくすべての国民をカバーできる制度体系となり，無保険者の数は劇的に減少した。しかし，中国の場合，公的保険には給付の下限と上限が設けられ，しかもその上限がかなり低いために，入院や手術の場合給付率は医療費の半分にも満たないことが多い。不足部分を様々な形式の「補充医療保険」を通して解決するよう求められている。

　「補充医療保険」とは基本医療保障のうえに，追加的な医療保障を提供する保険制度である。王暁燕によると，次の4種類の保険はすべて「補充医療保険」に含まれる。すなわち，社会保険管理機関が提供する①強制的な追加型医療保険（大病保険），②任意型補充医療保険，③企業やその他組織が提供する任意型従業員共済保障，および④商業型補充医療保険，である（王 2010：84）。まず第一層は，政府（社会保険管理機構）が提供する，重大な疾病にかかったり，高額医療費が発生した場合には基本医療保険の上限を超える医療費の保障を目

第Ⅱ部　医療保障制度の改革

	都　市	農　村
民間保険	個人医療保険	補充医療保険
	企業補充医療保険	
準社会保険	労働者大病保険	住民大病保険
社会保険	都市労働者基本医療保険 / 都市住民基本医療保険	新型農村合作医療制度
公的扶助	都市医療救助制度	農村医療救助制度

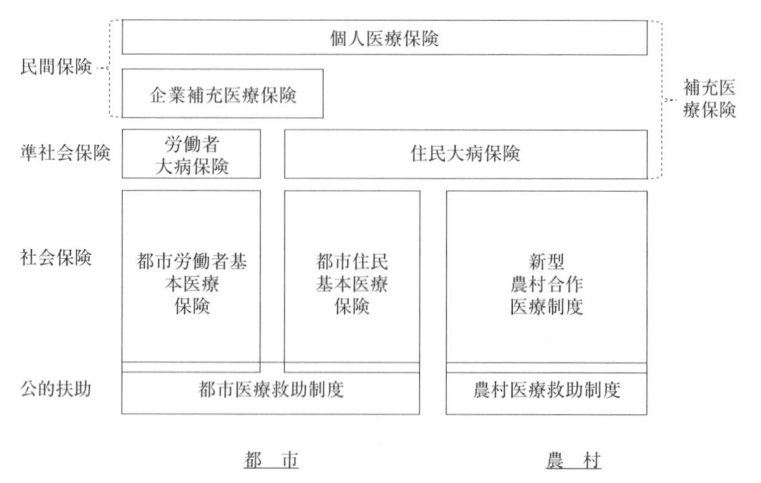

図8-3　中国の多層的医療保障システム
出所：筆者作成。

的とする「大病保険」で対応する。制度の名称は地域によって「大額医療費補充保険」，「大病互助制度」など様々であるが，通称「大病統籌」と呼ばれる。多くの場合，都市労働者基本医療保険の被保険者と退職者は強制的にこの制度に加入し，基本保険料のうえに定額または1％前後の保険料を上乗せして社会保険管理機構に納付する。その管理に関しては，社会保険管理機構が自ら管理する場合と，民間保険会社に委託して管理する場合の2つの方法がある。一方，上述の都市住民大病保険では，すべて保険会社に委託することになっている。その意味で，大病保険は公私共営の「準社会保険」の性格をもっていると言える。大病保険の普及と加入の強制にともない大病保険は公的制度としての性格が強まり，より社会保険に近い制度となる。ただし，日本の高額療養費制度と異なり，この大病保険にも給付の上限と給付率の設定があり，すべての高額医療費を保障しているわけではない。農民など非被用者の場合は，基本保険と大病保険あわせて（保険給付対象の）医療費の50％を補填することが目標である。

　大病保険の他にも様々な補充保険が存在する余地がある。経済的余裕のある企業は企業補充医療保険や従業員の共済制度，個人の場合は民間の個人医療保険を購入することで，さらなる保障を得ることが可能である。この部分は任意

加入で，保険料や給付は保険会社との契約によって決められるため，純粋な民間保険である。ただ，企業の補充医療保険に関しても政府が政策的に指導することが多く，その運営も必ずしも保険会社に委託せず企業福祉の一環として提供するところもある。

　たとえば，北京市では2001年に「北京市基本医療保険規定」の制定とほぼ同時に，「北京市大額医療費用互助暫定方法」および「北京市企業補充医療保険暫定方法」が制定された。前者では，雇用主が従業員の賃金総額の1％，労働者と退職者は毎月3元を大病保険の保険料として拠出し，基本医療保険基金とは別に管理する。給付は，現役労働者の場合は1年間の外来と救急医療費が2,000元を超える場合の超過部分の50％，退職者の場合は70歳以下は60％，70歳以上は70％を支給する（上限は2万元）。また，入院医療費，悪性腫瘍の放射線治療，透析などの高額外来医療費が基本医療保険社会基金の給付上限を超えた場合は，大病保険から70％を給付する（上限は10万元）。一方，後者の企業補充保険では，個人医療口座の不足分，基本保険・大病保険の自己負担分に対し50％の給付を行う。当初北京市政府は，企業補充医療保険に関して大企業は企業で管理，中小企業は民間保険に加入する方法を勧めていたが，2003年ごろから大企業も民間保険会社と契約することにより補充医療保険の提供を受けるケースが増えた。2005年ごろには労働者基本医療保険加入者のおよそ2割が補充医療保険に加入したと報告されている。しかし，企業補充保険の市場の発展は必ずしも順調ではなく，多くの保険会社の参入で価格競争が激しくなったうえに，保険会社の経験と基礎データの不足や，複雑な医療費計算，医療機関の診療行為の統制難などにより保険収支が赤字となる場合が多く，資金力の弱い保険会社は次第に撤退していった（馮鵬程　2007）。こうした初期の混乱期を経て企業補充医療保険市場でも徐々に制度化が進み，また基本医療保険の給付率が著しく改善されたことで，2010年以降は北京市の企業補充医療保険は比較的順調に成長している。

　大病保険や企業補充医療保険に関しては公式統計がほとんどなく，その実態を把握することがきわめて難しい。表8-6は，西安市のある国有企業C社

第Ⅱ部　医療保障制度の改革

表8－6　西安市C企業の従業員および家族の医療費の内訳（2009年）

(単位：元，％)

	分類	合計	基本医療保険 支払額　％		大額医療補助 支払額　％		企業補充医療保険 支払額　％		自己負担 支払額　％	
外来医療費	現役従業員	436,323	225,280	51.63	0	0.00	152,017	34.84	59,026	13.53
	退職従業員	274,476	154,400	56.25	0	0.00	89,363	32.56	30,713	11.19
	家族	210,836	106,736	50.63	0	0.00	83,280	39.50	20,820	9.87
	分類	合計	基本医療保険 支払額　％		大額医療補助 支払額　％		企業補充医療保険 支払額　％		自己負担 支払額　％	
入院医療費	現役従業員	319,818	130,900	40.93	5,219	1.63	157,226	49.16	26,473	8.28
	退職従業員	547,777	195,500	35.69	129,600	23.66	187,034	34.14	35,643	6.51
	家族	191,557	77,340	40.37	62,350	32.55	37,680	19.67	14,187	7.41

出所：劉瑋（2011：25）より。

における実地調査の結果である（劉瑋 2011）。この企業は，中国交通建設集団傘下の企業で大型プロジェクトの調査，設計，コンサルティングなどを行う大型国有企業である。総従業員数は2,200人，現役従業員は1,675人（76％）である。この企業では2006年から補充医療保険を実施したが，保険型補充保険は保険会社から団体医療保険を購入する形で，基金型保険は保険会社に基金の管理を委託する形で行われる（この企業の補充医療保険には家族も入っている。）。具体的には2006年から2009年は平安保険，2010年は中国人寿保険と契約を結んだ。同表を見ると，基本医療保険の保障率は外来がおよそ5割，入院が4割で，入院の場合は大病保険が（現役従業員以外では）2割～3割の医療費を保障している。この企業では企業補充医療保険の役割がきわめて大きく，外来の場合は医療費の3割～4割，入院の場合は2割～5割を占めている。とりわけ現役従業員にとって補充医療保険の存在は非常に大きいと言えよう。その結果，医療費に占める患者の直接負担は外来が1割前後，入院も1割以下と，全国平均を大きく下回る。ただ，この企業は中央直轄の国有企業であるため企業福祉が充実しており，必ずしも中国企業の平均像ではない。

　大病保険や企業補充医療保険とは別の形の補完型保険もある。たとえば，「江蘇省南通市」では基本医療保険の個人医療口座積立金を有効利用し，いざというときの保障を充実させるために，2009年より政府主導で都市の労働者を

対象に任意加入の補充医療保険を導入した。契約保険会社は中国人寿保険である。個人口座の積立金が3,000元を超える人は,「都市労働者商業補充保険」に加入することができる。保険料は500元／口で,1人で最大10口まで契約可能である。社会保険管理機構はその資金を使い保険会社から団体保険を購入する。給付は,死亡の場合1万元,入院の場合1日30元で,最長90日間給付する(たとえば,10口を契約した場合は1日300元)。多くの医療保険が患者負担医療費の定率を給付するのに対し,南通市の補充保険は定額を給付するのが特徴である(陳栄華ほか 2011)。

また,2012年に住民大病保険が正式決定される前から一部の地域では新型農村合作医療の加入者に対して保険会社を通じた補充医療保険を設置し,新農合の低い給付水準を補完していた。たとえば,「新疆ウルムチ市」では人保健康新疆支社に委託して「新農合補充医療保険」および「大額救助保険」を運営し,最高9万元の医療保障を提供した。2010年には,加入者の29％が新農合補充保険に加入したと報告されている(陳弘,2011)。

保険会社による社会医療保険基金の管理

このように,基本医療保険の保障水準が限られ,医療保障システムにおける政府と市場の境界がまだ曖昧である中国では,他の先進国々に比べ民間医療保険の定義や範囲が広いだけでなく,公的制度のなかに民間保険が組み込まれるという独特の構造が形成されつつある。特にここ2～3年のあいだ,医療保障と民間保険の問題において最もホットな問題は,民間保険会社による社会医療保険基金の管理(中国語では「社会保険商弁」)の問題である。すでに述べたように,従来にはなかったこの発想が登場したきっかけは新農合の全面普及過程で顕在化した深刻な農村公共サービスのインフラ不足であった。近年公共政策の分野で「政府によるサービスの購入」(「政府購買服務」)論や「管理と運営の分離」(「管弁分離」)論もこうした公共サービスのアウトソーシングの理論的根拠となった。もちろん,すべての地域の新農合の基金が民間保険会社に委託されたわけではないし,公共サービスへの介入に躊躇する保険会社もあるため,全

体からみるとその数は決して多くはない。中国保険監督管理委員会の統計によると，2007年の時点で合計7つの保険会社が全国の114の県（および県級市）の新農合管理に参加し，875万人に対し給付を行った（沈 2011）。その後，都市住民保険ないし都市労働者保険の管理までを保険会社に委託するところも現れ，その是非をめぐって議論が起こった。人力資源社会保障部の統計によると，2010年末現在，586の地域で都市労働者保険を，67の地域で都市住民保険を保険会社に委託して管理しているという。[15]

委託方法は大きく(a)基金管理型，(b)保険契約型，(c)混合型に分けられる。(a)は保険会社が政府の社会保険管理部門から一定金額の管理費を受け取り，基金の管理，発生した医療費の審査，医療機関と被保険者への支払などの業務を代行する方式である。保険料の設定，徴収，および収支の最終責任は政府が負い，保険会社は管理費だけを受け取る。(b)の保険契約型は，政府と保険会社のあいだで保険契約を締結し，赤字の場合は保険会社が責任を負う方式である。(c)は両者の混合で，政府と保険会社が共同で財政責任を負う方式である。実態としては(a)の基金管理型がメインとなっている。

中央政府による明確な規定がないため，具体的な運営は地方によって様々であるが，近年典型例として注目されるのは江蘇省江陰市，河南省の新郷・洛陽市，広東省の湛江市の3つの市である。

1990年代に医療保険の「両江モデル」[16]の1つとして注目を集めた「江蘇省江陰市」は，この分野のパイオニアとして，保険監督管理委員会の会長の視察を受けるなど，「保険会社による社会保険管理への参加の成功例」と言われてきた。東部沿岸地域に位置し裕福な農村地域を抱えている江陰市は，1990年代半ばから農民を対象とした医療保険を実施し，中国人保江陰支社に委託したがうまく運ばず，2001年から太平洋保険江陰支社に再度委託して入院保障を主とする「新型農村合作医療保険」を正式に導入した。太平洋保険は今日に至るまで一貫して新農合の管理を任され，2011年の新農合の加入者数は63.7万人である。新農合の加入率はほぼ100％を維持しており，基金の黒字率も他の地域より低い10％以内に留めるなど，基金管理の効率性でかなりの成果を上げた。2009年

からは都市労働者の医療保険基金の管理も委託されるようになり，さらに2010年から新農合のうえに補充医療保険を導入するなど，医療保険業務を拡大させている。

　一方，338万人の農民を抱える河南省新郷市は2003年から新農合制度を実施しはじめたが，管理コストが高かったため2004年より制度の管理を中国人保新郷支店に委託した。管理費としては新農合基金の１％に値する金額を保険会社に支払う代わりに，500人の人員と900万元の経費を削減できたという[17]。当時改革のキーマンであった党書記連維良が2006年に洛陽市の党書記に転任すると，この方式は新郷から洛陽にも広がる。その後，新郷・洛陽両市の保険会社への委託管理は新農合から都市住民，都市労働者へと拡大され，基本医療保険の管理を全面的に保険会社に任せる形となった[18]。その一方で，政府は政策の公報，保険料の徴収，医療保険政策の決定，基金運営の監督などに専念し，社会保険の管理者（provider）から規制者（regulator）になった。

　もう１つの典型例である「湛江市」は広東省の比較的貧しい地域で，2009年には，新農合の加入者が488万人，都市住民保険の加入者が58万人であった。2009年，都市と農村の住民保険が「都市と農村住民医療保険」（城郷居民医療保険）統合されると，それまで主に都市住民を対象としていた医療保険管理機関の業務量が一気に増え，負担能力を超えてしまった。そこで，医療保険の取り扱いに詳しい人保健康湛江支社と共同で審査・支払業務を行うようになった。このやり方は現在「社商合作」（社会保険と商業保険の協力）と言われている。この基本医療保険の上乗せとして，湛江市は個人保険料の15％を使い人保健康から大額医療補助医療保険を購入している。基本医療保険の給付上限２万元に対し，大病保険は８～10万元の上限を設定している。

　保険会社が社会保険基金の管理に参加することのメリットは，政府にとっては膨大な審査・支払業務を外部化することで必要な人員と経費を節約でき，保険会社にとっては住民の年齢，疾病などに関する基礎的なデータを入手できると同時に，補充医療保険など他の保険商品の開発や市場シェアの獲得に有利である。一方で，被保険者はより専門的で迅速なサービスを受けられるようにな

り，（保険会社の自らの利益に直接つながるために）医療機関の不当な医療行為に対する監督が効率化する。つまり，保険会社による社会保険基金の管理は政府，保険会社と被保険者の三方にとって有益であるといわれている。

一方で，このような外部委託に対し懐疑的な意見も少なくない。著名な社会保障研究者である鄭功成は，保険会社の新農合管理への参加は「それが如何なる目的であれ本末転倒」であり，「保険会社にとっても長期的なメリットはない」と指摘したうえで，保険会社は社会保険管理よりも中高所得層のニーズに合わせた多様な保険商品の開発に重点を置くべきだと主張する（鄭功成 2012）。また，こうした民間企業へのアウトソーシングは単なる公的責任の放棄または転嫁であり，政府と民間企業の不当な癒着関係を引き起こしかねないという批判も根強い。

4 中国における民間医療保険の位置

本章では，まず国際比較を通じて先進国における民間医療保険の全体像，およびいくつかの事例を考察したあと，中国の民間医療保険をめぐる近年の政策動向と改革の実態を整理した。最後に，諸外国の事例および中国の現状について若干の考察を行い，本章の分析から得られる示唆と結論をまとめる。

民間医療保険が一国の医療保障システムのなかでどのような役割を果たすかは，公的医療保障制度のあり方によって決まることが多いが，同時に民間医療保険自身の歴史や発展戦略とも関連する。アメリカはいうまでもなく，ヨーロッパの諸国においても公的医療保障制度が整備される前にすでになんらかの民間保障が存在し，国によってはそれが公的制度の導入時期やあり方を大きく左右した。この傾向はギルドなど中間組織の歴史が長く当事者主義が根強いヨーロッパ大陸（ドイツ，フランス，オランダ，ベルギーなど）でより顕著である。現代的な公的医療保障制度が導入・発展する過程で，これらの民間組織の一部は公的制度の担い手に転換し，一部は民間組織の形態を維持しながら公的制度の補完的役割を担い，医療保障システムのなかで確固たる位置を占めるように

なった。

　一方，このような民間保障の歴史が浅く，後発国家であったがゆえに国家主義がより強い東アジア諸国では，国家と市場以外の「社会的な」互助制度が貧弱で，民間医療保険といえば保険会社が提供する商業保険がメインである。ただ，東アジアのなかでも，公的医療保険が導入された時期によって国ごとに大きな違いが生じた。日本の場合，健康保険，国民健康保険とも比較的早く導入され，1961年にはすでに皆保険を実現するなど，社会保険の整備時期が（経済発展水準に比べ）相対的に早かった。加えて，1960～70年代の経済の「黄金時代」を享受できたことで公的制度の保障範囲がきわめて広く，しかも混合診療禁止の原則から民間保険に残された余地が非常に狭く，医療費の保障というより疾病による所得損失の補塡の性格が強くなった。それに対し，韓国と（本章では分析できなかった）台湾では，公的制度の整備が相対的に遅く（皆保険は韓国が1989年，台湾が1995年），かつその水準が限られていたため，人々の医療費保障において民間保険が大きな役割を果たすようになった。とりわけ近年の金融自由化やグローバル化のもとで韓国や台湾では民間医療保険が急速に成長し，特に韓国では公的医療保険と拮抗するまでになった。中国の民間医療保険が置かれた環境を考えると，中国は韓国や台湾のような道に進む可能性が高い。

　民間医療保険が単なる「上乗せ」や「贅沢」ではなく，医療サービスへのアクセスを影響するほど実質的に大きな役割を果たしている国では，政府が民間医療保険への加入を義務付けたり，保険料を補助したりするケースが少なくない。そして，ドイツやフランスの事例でみたように，リスクの選択や保険料の設定などに対し政府による強力な規制が行われるのである。それらの国においては，このような民間保険は「準公的」な性格をもっていると言えよう。今後，公的制度の財政負担能力の限界が顕在化し，民間保険をより積極的に活用する必要性が高まれば，民間保険と公的制度の両方の性格をもつ「グレーゾーン」の範囲がいっそう拡大すると考えられる。

　中国の医療保障と民間保険を取り巻く環境，条件は諸外国とは明らかに異なる。まず，保険業は1950年代末から1970年代末の20年間のブランクを置いてほ

とんどゼロからのスタートとなった。また医療に関しても，医療サービス提供システムにしろ医療保障制度にしろこの30年のあいだに根本的な変化を経験した。近年，ようやく公的医療保険制度が形を整えてきたが，まだ完成形には程遠く，公的制度と民間保険との境界線も流動的な状態が続く。この10年ぐらいの公的保険と民間保険の「博弈」（駆け引き）の結果によって中国の医療保障システムの形が確定する可能性が高い。

　このように，公的制度がまだ不安定で，給付の範囲や給付率が年々変わる現状では，純粋な民間医療保険が安定的な成長を遂げることは難しい。2009年に新医療改革が発表された際に民間医療保険の保険料収入が大きく減ったことに現れるように，中国の保険会社にとって医療保険は一般の生命保険などに比べ「政策リスク」がきわめて高い分野の１つである。加えて，医療費は医療機関という第三者を介して提供されるために，損失額（医療費）の確定やコントロールが難しいことも多くの医療保険が赤字になる重要な原因である。医療費の個人負担が依然として高く，保険に対する潜在的ニーズが高いにもかかわらず，民間医療保険市場は「外熱内冷」（外からの期待は熱いが，業界内部は活発ではない）状態が続いている。

　このような状況のなかで中国の保険会社は現在，大病保険を含む補充医療保険と社会保険の管理に発展の突破口を見つけようとしている。これらの分野は政府の介入が多く，保険会社にとっては制約が多いものの，（順調にいけば）社会保険管理機構や企業を通じて安定的な顧客を獲得できると同時に，現在保険会社にとって最も不足している疾病や医療費に関するデータを入手できるからである。政府と手を結ぶことによって市場での交渉力が強まれば，将来的には医療機関に対する監視・介入を通じて医療費をコントロールし，リスクを軽減できる可能性もある。このように，2012年に保険会社による住民大病保険の扱いが全国範囲で制度化されたことは医療保険業界にとっては大きな変化であり，ここ10年近くの社会保険の管理業務受託の成果とも言える。

　ただし，補充保険の部分はよしとしても，新農合をはじめ基本医療保険の管理まで保険会社に委託することには慎重さが求められる。現在，地方の医療保

険制度を運営・管理する人材，インフラが不足しているからといって，すぐそれを民間の会社に丸投げすることは公的責任の放棄につながる。社会保険管理のアウトソーシングは短期的な費用節約の効果がある一方，長期的には地方政府の公共サービス提供能力の停滞に繋がりかねない。今後，都市化と社会保障制度の発展にともない，都市と農村の医療保険制度の統合やこれによる社会保険のプール範囲の拡大が予測されるが，地方政府による異なる保険会社への委託はこのような制度の発展を妨げる可能性が残る。もちろん，医療費の審査，医療機関への監督は専門的な知識とマンパワーが必要であり，その膨大な業務を地方政府が行うことは困難である。日本をはじめ多くの国では，医療費の審査・支払・分析，医療機関への監督などは独立した第三者機関が行い，政府は保険資格の管理や保険料の徴収などの業務だけを行う。このような独立化・専門化は今後の公的制度の統一化にも有利であるに違いない。

注
(1) アメリカやフランスの多くの保険者は非営利団体である。日本の住民共済もそうである。
(2) ちなみに，民間医療保険を指す言葉も国によって違っている。日本や韓国では「民間医療保険」，フランスでは「補足保険」，中国では「商業健康保険」と称している。ここでは，記述の便宜上「民間医療保険」に統一することにする。
(3) 日本の割合については後述する日本の部分で再び検討する。なお，表8−3では社会保険の国庫負担分は社会保障基金としてカウントされていると思われるが，実際のところ日本の国民医療費の38.1％（平成22年度）は公費であることも忘れてはいけない。
(4) これに対し保険会社は私保険における保険者の自由に対する侵害であるとして，憲法裁判所に一連の違憲裁判を起こしたが，連邦憲法裁判所は権利侵害の可能性を指摘しながらも，公共の福祉による正当化を理由に違憲ではないという判決を下し，民間医療保険側の主張を全面棄却した。詳しくは水島（2010）を参照。
(5) 本章では詳しく考察しないが，2006年に全員を民間医療保険へ強制的に加入させることで初めて皆保険を実現したオランダでも基本的に同じことが起きている。オランダの劇的な医療改革については須藤（2012）が詳しい。
(6) 実際は，一般的なイメージと違い，高額療養費支援制度が存在するため窓口での

負担率は増えたものの，国民医療費全体に占める患者自己負担の割合はほとんど増えていない（2002年13.9％，2005年14.4％，2009年13.9％）。代わりに，国民医療費に占める高額療養費の比重は2002年の3.0％から2009年の5.1％に増えた（岩淵 2012）。

(7) 表8－3では日本の総保健支出に占める民間医療保険の割合は2.5％であるが，この数値は過小評価された可能性が高い。全体の医療費に占める民間医療保険の割合については公式的なデータがないが，たとえば2002年の場合，民間保険の医療関係支給額は1.3兆円で，これは患者負担（4.7兆円）の28％，国民医療費の5.38％を占めているという計算がある（丹下 2006）。

(8) 韓国保険開発院『長期損害保険統計資料集』より。

(9) 「都市部社会保障システムの改善の試行方案に関する通知」。

(10) 「都市と農村の住民大病保険の実施に関する指導意見」（2012年8月24日）。住民大病保険の財源は基本医療保険の一部を使用し，被保険者に追加的負担を要求しない。この制度により，高額医療費が発生しやすいがんなど重大疾病時の給付率が実際の医療費の50％を下回らないことが目標とされた。

(11) 中国保険監督管理委員会（2005）「保険業が新型農村合作医療の試行事業に参加することに関する若干の指導意見」。

(12) その理由は2009年に公的医療保障の充実や基本医薬品制度などを骨子とする重大な医療改革案が発表されたからである。

(13) 2003年以降，公的医療保障制度の充実により総医療費のなかの個人負担割合が減少したのもこの比率が急上昇した理由の1つである。

(14) 廈門市の事例。徐（2008：38）。

(15) 「大病医保全国『商弁』」『財経』2012年8月13日。

(16) 「両江」とは江蘇省の鎮江市と江陰市を指す。90年代に個人口座と社会基金の結合実験地として知られた。

(17) 「医保商業化破局」『財経』2010年3月15日。

(18) 新郷，洛陽の大胆な改革の背後には医療改革のトップであった呉儀，李国強（2004年当時は河南省書記）の2人の副総理からの後押しがあったという。

(19) 1973年の高額療養費制度の導入も決定的に重要であった。

参考文献

日本語文献

岩渕豊（2012）「高額療養費制度に関する考察」『社会保険旬報』No.2508：10-15。

笠木映里（2008）「フランスの医療制度——受信時の患者自己負担と私保険の特殊な

役割」『クォータリー生活福祉研究』No. 65：1 – 16.
笠木映里（2012）『社会保障と私保険——フランスの補足的医療保険』有斐閣.
河口洋行（2012）「公的医療保障制度と民間医療保険に関する国際比較——公私財源の役割分担とその機能」『成城経済研究』No. 196：59 – 92.
川端勇樹（2008）「ドイツ民間医療保険市場の動向——公的医療保険との関連と民間医療保険業界の展開」『損保ジャパン総研クォータリー』Vol. 50：2 – 29。
徐林卉（2008）『医療保障政策の日中比較分析』晃洋書房。
須藤康夫（2012）「オランダの医療保険——民間保険会社が運営する新しい健康保険制度」MS&AD 基礎研究所。
砂川知秀・中村岳（2007）「公的医療制度下の民間保険の国際比較」田中滋・二木立編『医療制度改革の国際比較』勁草書房。
生命保険文化センター（2009）『生命保険に関する全国実態調査』生命保険文化センター。
丹下博史（2006）「医療保険への消費者ニーズと民間医療保険市場」堀田一吉編『民間医療保険の戦略と課題』勁草書房。
堀田一吉（2006）「医療保障における民間医療保険の課題」堀田一吉編『民間医療保険の戦略と課題』勁草書房。
水島郁子（2010）「ドイツ社会保険法における民間医療保険」『阪大法学』No. 60：293 – 320。

中国語文献
陳弘（2011）「新疆地区商業保険公司参与新型農村合作医療保険現状及前景分析」『現代経済信息』2011年8月。
陳栄華・陳志軍・朱煜（2011）「社会保険与商業保険合作実践探索」『中国医療保険』2011年第2期。
孔月紅・楊博（2008）「中国商業健康保険産品供給的困境，突破与創新」尚漢・李栄敏・黄雲敏編『中国健康保険与医療保障体系改革』復旦大学出版社。
劉瑋（2011）「企業補充医療保険市場化運行的嵌入性分析」西北大学修士論文。
馮鵬程（2007）「北京市補充医療保険調研報告」第四回中国保険教育論壇論文集。
沈華亮（2011）「商業保険機構経弁社会医療保険可行性分析」『商業保険』12月号。
孫祁祥（2012）『中国保険業発展報告2012』北京大学出版社。
孫祁祥・鄭偉他（2005）『中国社会保障制度研究——社会保険改革与商業保険発展』中国金融出版社。
孫祁祥・鄭偉他（2010）『商業健康保険与中国医改——理論探討，国際借鑒与戦略構

想』経済科学出版社。
王暁燕（2010）『我国社会医療保険費用的合理分担与控制研究』経済管理出版社。
張瑜（2007）「保険業参与新型農村合作医療的模式与対策研究」上海交通大学修士論文。
鄭功成（2012）「全民医保下的商業健康保険発展之路」『中国医療保険』第11期。

英語文献

OECD（2004）*Private Health Insurancein OECD Countries : the Benefits and Costs for Individuals and Health Systems*, OECD.

韓国語文献

チョン・ヨンホほか（2010）『2009年韓国医療パネル基礎分析報告書（Ⅰ）』韓国保健社会研究院.

終　章

皆保険後の中国医療改革の課題

久保英也・李　蓮花

　医療保障制度の全国民適用＝皆保険は，「調和のとれた社会」を掲げた胡錦濤政権の社会政策の目玉であり，中国における初めての普遍主義的な福祉政策でもあった。中国の農民が史上初めて収奪の対象から給付の対象となった意味でもこの制度は画期的なものであった。ただ，皆保険化を急ぐあまり外見的な制度拡大と加入率だけを過度に追求し，給付水準や提供主体の確保などの「良質な医療保障」が疎かになったことは否定できない。また，公立病院の管理システムや社会保険医療費の支払制度などの改革が遅れているため，医療費は急増したものの「看病難，看病貴」の問題は依然改善されたとは言えない。

　このような背景を踏まえ，本書は，医療費の長期展望，医療提供システム，支払制度，地域医療，医療保険基金の財政，新型農村合作医療，民間医療保険など多様な角度から，皆保険後の中国医療システムの実態に接近すると同時に，2020年の基本的な医療保障の実現に向けた改革課題を点検した。終章では，本書各章の主な知見をまとめたうえで，中長期的な改革目標と短期的な課題について我々の政策提案を行う。

1　本書の知見

　第1章では「中国医療改革の現状と問題点」と題し，中国における医療改革の実態と皆保険を達成してもなお残る問題点の整理を行った。
　ここで指摘した問題点について第2章以降で解決策を探る構成である。

第2章では「中日公的医療保険の長期展望と中国に残された改革時間——中国医療保険制度の国民負担長期シミュレーション」と題し，給付の拡充を今後図るにしても国全体の必要財源はどの程度まで拡大するのかをシミュレーションしている。また，中国は長期にわたり「1人っ子政策」を取ってきているため，出生率が低く，高齢化のペースが日本と同様に速いため，給付範囲の拡充をしなくとも高齢者の医療費を中心に医療保険支出が激増する。

　①中国の国民医療費は今後50年程度の長期の尺度で見た場合どの程度になるのか，②高齢化と経済成長率の低下が迫る中で，中国が医療保障制度改革にかけられる時間はどのくらいか，などを日本と中国について同じフレームワークでシミュレーションモデルを作り，日中比較の中で検証している。

　中国に残された時間は20年程度，国民医療費の雇用者所得に占める割合でみると2020年ごろには現在の日本の国民医療費負担の水準となり，2030年代には日本と同じような手厚い高齢者給付を行えば，日本の水準を越える可能性がある。

　中国は公的医療保障の割合を抑え，韓国などのように民間保険と個人（患者）負担が多い医療保障制度を構築をすすめるべきであるとしている。

　第3章「中国の医療提供システムの変化と病院経営」は，①医療サービスの提供システムの視点から改革開放以来の医療政策が医療機関と薬品の生産・流通に与えた影響と②具体的な問題点を明らかにするため，遼寧省の2つの公立病院を事例に，医療機関の収支構造と近年の改革の影響とを分析している。

　まず，1949年から現在までの医療提供システムがたどった3つの段階（1949～1977年の指令型体制，1978～1997年の発展型体制，1998年以後の管理型体制）を詳細に整理し，完全に政府統制下に置かれていた医療機関と薬品関連企業が「企業化管理」という原則によって一歩一歩市場化され，病院が過剰処方，過剰検査に依存した収益構造にならざるを得なかったのはなぜかを検証した。また，2000年以降医療に対する国民の不満を背景とした，公立病院の歪んだ収益構造の改善について様々な試み（薬費の集中入札制や，薬剤費比率の管理など）を紹介している。

終章　皆保険後の中国医療改革の課題

　一方，第3章の最大の貢献はデータ入手が困難とされる遼寧省の2つの公立病院のミクロデータを通して公立病院の収支構造や医療費の中身を初めて明らかにした点である。同規模の公立病院の場合でも医療改革の対象病院か否かで収支の構造や医療費の内訳が異なる。医療診療収支の赤字を薬品収支の黒字によって補塡している構造は共通であるが，医療改革の対象で薬品収入の割合が厳しく統制される公立病院は，経営が相対的に厳しい。こうした実態から，医療機関の「公益性」を強調するだけでは，病院の経営悪化と医療関係者のインセンティブの低下に繋がりかねないことがわかる。政府補助や医療サービスの報酬の見直しとセットで薬剤費や検査費の統制を行う必要がある。また，医療診療収入，とりわけ診察費や手術費などの医師の技術の価値を正当に評価するシステムが求められる。北京友誼医院の事例はそうした方向に向け進み始めていることがわかる。

　第4章「中国と日本における医療保険支払制度」は，医療改革の本丸とされる医療保険の支払制度改革を取り上げた。中国各地の支払改革を丁寧に紹介するとともに，評価の高い日本のDPC制度の中国への導入可能性を探っている。

　現在の中国の医療保険は出来高払方式を採用し，これに上乗せする形で様々な支払方式が試みられている。出来高払の他，総枠前払，サービス・ユニット払，人頭払，単一病種払など様々な支払方式が混在し，北京市など先進地域では現代的なDRGs（診断群別支払）の実験も行われている。大都市の社会医療保険支払システムを整理し評価した結果，①全国統一的な支払制度の確立が急がれること，②支払制度改革の目的は支払抑制を中心とした医療保険基金の財政の安定化であり，良質な医療の確保や科学的根拠に基づいた医療サービスの規範化が軽視されていることに警告を鳴らしている。様々な名称の支払方式が乱立するが内実は出来高払のうえに医療費の支払上限をつけるというだけで，本旨が失われている。医療機関が自主的に良質な医療を効率的に提供するインセンティブを織り込む制度改革が重要とした。日本のDPC制度のような包括払システムを中国に導入するためには，①医療衛生体制の改革と保険医制度の確立，②クリニカル・パスの収集と整理，というインフラ整備がまず必要である

としている。

　第5章「勤務条件に対する日本の医師の選好——日本と中国における医師の地域偏在の解消に向けて」は，中国では大都市の農村部もしくは農村部内で医療格差が拡大し，農村部は優秀な医師の数も少なく，人的資源のアンバランス，非効率性が議論になっていると論じる。地方病院の医師の数が少なく病院閉鎖や当該病院の医師への過重労働が問題になるなど日本と共通点がある。

　日本の医師の勤務地選好をコンジョイント分析を通じて分析した結果，医師の確保には，①診療について相談・指導できる指導体制を整備するための地域ごとの医療機関の連携強化，②遠隔医療システムの導入，③学会や医療研究会への参加保障，などが必要であることがわかった。①と②については中国でも見直しが進んでおり，中国の医師の非効率配分是正に向けた対応は評価できる。ただ，日本の場合は地方勤務ほど医師の所得が高いのに対し中国ではその逆であるため，この格差の解消がまず求められる。

　第6章「大連市都市基本医療保険基金の持続可能な発展」は，大連市を事例に，都市部基本医療保険（労働者と住民）制度が抱える財政問題を計量的に分析している。

　中国語の「以収定支」（収入を前提に支出を決める）は医療保険制度運営の基本原則の1つであり，支出増加が無制限になることを防ぐとしている。ただ，数年前までは，医療保険の給付範囲が狭く，かつ支払上限額も低く設定されていたため，医療基金に多くの剰余が発生することが問題になっていた。しかし，同章では，給付範囲の拡大により，大連市では労働者基本医療保険，住民基本医療保険の両制度とも単年度赤字を経験するなど制度が安定していないとしている。さらに，シンプルな計量モデルにより，将来的には高齢化などの影響により，両制度とも巨額の赤字を抱えることを予測している。現在政府補助のない労働者基本医療保険の場合，現状のままでは2020年から単年度収支は赤字に転じ，その後，収支のギャップはますます拡大すると指摘する。

　医療保険基金の収入と支出の影響要因を詳しく検討する中で「高齢化の進展」が財政に深刻な影響を及ぼすとし，①退職年齢の引き上げ（この点は現在

年金との関連で盛んに議論されている）や②早期の保険料率の引き上げ，③退職者からの保険料徴収，④政府補助の強化，⑤医療機関への費用節約インセンティブの付与などの対策が提案されている。収入の大半を財政補助に依存している新農合の持続可能性は都市基本医療保険の財政よりいっそう厳しいと考えられる。

第7章「大連市新型農村合作医療制度の実証分析」は，大規模なアンケート調査と丁寧なフィールドワークによって，今一つ実態がつかめない新農合の現実に迫った貴重な研究である。

国民皆保険の実現に向け，新農合の全面実施と政府の財政責任の明確化が最重要であったが，順調と喧伝される8億人以上をカバーする世界最大規模の新農合は本当に機能しているのかをアンケートを中心に分析した。その結果，①財源調達において中区，市，県の各級地方政府の財政支援が全体の85％以上を占めており，財政的に余裕のある地域（近郊）ほど補助の割合が高いことから逆進性が残る，②農民は1人あたり30元を負担しているが，農民の収入状況を勘案すると農民負担を引き上げる余地があることを指摘している。そして，③新農合の最大の受益者は農村の基層医療機関とりわけ「郷鎮衛生院」であることが明らかになった。医療保険による医療費の塡補率は，基層医療機関への傾斜的設定となっており，これが1980年代以降荒廃していた郷鎮衛生院を復活させた。また，④医療保険による塡補水準は，入院で43.4％に止まるなど，「病気による貧困化の防止」は実質的に実現できていない。そして，2009年の新医療改革の目玉であった国家基本薬品制度に対しての農民の評判はあまり高くなく，受診の自由度の確保，日常使用する外来医療費への給付拡大の要望が強いことが明らかになった。

第8章「中国の医療保障システムにおける民間医療保険」は，医療保障における公私の役割という視点から各国の民間医療保険の位置づけおよび中国の商業健康保険の実態を分析している。

中国の人口規模や経済水準から，「公的」医療保障制度を日本などの先進国と同じ水準まで引き上げることは難しい。中国では，「多層的医療保障システ

ム」の構築と多様な補充医療保障制度の増強が，1993年以降絶えず提唱され，民間医療保険に非常に厚い期待が寄せられている。この中で，ドイツ，フランス，日本および韓国など社会保険方式を採用している国の公私の医療保険の分業構造を考察し，同じく民間保険であっても果たしている役割は国によって異なり，逆に民間保険が公的保険に似た役割を果たすところでは政府による規制が強化されていると指摘している。

　中国に関しては，1990年代以降，保険業全体の急速な発展を背景に民間医療保険市場も拡大し，①すでに民間医療保険の保険料は個人負担医療費の1割弱を占めているが，しかし，②公的医療保障制度の保障範囲がまだ未確定であるために成長が不安定で，市場の医療保険の潜在的ニーズをまだ吸収し切れていないとしている。一方で，③保険会社が社会保険（とりわけ農村の住民保険）基金の管理業務に参加するという世界的にも珍しい試みが2003年以降活発であることを指摘し，新しい中国式公私協業になる可能性があるとしている。

2　中国の医療改革の今後の課題

　各章の分析を通じて，2003年以降中国の医療改革は大きな成果を挙げ，現在も給付範囲，支払方式，大病保険など様々な見直しが速いペースで進行中であることが明らかになった。一方，第1章で検討した公平性，効率性，医療の質といった基本的な評価指標から考えた場合，中国の医療システムは未だ不十分であり，医療改革は「2020年までに基本的な医療保障を実現する」とされている。すべての人々をカバーする医療保障システムの構築はそのための第一歩にすぎない。2009年の新医療改革法案が示した2020年までに基本的な医療保障を実現するためには，基層医療機関の充実，薬品の生産・流通システムの改革，そして医療システムの中核をなす公立病院の抜本的な改革が待ったなしの状況である。2009年から2011年の3年間の医療改革について顧昕は「進歩が著しい医療保険制度と足踏み状態の病院改革」と評価したが（顧昕 2012），今後10年間で公立病院をはじめ医療の供給側でどのような改革を実現できるかが，中国

の医療改革の全体の成否を握っているといっても過言ではない。その意味で，習近平政権期は胡錦濤政権期と同じく，これからの中国の医療システムのあり方を決める重要な位置を占める。

医療改革の長期目標

どの国でも医療改革は多くの利害関係者を巻き込むため，一朝一夕に大きな成果を挙げることは難しい。むしろ，歴史的に確立した仕組みを現実的に少しずつ変えるしか方策はない。中国における改革は，政府が複雑な利害関係の制約をそれほど受けず，長期的な戦略をもって改革を進めることができる，いわゆる「中国モデル」とされている。医療改革についても，まず長期的にどのようなビジョンをもつかが重要である。本書は，いままでの改革の経緯および日本をはじめとする先行国の経験に基づき，中国の医療改革が目指すべき長期目標を以下のように構想する。

① 医療保険に関しては，「皆保険」をベースに，公的医療保障制度の給付範囲の拡大と給付水準のさらなる引き上げを行いつつ，同時に患者負担を実際に発生した医療費の30％以下に抑えること。

② 医療の提供システムに関しては，基層医療機関に対する財源，人材，設備についての支援を強化し，初期医療は身近な基層医療機関で，専門医療や入院治療は二級以上の病院でという分業体制を構築する（第1章の図1－7の右の三角形）。

③ 医薬分業を段階的に進め，医療機関の収入に占める薬品費の比重を現在の40～50％から20％前後にまで引き下げる。同時に，基本的な医療サービスの報酬を大幅に引き上げ，不当な薬価差益や過剰検査に頼らない病院の収支構造と医師の収入が保障される報酬体系を構築する。

④ 公立病院の改革については，公立病院を非営利の独立法人として政府から独立させると同時に，人事権，経営権を確実に病院に委譲し，医師が異なる医療機関のあいだを自由に移動できるシステムを導入する。なお，

243

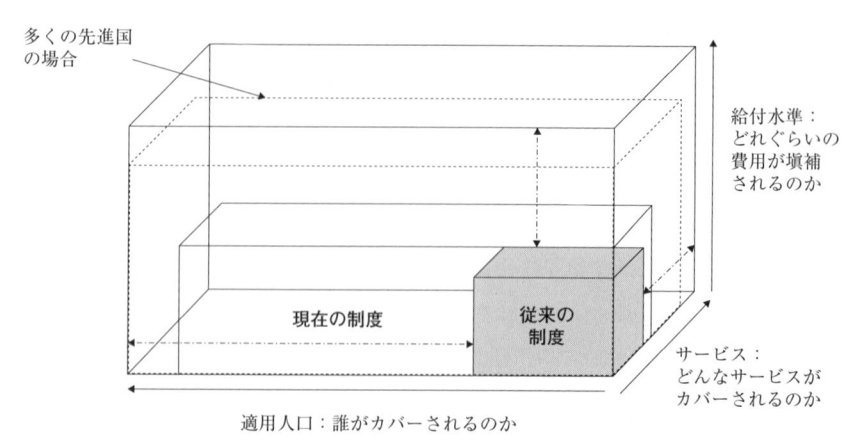

図終-1 ユニバーサル・カヴァレッジの3つの次元
出所：WHO（2010：12）に一部加筆。

条件を満たす医療機関や医師は公立，民間を問わず平等に公的医療保険制度の給付対象とする。
⑤ 都市化の進展と医療保険制度の充実にともない，都市と農村の住民医療保険を漸次的に統合し，被用者保険（都市従業員基本医療保険）との給付格差を縮小させ，最終的には全国統一の給付基準を実施する。なお，退職者の保険料導入や農民の保険料の引き上げなどを通じて，財源の強化と保険料負担の公平性を図り，将来の高齢化や成長率の低下に耐えうる財源基盤を構築する。

上の①に関しては，WHOのユニバーサル・カヴァレッジ（universal coverage）の捉え方が参考になる。通常，皆保険またはユニバーサル・カヴァレッジといった場合は，公的保障制度の適用人口の範囲を指すことが多い。それに対し，WHOは**図終-1**のような3次元の捉え方を提示し，適用人口，給付範囲（サービス），および給付水準（費用）からなる立方体の体積が大きいほど，普遍的な医療保障に近づくとしている。この視点から中国の「皆保険」への取り組みをみると，過去10年間は主として横の「人口」の軸に沿って制度が拡大

した。しかしながらそれだけでは良質な医療保障が提供されたとは言えず，塡補率の引き上げなど給付水準のアップと利用可能薬品の拡大なども進める必要がある。

なお，医療費による家計破綻と貧困化を防ぐ（ほとんど無視できる水準）ためには患者の直接負担を15〜20％以下に抑える必要がある(1)。しかし，途上国にとってはこの目標はきわめて厳しく，まずは30〜40％が現実的な目標とされている（WHO 2010：xiv）。中国政府は2015年までに患者負担率を30％以下にするという野心的な目標を立てているが，混合診療が一般的で保険外の医療サービスや薬品が多数存在すること，基本医療保険や大病保険に給付の上限が設定されていることを考えると，この目標を達成することは容易ではない。

長期目標の②と③は近年の医療改革である程度の共通認識が形成され，今後大きくぶれることはない。それに対し，④の公立病院改革と⑤の医療保険制度については，残念ながら改革の方向性が定まってはいないと考えられる。とりわけ公立病院の改革はここ数年間ほとんど足踏み状態で，制度改革の手がかりも見えていない。その理由に，医療の「公益性」の回復と医療機関の「行政化」をめぐる認識上の混乱がある。以前の行き過ぎた「市場化」，「商業化」に対する反動から中国では「医療の公益性」に対する要求が非常に高く，そのことが医療機関に対する政府の行政的管理の背景となっている。つまり，公立病院に対する政府の財政補助が少なく，いゆわる「企業化」を求める一方で，医師の人事は政府の「事業単位」の人事システムで厳しく統制され，流動性がきわめて低い。また，公益性を理由に，基本的な医療サービス（診察，手術など）や薬品の価格が低く抑えられているために，それだけでは病院の経営が成り立ちにくい。病院と医師の行き過ぎた「市場化」，「商業化」の背後には，不合理な診療報酬システムと官僚的な人事制度があるように思われる。医療は市場化が最も進んだ分野であると同時に，体制改革が最も遅れた分野でもある。こうした「偽市場化」（顧昕 2012）による弊害を解消しなければ中国の医療改革も成功とは言えまい。もし医療の供給サイドに（準）市場原理を適用するのであれば，公立病院を独立の経済主体として政府から切り離し（中国語では「管弁分

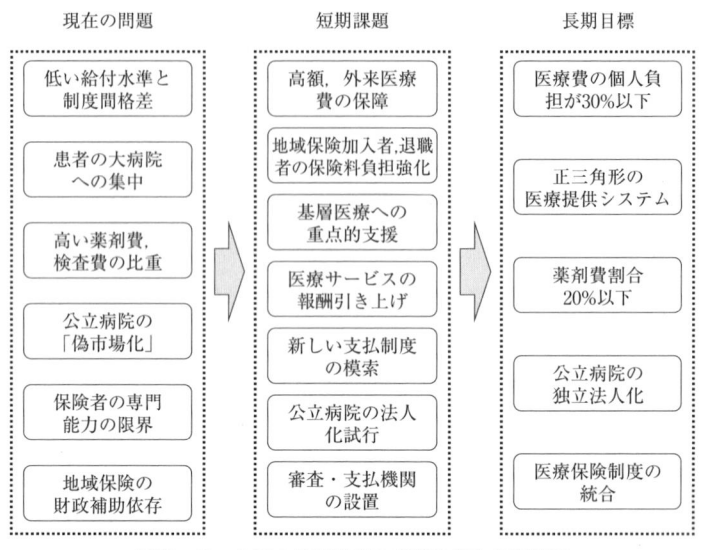

現在の問題	短期課題	長期目標
低い給付水準と制度間格差	高額,外来医療費の保障	医療費の個人負担が30％以下
患者の大病院への集中	地域保険加入者,退職者の保険料負担強化	正三角形の医療提供システム
高い薬剤費,検査費の比重	基層医療への重点的支援	
	医療サービスの報酬引き上げ	薬剤費割合20％以下
公立病院の「偽市場化」	新しい支払制度の模索	公立病院の独立法人化
保険者の専門能力の限界	公立病院の法人化試行	
地域保険の財政補助依存	審査・支払機関の設置	医療保険制度の統合

図終-2　中国の医療改革の長期目標と短期課題
出所：筆者作成。

離」），政府と対等な立場で診療報酬などを交渉できる環境を整備する仕組みを整える必要がある。

　一方，郷鎮衛生院や社区病院などの基層医療機関に対しては政府の財政責任を明確にし，公的な性格を強める方向が望ましい。さらに，地域医療を志す医師が政府の人事システムから独立し個人の診療所や私立病院を開設しても保険適用にするなど平等な待遇が受けられるようにすることも重要である。医療資源の過度の集中と提供システムの硬直性の改善が必要である。(2)

　現在，市や県単位で運営されている医療保険制度のプール範囲を徐々に拡大することは既定方針となっており，重慶など一部の地域では新農合と都市住民基本医療保険制度の統合がすでに行われている。しかし，どこまで制度の統合を進めるかは必ずしも明確ではない。鄭功成（2011）『中国社会保障与改革与発展戦略』では，都市住民基本医療保険制度と新農合の統合（第1段階，2015年ごろまで），都市労働者基本医療保険制度と都市住民基本医療保険制度の統合（地域的国民医療保険）（第2段階，2020年ごろまで）を経て，2040年ごろには全国

的な「国民健康保険制度」への統合という3段階戦略を提案している。被用者保険と住民基本医療保険は保険料徴収基準，給付水準，政府補助などあらゆる面で異なり，両者の統合には非常な困難が予想される。ただ，韓国や台湾がすでに全国一元の医療保険制度に移行したことを勘案すれば不可能ではない。もし将来的に全国統一の制度になった場合は，現在の韓国のように，1つの制度のもとで，職域加入者と地域加入者を区分し，異なる保険料徴収基準を適用する可能性が高い。それよりまずは，給付水準における大きな制度間格差の縮小，支払制度や診療報酬制度などの制度化・統一化が急務であろう。

　ここまで現在の問題を長期に目的とすべきことを述べたが長期目的を実現するための短期課題を**図終-2**にまとめた。

2020年までの短期課題

　これら長期目標を念頭においたうえで，いままでの取り組み経緯と現実的な制約を考えると，短期的（2013年～2020年）には以下の課題に取り組むことが重要である（一部はすでに実施されている）。

医療保険制度との関連項目

① まだ比較的高い経済成長率が見込めること，各医療保険制度に相当の剰余金が存在することを勘案し，公的医療保険制度の給付水準を一段階引き上げる。具体的には，(a)大病保険または高額医療費補助制度などを通じて，入院医療費や高額外来医療費の50％以上を填補する。(b)新農合と都市住民保険の給付対象を外来医療費にも広げ，早期の治療を通じて病気の重大化と不必要な入院治療を防ぐ。(c)各制度の給付の下限の引き下げと上限の拡大を行う。

② 現在，市・県レベルでばらばらに運営されている医療保険制度運営の整合性を高め，とりわけ給付基準と支払方法に関して「省レベル」で統一する。また，社会基金のプール範囲を市ないし省レベルに広げると同時に，都市住民基本医療保険制度と新農合の統合を進め，被用者保険と地

域住民保険を二本柱とする体制を整える。
③ 地域保険における外来の給付化や給付水準の改善と合わせて，地域保険の被保険者負担の保険料を引き上げ，過度に財政補助（税）に依存した入院型の保障制度から，政府と被保険者がともに費用を負担するバランス型の保障制度に移行する。また，今後の高齢化，および被用者保険と地域保険との公平性の見地から，都市部の退職者にも保険料を負担してもらう。
④ 公務員・準公務員（学校，病院など事業単位職員）の公費医療費制度を廃止し，都市労働者基本医療保険に統合する。
⑤ 皆保険によって業務量が膨大になったレセプトの審査・支払の業務を各保険者から分離し，市または省レベルで専門的な審査・支払機関を設置する。また，医療費精算の情報システムを普及し，治療後の償還払いから窓口での精算に移行する。
⑥ 基層医療への経済的・政策的支援をさらに強化し，医療機関間の分業と患者の診療先分散を強力に進める。具体的には，(a)基層医療機関に対する政府の財政責任を明確化し，基層医療機関の脆弱なインフラを根本的に改善する。(b)基層医療機関に有利な費用補償制度を制度化すると同時に，国家基本薬品の範囲を大幅に広げる。(c)医学部の地方枠，都市部病院の地方勤務奨励，農村地域の医師の教育などの制度を拡充・強化し，人材を基層医療へ誘導する。
⑦ 医療機関の収益構造を薬価差・検査費中心から医療サービス報酬中心に変えるために，医師の診察・処方・施術，および看護・リハビリなどの報酬を大幅に引き上げる。
⑧ 中国版 DRGs，総枠予算，人頭払いなど支払制度改革をさらに推進すると同時に，クリニカル・パスに基づいた医療の標準化，可視化を促進し，単なる医療費の抑制ではない新しい支払制度を模索する。
⑨ 公立病院の管理体制改革に関しては，独立法人化に向けて一部の地域で本格的なパイロット・プロジェクトを行い，医師の流動化を促進するた

矛盾をある程度緩和することができる。また，情報の非対称性のもとで交渉能力の小さい患者の利益を代弁して医療機関と交渉したりサービスを規制したりすることも可能である。

皆保険下で患者が医療保険の被保険者になると，医師は医療費の心配をせず患者の治療にあたれる。それは，安定的な収入を確保できる半面，それまでの診療における専門的自由度を失う。つまり自由診療から規格診療になり，報酬に関しても決められた公定価格を受け入れることとなる。そのため，日本でも1950年代から1960年代にかけて診療報酬の引き上げを求めて医師のストライキが度々起き，このような葛藤・模索を経て現在のような医療システムができあがってきた。

現在の中国の状況は当時の日本に近いと考えられる。皆保険という骨組みは一応立ち上げたものの，その枠組みのなかで具体的に保険者と医療機関の関係をどうするのか，市場原理だけでは充足できないへき地の医療や公衆衛生などはどのように確保するのか，いかに医師の地位とインセンティブを確保しつつ医療費の高騰をどう抑制するのかなどの制度内のメカニズム作りはこれからである（中国語では「建機制」）。本書が重視した医療の提供システムや支払制度，そして，地域医療や保険財政の確保，農村医療や民間保険の活用など中国で役立つ日本の経験は数多く存在する。たとえば，戦後日本における無医村対策，地域医療計画による病床数の規制，そして，最近のDPCの導入や後期高齢期の医療と介護の問題などはいずれも大きなインディケーションを中国に与えると考えられる。

今後の日本と中国において良質な医療提供に向けた絶えざる改革に対し，本書がわずかでも貢献できれば幸いである。

注
(1) たとえば，日本の場合，窓口負担は原則3割であるが，高額療養費制度や後期高齢者医療制度などにより，実質の患者負担率は2009年現在13.9%である。
(2) すでに深圳など一部の地域ではこうした動きが現れている。

めの人事改革を実施する。なお、条件の整っている民間病院や診療所を保険取扱医療機関として認め、様々な医療機関を公平に扱う。

3　日本の経験が貢献できる中国の医療制度改革

　周知のように日本は現在世界一の高齢社会であり、平均寿命も世界でトップクラスの国である。しかし、GDPに占める医療費の割合は10％前後と、OECDの平均水準に近い。言い換えれば、日本は比較的少ない医療費で平等かつ良質な医療サービスを提供している。中国の医療改革を考える際に、日本の経験は大いに参考になると思われる。

　第1章で述べたように、日本は（医療費保障における）社会保険方式と（医療提供システムにおける）民間医療機関中心の組み合せの典型例である。一方、中国の医療供給は公立病院が中心となっているが、自ら経営責任を負っている点では「準民間」的な性格ももっている。その意味で、医療費の保障を主に市場（民間保険）を通じて行うアメリカや、医療サービスを主として公的に提供するイギリス、北欧などに比べ、日本（および韓国、台湾、ドイツなど社会保険方式を採用する国・地域）の制度やシステムが中国にとってはより参考になる。たとえば、人口の大半を占める農民の医療保障をどうするかをめぐって中国では2000年代半ばに大きな論争があり、タイのように税方式（「30バーツ制度」）にしようという意見も有力であったが、結果的には日本や韓国などと同じく社会保険方式＋財政補助という方法が採用された。その結果、「被用者保険＋地域保険」からなる皆保険体制が北東アジアの医療保障システムの共通点となったのである。

　このような「社会保険方式＋民間中心の医療供給」の最大の特徴は、政府が直接医療サービスを提供するのではなく、診療報酬や支払制度などを通じて第三者による購入という形で医療機関からサービスを購入することである。現在、中国では患者負担が大きく、医師と患者の利害が直接対立し相互不信が深刻な状況で医療紛争や暴力事件が後を絶たない。第三者購入の仕組みはこのような

参考文献

中国語文献

顧昕(2012)「医改三年──医保改革突飛猛進　医院改革前景不明」『中国社会保障』2012年第1期。

鄭功成編著(2011)『中国社会保障改革与発展戦略』(医療保障巻)人民出版社。

英語文献

WHO (2010) *The World Health Report : Financing for Universal Coverage*, World Health Organization.

索　引

あ行

愛国衛生運動　9, 12
アウトソーシング　206, 227
アクセス　23
アクセスビリティ　20, 161
医師
　——確保対策　111
　——の給与体系　26
　——の自己防衛的医療　54
　——の選好　112
　——の地域偏在　111, 112
　——のモラル　74
「一郷一院」の原則　171
一座大厦　4
1 入院日費用　101
「一村一人の大学生」計画　177
一般医療機関による診察と治療費　190
医薬衛生監督体制　66
医薬衛生管理　66
医薬衛生体制　4, 53
　——改革　17, 53
医薬分業制度　71
医薬分離　107
以薬養医　7, 8, 17
医療
　——アクセス　33
　——衛生事業　ii
　——教育　75
　——行為の「標準化」　107
　——サービス選択の自由度　20
　——資源　iii, 170
　——事務　97
　——収入　68

　——大論争　16
　——転院制度　189
　——の質　20, 27
　——法人制度　72
　遠隔——　123
　合作——　170
　管理——　83
　公営——　2
　初級——　6
　専門——　243
　福祉——　190
医療改革　4
　——専門タスクフォース　15
医療機関　4
　——の自由選択権　189
　——係数　104
　公立——　72
医療救助　5, 16, 191
　——制度　6, 223
　——体系　190
医療費
　国民——　ii, 2, 32, 33, 35-37, 39-46, 48
　総——　70
　特別専門——　94
　入院——　94, 107, 143, 149, 151
　老人——　34
医療保険　4
　——管理機構　27, 97
　——基金　88, 90
　——制度改革　36
　——の公平性　106
　——未加入者　19
　——支払制度　ii, 18, 71
　——改革　94

企業補充―― 225, 226
　　従業員―― 189
　　住民―― 189, 244
　　補足―― 213
　　補充―― 223, 226, 229
　　民間―― 3, 5, 205-208, 210, 214, 216, 217, 220, 222, 227, 230
医療保険制度　4, 240
　　――の統合　233
　　――のプール範囲　246
医療ミス　74
インセンティブ　96, 97, 108, 122, 250
　　――制　88
　　――・メカニズム　97
上乗せ型　209, 214
衛生院　177, 179
　　郷鎮――　7, 23, 24, 124, 162, 168, 171-173, 176, 178-182, 185-187, 241, 246
衛生所　162
衛生部　10, 54, 56, 58-62, 222
遠隔診察システム　177
遠距離医療援助システム　177
エンゲル係数　161
OECD Health Data　210

　　　　　　　か行

解消や重層的かつ非効率的な事務運営　190
皆年金制度　32
皆保険　ⅴ, 2, 5, 36, 54, 81, 136, 150, 206, 212, 215, 222, 237, 241, 243, 248-250
　　――後　27
皆保険化　24, 212
　　ポスト――　17, 18, 23
外来
　　――医療費　18, 107, 149, 241
　　――重大疾患　132
　　――診察補償　168
　　――診療　34
　　――, 入院　140

　　――費填補　173
　　――補償　174
外来大病・慢性病　143
　　――（の）医療費　143, 149
価格の明示　186
過重な労働負担　122
過重負荷労働　74
過剰
　　――検査　13, 54, 243
　　――処方　13, 54
GATT加盟　218
過剰医療　25, 105, 109
過度の診療行為　106
韓国医療パネル　216
患者の不信　54
患者負担割合　26
看病貴　53, 82, 96, 131, 237
看病難　23, 82, 96, 131, 237
企業化管理　238
基金管理型　228
基金拠出型医療法人　74
基金前払い　88
規制者　229
基層医療　16, 53
　　――衛生機構　55
　　――機関　7, 9, 17, 18, 24, 26, 27, 54, 66, 186, 241, 243, 246
　　――人材　26
基層的医療機関　7
基層病院　176
基礎タリフ　212
基本医療衛生制度　18
基本医療制度　17
基本医療保険　245
　　――制度　ⅱ, 10
　　――薬品　9
　　――流動資金　91
基本医療保障　18
　　――制度　17, 53, 191

索　引

基本給　10
基本薬品　8, 54
　　——目録　18
基本薬物　184, 186, 189
QOL　20
救急
　　——医療　9
　　——治療システム　177
急性期
　　——治療　71
　　——入院　103
急性病　1, 20
給付限度額　173
給付対象範囲　166
共済組合　213
強制加入　6, 207, 212
業績給　10
義和保険公司　217
勤務医　113
勤務条件　122
薬の配送遅延　185
クリニカル・パス　109, 239
経営請負制　13
傾斜的支援策　175
ゲートキーパー制　10, 56, 71
減圧閥　206
限界効果　116, 119
健康診断　167
　　——補償　174
健康保険
　　外資系企業従業員——　218
　　国民——　216
　　商業——　217
検査治療費　64
検査費　239
研修医　113, 116, 118, 119, 121, 122
現代病院管理制度　19
公益性　16
　　医療の——　245

高額医療費
　　——の補塡　173
　　——補助制度　247
高額外来医療費　225
高額療養費
　　——支援制度　214
　　——制度　212, 224
後期高齢者　38
公衆衛生　9, 66, 72
　　——サービス　17, 53, 186
　　——システム　15
広州保険行　217
公的医療　6, 39
　　——保障制度　21, 205, 230
公的医療保険　212, 214, 215, 219, 231
　　——近代化法　212
　　——制度　i, 5, 206, 209, 215
公的扶助　6
公的保険　242
　　——制度　213
公的補助　3
公的保障　207
公平性　20, 21, 26
効率性　20, 24
公立病院　3, 10, 16, 19, 31, 39, 55, 56, 60, 66, 73, 75, 238, 239, 243, 245, 248, 249
　　——（の）改革　17, 53, 54, 66, 75, 109
　　——経営　2
高齢者医療　42
　　——費　32, 36, 37, 45, 74, 75
国民医療保険料率　45
国民皆年金　i
国民皆保険　i, 1, 35, 96
　　——化　34
国務院　4
国立社会保障・人口問題研究所　40
個人医療口座　15, 17, 24, 132, 135
個人開業医　6
個人負担　3

255

コスト抑制度　20
戸籍
　　住民――　183
　　農業――　163, 183
　　非農業――　183
国家基本薬品　248
　　――制度　9, 17, 53
国家基本薬品目録　9
　　――制度　8, 9
国家基本薬物　181
　　――制度　173, 181
異なる保険制度への重複加入　190
「五保」世帯　164
混合型　228
混合診療　71, 107, 212, 214, 215, 245
　　――型　56
　　――禁止　231
コンジョイント分析　113, 121, 240

さ行

SARS　9, 15
　　――事件　4
サービス報酬　54
サービス・ユニット払　63, 83, 92
財源調達のメカニズム　207
財政局　141
財政補助　54
在宅医療　140
　　――費　151
在宅治療　139
財団医療法人　72
最低生活保障受給者　136, 137, 143
済和保険会社　217
三医　66
三級医療ネットワーク　170
三級甲等病院　7
三険　141
　　―――助　16, 223
3種の神器　159, 170

三農問題　15
GSP　62, 63
CMU　213
事業単位　12, 13
資源準拠相対価値尺度　71
自己責任　207
自己負担　33
自主参加　164
市場化　15
　　偽――　245
　　行き過ぎた「――」　245
自助努力　207
疾患別関連群（DRG）　100
実質決算　86
実損填補型　216
指定医療機関　10, 56, 57, 90, 186
　　――受診制度　189
指定薬局資格　57
支払制度改革　81, 96, 98
支払方式　81
　　疾病群ごとの――　81
社会医療保険基金の管理　227
社会基金　132
社会主義計画経済　11
社会保険　5, 24, 207, 218
　　――管理機関　6
　　――管理機構　223
　　――基金　61, 220, 229
　　――機構　19
　　――商弁　227
　　――の管理者　229
　　――のプール範囲　233
　　――方式　3, 210
社団医療法人　72, 74
収支均衡，若干余剰　132, 134, 151
収支均衡の原則　166
収支不均衡　134
自由診療　27, 250
重大疾病　188

――医療保険　6
柔軟決算　86, 90
『十二五』　108
十二五期間　181
重病補償　173
重病・慢性病医療費　151
出資額限度医療法人　72, 74
出生数　40
主導型　208
主要型　208
償還払方式　212
商業化　15
少数民族医学　9
小範囲のコミュニティ　160
小病　184
情報の非対称性　25
所得再分配　207
新医改方案　17, 56
新医療改革　53, 68, 70
　――法案　242
新型農村合作医療　10, 12, 220
　――管理委員会　180
　――制度　iii, 5, 15, 26, 31, 222
　――保険　35
　――保険制度　ii, iii, 39
人口推計
　国連――　43
　将来の――　39
審査・監督　27
　――体制　27
診察項目　189
診断群　83, 88
診断群別（DRGs）　87
診断群別疾病支払／毎日予算制　73
人頭払　63, 83, 85, 93, 97, 107, 108
新農合　15, 23, 160, 163-167, 176, 178-180, 183-190, 223, 229, 232, 241, 247
　――への加入率　164
　――管理機構　184

新薬　8, 9, 60
　――審査許可方法　60
診療報酬　39, 101, 104, 107
　――支払方式　98
　――制度　ii, 26, 35
仁和保険公司　217
生活習慣病　1
生活の質　20
生産年齢人口　32
精神保健　9
政府補助　5
税方式　2, 210
製薬企業　8
西洋医学　9
セーフティーネット　i
ゼロ薬価差政策　186
全員強制加入　211
潜在貧困層　190
全民医保　16, 19
全民医療保障　16
専門公共衛生機構　55
総額統制　95
総額前払　63, 95, 107, 108
　――の方法　92
総額前払制　88, 92
総額予算　88
　――管理　92
　――制　85
総合点数　102
総合評価　102, 107
　――支払制度（DPC/PPS）　98, 108
総合評価制度　105
相互扶助組合　213
総保健支出　210
総余剰金　145
総量統制　89, 95
総枠前払　83
総枠予算制　56

た行

大学医局　118
大学病院　26
待機期間　27
第三者支払　19, 24
退職年齢の引き上げ　150
大数（の）法則　136, 191
代替型　208, 209
第二の革命　10
大病保険　6, 219, 224, 226, 229, 245, 247
　　──新政　23
　　住民──　219, 232
太平洋保険公司　218
大連市医療保険センター　146
大連市基本医療保険基金　131
大連市新型農村合作医療実施方案　161, 163
大連市新農合医療基金　167
大連市新農合医療実施方案　163
大連市都市住民基本医療保険　iii, 132, 136, 137
　　──基金　131
　　──制度　132, 141, 150
大連市都市労働者基本医療保険　133
　　──制度　132
大連市労働社会保障局　141
第6回国勢調査　140, 146
助け合いの制度　12
多層的　5
　　──医療保障システム　241
WHO　21, 24
WTO加盟　14
単位　11
単一病種
　　──支払　56, 93
　　──統制　95
　　──払い　83
男女別疾病死亡率　43
単年度赤字　145

地域医療
　　──再生基金　111, 112
　　──支援病院　73
地域枠　121, 122
中医医学　9
中華人民共和国保険法　219
中国銀行　217
中国人民保険　218
　　──公司　217, 218
中国人寿保険　226, 227
中国平安保険公司　218
直交配列法　114
追加　216
　　──型　208, 209, 214
DRG　100, 105, 108
DRGs　83, 239, 248
　　中国版──　82
DRGs-DPC　83
DRG/PPS　73, 100
DPC　98, 100-110
　　──制度　98, 239
DPC総合評価　102
　　──体系　101
　　──報酬支払体系　101
DPC/PPS　73, 99
　　──方式　71
定額管理　89
定額支払　94, 98, 101
定額報酬点数　101
定額保障　216
出稼ぎ　184
出来高払　56, 58, 63, 83, 85, 89, 93, 94, 96, 98, 101, 103, 105-107, 109
　　──制　83
　　──方式　25, 71
塡補率　179
東亜病夫　12
特定医療法人　72
特別医療法人　72

索　引

独立採算制　7, 8
独立法人化　248
都市医療管理機構　184
都市戸籍　183
都市住民　142
都市住民基本医療保険　5, 223
　　――基金　133, 142
　　――制度　ii, 5, 16
都市と農村住民合作医療保険制度　191
都市労働者　142
　　――基本医療制度　132
　　――商業補充保険　227
都市労働者基本医療保険　13, 26, 85, 92, 96, 219, 223, 248
　　――基金　133, 135, 137, 146
　　――制度　61, 82, 149, 150

な 行

二次医療　6
　　――機関　26
二重型　208, 209
２段階プール　132
入院，外来　139
入院費填補　173, 175
入院補償　167, 174
入札政策　60
任意加入　207
妊婦出産費用填補　173
年度予算総枠指標　93
年齢別死亡数　40
年齢別死亡率　43
農業合作化　12
農村医師　18
農村医療救済制度　176
農村衛生事業　161
農村衛生室　7, 124, 172, 173, 178, 181
農村合作医療　12
　　――制度　13, 33, 159
　　――保険決済センター　180

農村基層医療　12
　　――資源配置　160
農村基層三級医療ネット　170
農村貧困救済資金　176
農転非　183
農民工　184

は 行

はだしの医師　12, 170
PPS　100, 102
１人っ子政策　ii, 31, 32, 238
病院　7, 55
　　――改革　ii, 4
　　――勤務医　113, 116, 118, 119, 121–123
　　――経営　ii
　　――財務管理方法　59
　　――資産権　72
　　――等級審査制度　61
　　――の薬剤依存　54
　　コミュニティ――　7
　　社区――　9, 246
　　専門――　26, 55
　　総合――　55, 61
　　地域の拠点――　123
　　特定機能――　73
　　療養型――　73
病気による貧困化・再貧困化リスク　182
病種ごと支払　92, 107, 108
病種払　85, 97
　　――方式　97
貧困化・再貧困化　182
複合支払方式　85
富士見産婦人科事件　72
負担の限界　212
普遍的医療保障に関する法律　213
フリーアクセス　10, 27, 72
平均入院日数　104
平均余命　139
平衡決算　89

259

包括払　96, 97, 103
ボーナス　58, 59
保基本，強基層　24
保険
　　完全――　211
　　地域住民――　247
　　被用者――　244, 247
　　部分――　210-212
　　平安――　219, 226
　　補完型――　226
　　補充――　227
　　労働――　11
保険医　109
　　――制度　109, 239
保健医療政策　58
保険外診療　19, 215
　　――・薬　10
保険監督管理委員会　228
保険契約型　228
保険適用範囲　10
保健予防機構　59
補償比率の引き上げ　173
補償率　174
補足　216
　　――型　208, 209
　　――的CMU制度　213
補塡率　176, 245

ま行

慢性期治療　71
慢性病　1, 20, 45, 53, 132, 140, 182
　　――外来医療費補助対象病種　141
3つの山　2
民間医療　2
民間保険　207, 218, 242
　　――方式　210
民政部　10
無保険者　1

や行

夜間宿直回数　119
薬剤費　7, 42, 64, 69, 239
　　――への過度な依存　109
薬剤費収入　68
薬事サービス費　66
薬品
　　――管理　59
　　――供給　66
　　――差額　16
　　――の生産・流通体制　109
　　――（の）統一的購入　185
　　――の流通システム　62
　　――費　243
　　――マージン　54
　　保険外――　215
薬品流通　4
　　――企業　62
　　――システム　2, 54
薬価　8, 39
　　――差益　243
　　――差・検査費中心　248
　　――マージン　60
8つの柱　4
ユニバーサル・カヴァレッジ　244
輸入薬　8, 9
　　――品管理方法　60
余剰金　150
4つの梁　4
4者間の利益相反　187
四梁八柱　4

ら行

リスクの分配　207
リスクバッファー基金　152
立地条件　122
両江モデル　228
遼寧省医薬衛生体制改革　67

レセプト　27, 248
老人の医療無料化　72
労働期間の延長　150
労働者基本医療保険　140, 181, 225
　——基金　138

——制度　5
労働保障部門　57
6.26指示　12
ロジットモデル　116

《執筆者紹介》（執筆順，＊は編著者）

李　蓮花（り　れんか）第1章，第8章，終章
1998年中国北京大学経済学部を卒業後，早稲田大学大学院アジア太平洋研究科修士課程・博士後期課程を修了，2007年博士学位取得，早稲田大学アジア太平洋研究センター助手，立教大学経済学部専任講師，東京大学外国人研究員を経て，2011年7月から2013年3月まで滋賀大学経済学部特任准教授，2013年4月より滋賀大学経済学部附属リスク研究センター客員研究員。

張　瑩（ちょう　えい）第1章，第3章
1991年中国大連医科大学医学部卒業，2007年日本国際医療福祉大学大学院博士課程修了，中国遼寧省本渓市北鋼総病院常勤医師，日本福嶋リハビリ学院院長補佐を経て，現在大連医科大学公衆衛生学院副教授。

＊久保英也（くぼ　ひでや）第2章，終章
1977年神戸大学経済学部卒業，日本生命保険相互会社入社，The Conference Board（在：New York）研究員，日本生命保険相互会社総合企画部次長，ニッセイ基礎研究所上席主任研究員，社団法人生命保険協会調査部部長を経て，2003年神戸大学大学院経営学研究科助教授，2005年博士学位取得，2007年から滋賀大学大学院経済学研究科教授，2010年より滋賀大学リスク研究センターセンター長を兼務。

劉　暁梅（りゅう　ぎょうばい）第4章
1982年中国東北師範大学政治教育学部経済学科卒業，1986年7月から遼寧師範大学マルクス・レーニン教学研究部助手，講師，1998年広島大学大学院社会科学研究科国際社会論専攻修士取得，2001年広島大学大学院社会科学研究科国際社会論専攻博士学位取得，2001年広島大学法学部客員研究員，2003年から東北財経大学公共管理学院准教授，2003年より教授。（2006年10月〜2007年9月滋賀大学経済学部教授）

陳　仰東（ちん　こうとう）第4章
元大連市社会保険センター長，大連理工大学公共管理・法学院兼任教授，清華大学公共管理学院特任顧問研究員，中国-ヨーロッパ社会保障協力プロジェクト中国側専門家，『中国医療保険』誌編集委員，『中国社会保障』誌指導委員会委員。

丁　佳琦（てい　かき）第4章
　　2011年東北財経大学公共管理学院修士課程入学，2012年同卒業。2012年～2013年滋賀大学大学院経済学研究科研究生。

佐野洋史（さの　ひろし）第5章
　　2000年大阪市立大学商学部卒業，2002年京都大学大学院経済学研究科修士課程修了，2009年京都大学大学院経済学研究科後期課程修了，博士（経済学）学位取得，2005年から2007年まで国立がんセンターがん予防・検診研究センター　リサーチレジデント，2007年から財団法人医療経済研究・社会保険福祉協会医療経済研究機構研究員，主任研究員を経て2012年1月から滋賀大学経済学部准教授。

叢　春霞（そう　しゅんか）第6章
　　1986年東北財経大学統計学院卒業，1994年東北財経大学統計学院修士課程修了，1986年から東北財経大学統計学院講師，2002年9月から東北財経大学公共管理学院教授，経済学博士。

満　媛（まん　えん）第6章
　　2011年東北財経大学公共管理学院修士課程入学，2012年同卒業，2012年瀋陽科信人財育成学校，開発部職員。

夏　敬（か　けい）第7章
　　1990年北京師範大学経済学部経済管理学科卒業，2001年　金沢大学大学院人間社会環境研究科経済学修士課程修了，2001年4月～2002年4月金沢大学大学院人間社会環境研究科博士課程研究生，2003年5月から東北財経大学公共管理学院：労働と社会保障研究室講師。

中国における医療保障改革
——皆保険実現後のリスクと提言——

2014年4月30日　初版第1刷発行　　　　　〈検印省略〉

定価はカバーに
表示しています

編著者　久　保　英　也
発行者　杉　田　啓　三
印刷者　藤　森　英　夫

発行所　株式会社　ミネルヴァ書房
607-8494 京都市山科区日ノ岡堤谷町1
電話代表 (075)581-5 1 9 1
振替口座 01020-0-8076

©久保英也, 2014　　　　亜細亜印刷・兼文堂
ISBN978-4-623-07018-3
Printed in Japan

李　蓮花著
東アジアにおける後発近代化と社会政策
――韓国と台湾の医療保険政策

A5・310頁
本体6,500円

末廣昭編著
東アジア福祉システムの展望
――7カ国・地域の企業福祉と社会保障制度

A5・428頁
本体6,500円

広井良典／沈　潔編著
中国の社会保障改革と日本
――アジア福祉ネットワークの構築に向けて

A5・344頁
本体4,800円

真野俊樹著
比較医療政策
――社会民主主義・保守主義・自由主義

A5・288頁
本体4,000円

若林敬子編著・筒井紀美訳
中国人口問題のいま
――中国人研究者の視点から

A5・384頁
本体5,000円

若林敬子著
中国の人口問題と社会的現実

A5・564頁
本体7,500円

安　周永著
日韓企業主義的雇用政策の分岐
――権力資源動員論からみた労働組合の戦略

A5・264頁
本体5,500円

――――――― ミネルヴァ書房 ―――――――
http://www.minervashobo.co.jp/